U0852556

守望者
The Catcher

林光华，1979年生，江苏人，中国人民大学国学院副教授，香港中文大学哲学博士，首都师范大学文学博士，江苏师范大学古典文学硕士、汉语言文学学士。学术专长：道家哲学、魏晋玄学。2005年赴台湾学习，2009年赴德国学习，2019年赴美国华盛顿乔治城大学做访问学者。已出版专著《老子之道及其当代诠释》《魏晋玄学"言意之辨"研究》《放下心中的尺子：〈庄子〉哲学50讲》，合著有《老子解读》《庄子解读》。在《哲学研究》、Frontiers of Philosophy in China等国际国内期刊发表论文数十篇。开设老子、庄子、魏晋玄学、情感哲学等课程，被评为中国人民大学教学标兵。在喜马拉雅、优酷、爱奇艺、腾讯、复旦大学人文智课等平台有网课《老子33讲》《庄子50讲》《道解红楼梦》《十本爱情名著导读》等。

刘笑敢教授推荐

我欣赏光华独特的笔触和探索精神，她将学术研究的成果与社会人生的现实问题联系起来，借老子研究的机会，表达了自己对社会与人生的一些洞察和动议。这种探索是少见的，是值得肯定和鼓励的。她为学术界或大众读者提供了一种不同的笔调，为人文学的写作与传播做出了有益的尝试和探索，至于高低得失，自有读者和市场的检验。光华在尝试一种带有普及性的学术问题，她自有广泛的读者，我乐观其成，这是我愿意为她作序的主要原因。衷心祝愿人文学的百花园有更多不同风格的鲜花竞相开放。

刘笑敢

2022年3月22日

张立文教授推荐

光华博士是我们中国人民大学的青年教师，在香港中文大学师从刘笑敢教授，有专业的哲学训练背景，又关怀当下。她出过学术专著、国学教材、普及性的著作，也做过很多线上课程，深受学生与读者喜爱。她的这本书是以自己十多年的《老子》课堂讲义与十多篇论文为基础，深入浅出，将老子的道、自然、无为、反、朴、仁等重要思想阐发出来，结合自己的观察与体验，将学术性与可读性，思辨性与体悟性结合起来，常有新思，十分难得。在青年教师中，有人愿意花大量精力去做中国传统文化的普及与推广工作，值得肯定，让人欣慰。我愿意推荐给更多人去读。

张立文

2022年6月9日

THE POWER OF NONACTION

A MODERN INTERPRETATION TO *LAOZI*

无为的能量

《老子》哲学40讲

林光华 / 著

中国人民大学出版社

· 北京 ·

深切缅怀张祥龙先生

黑暗在夜空中刻下几星，
盛夏在一阵风后刻下秋凉，
时间刻下记忆，
沉寂刻下鸣蝉，
那诸神的足迹迂回于命运的回廊，
通宵达旦谈论哲学，
苏格拉底对未知的坦荡。
孤绝之夜，
先生赴那春花与晚霞……

孔元2573年（西元2022年）6月9日

目　录

让人文学花开万家

——序林光华《无为的能量》

光华已经出了几本书，这次是她第一次邀我写序。为什么是第一次呢？她说，过去出版社多次建议她找我写序，她始终没有向我张口。这次为什么开口了呢？估计是因为她在我们的一次交谈中意外发现我重视人文学的普及工作，好像她过去一直怕我批评她的这项工作不够“纯学术”。当她发现我很强调人文学科的普及工作时，立即提出希望我为她的新书写个短序。

她想不到我会重视人文学的普及工作，大概是我的作品或为人给她的印象太认真、太严肃了？似乎我只推崇纯学术的高头讲章？其实，我很佩服和欣赏很多认识的和不认识的学界朋友，他们的学术成果能够引起大众的兴趣、理解和关注。这不仅是个人的成功，也是学术工作对社会的一种贡献，更是一个“学者”（即终生学习的人）对社会的可能的最大回报。我本人在自己的专业之内不需要普及读物，但人文学内容很广，对于自己不熟悉的领域，比如西方语言学和欧洲历史，也需要一些普及性读物帮助自己快速完成基础性的扫盲工作。所以普及性的学术著作不仅是大众需要的，也是不同领域的专家学者有可能需要的。

我这里讲的主要是人文学的普及读物，其他领域的情况我知之甚少。所谓人文学，大约来自于 Humanities，包括文学、史学、哲学、国学等。对于自然科学来说，普及工作似乎是一个专门的领域，早已得到社会重视，所以有全国性的“科普作家协会”，据说是一个以科普作家为主体，并由科普翻译家、评论家、编辑家、美术家、科技记者与热心科普创作的科技专家、企业家、科技管理干部及有关单位自愿组成的全国性、学术性、非营利性的社会组织。但是我们似乎不大可能有人文学的普及作家协会，人文学的普及工作好像还没有进入人文学者的视野。

为什么呢？大概是因为人文学的很多内容本身就是大众喜闻乐见的。很多小说、戏剧、诗歌都是寻常百姓可能欣赏的，不一定需要专门的普及读物。不过，这并不是说人文学科完全不需要普及作品，毕竟大众的理解各有偏好和局限，而专家的普及性或带有普及性的作品可以给一般读者的解读带来更可靠、更方便的引路灯，更能给业余爱好者和普罗大众提供指南，提供知识水平和思想境界上升的阶梯和视野，这大大有利于全社会人文水平和思维能力的提高，也会为和谐社会和人文自然的秩序提供养料。

我们不重视人文学的普及工作应该有很多原因。最重要的可能是亚洲地区从美国引进的，但有些扩大化、教条化、简单化的学术评价体系。亚洲一些国家和地区的主政者强化了这种体系，但完全忽略了这种体系可能引起的弊端，忘记了、淡化了教育机构教书育人的基本目标和学术研究所需要的自主性和独立性。政府相关部门往往通过行政命令或资源分配主宰高等教育的方向和评价体系，这大大限制了不同学校、不同教师的学术研究的自主性和独创性，尽管政府一再公开鼓励创新和创造。这种评价体系限制了学术普及工作的繁荣和发展，让大学脱离社会需要的内卷化竞争逐步强化，造成学术研究背离百花齐放、百家争鸣的繁荣局面越来越远。在这个过程中，人文学的普及性或带有普及功能的作品被边缘化，很多作者也不得不改弦更张，钻进狭窄的“纯学术”的单行道，甚至走入无病呻吟的困境。

提到大学对教师的评价体系，我想到多年前杜维明先生跟我讲过，在哈佛大学，学院每三年对一个教授做一次评估，这个评估根据的是本人三年前自己制定的计划和方向，比如，以教学为主，还是以研究为主，重点是什么课题。评估时看你实现了多少，有哪些成绩和不足，同时听取你下一个三年的计划。

三年后再做评估。这种对教授的评估体现了对每个教授的人格和专业的尊重和信任。我相信这是哈佛之所以是哈佛的一个重要原因。

哈佛如此，多数公立大学可能达不到这种水平，但政府很少给大学下达强制性指令，于是教授们也有较多的自尊和自主的空间。美国没有国立大学，公立大学都是州立大学，主要由州政府主办，但州政府也不会统一规定教授评价升职的规则或不同职称的比例额度，教授的评级主要在院系层面。就此来说，美国的大学教授享受的学术自主的空间比亚洲地区要大（当然，美国不同大学的情况不尽相同，而且也有一些变化）。当然，这不等于没有标准。学术标准必须有，但不能僵化。

由此想到，黄仁宇的博士论文《万历十五年》完成后，多所大学出版社认为不够学术，拒绝出版，而商业出版社又认为它属于学术著作而拒之门外。博士论文不能出版，就影响他寻找稳定教职，人生困顿多舛。虽然很多学术出版社标准有些僵化，但是，美国没有制定统一的出版标准，所以此书终于得到耶鲁大学出版社的青睐，得以问世。我很理解为什么很多学术出版社不愿出版黄仁宇的博士论文，也很庆幸这样一部独特的书终究得到问世的机会。

《万历十五年》既不像纯学术著作，也不像普及读物，最终却成为雅俗共赏的畅销书，为学术界和社会大众提供了观察历史的不同视角。这样的书或许不符合通常的学术标准，但有非常好的社会效益，为什么要排斥呢？说到此，我猜测此书能在耶鲁出版大概率与史景迁（Jonathan D. Spence）有关，他习惯于以讲故事的笔调写历史，既有学术性，又有可读性，很可能因为他能欣赏这样的书，耶鲁大学出版社才会出版这种书。总之，出版必须有标准，但标准不能僵化和教条化。

当然，我并不是说光华在模仿黄仁宇，也不是说光华的书已经多么完美。但是，我欣赏光华独特的笔触和探索精神，她将学术研究的成果与社会人生的现实问题联系起来，借老子研究的机会，表达了自己对社会与人生的一些洞察和动议。这种探索是少见的，是值得肯定和鼓励的。她为学术界或大众读者提供了一种不同的笔调，为人文学的写作与传播做出了有益的尝试和探索，至于高低得失，自有读者和市场的检验，不必由某些人一锤定音。

光华在尝试一种带有普及性的学术问题，她自有广泛的读者，我乐观其成，这是我愿意为她作序的主要原因。

衷心祝愿人文学的百花园有更多不同风格的鲜花竞相开放。

刘笑敢

2022 年 3 月 3 日

前　言

《老子》第二十章曰："众人熙熙，如享太牢，如春登台。我独泊兮其未兆，如婴儿之未孩。傫傫兮若无所归。众人皆有余，而我独若遗。我愚人之心也哉！沌沌兮！俗人昭昭，我独昏昏；俗人察察，我独闷闷。……"这章可以看作少有的老子的自画像，或求道之人的写照。他们不精明，不争夺，没有野心，没有目的，天真如婴，顽固似鄙，没有什么优越感，没有什么可以依赖，对一切世俗之物都显得迟钝……只因他们尊崇的是"道"。

道，原意是"道路"。没有一条现成的道路，道路是人走出来的。如何走？走什么样的路？没有规定，顺其自然。但这"自然"不是本能，不是随心所欲，而是符合天道的无为之为。这就涉及"道"的第二层含义——宇宙的法则，遵循这个最高法则，才能一直有源源不断的生命能量。

在本书所讲的五个重要观念中，“无为”最能代表《老子》之“道”的实际运用，对现代“太过有为”的管理理念与生活方式是一种警醒，也是一种应对。很多学者将《老子》定位在政治哲学，把《庄子》定位在人生哲学，但本书认为《老子》是《庄子》人生哲学的根源，《老子》中就有丰富的人生哲学可以挖掘。

今人多为一个个现实的目标所捆缚，常常忘了人生是一条未知的道路，我们原本是没有任何目的地被放在这条道路上，出于对风景的好奇而愿意走下去，因为热爱而倾心于那条本己的道路。生命原本是来欣赏这一路风景，而非实现一个又一个目标。如果说生命有目标，那只有一个自带的目标——死亡，这是一个自然而然的终点，不需要追求。

道路永远在“召唤”我们，不断回到源头处去思，去存在，不断回到家园，时时在路上，时时在家中。《老子》《庄子》等经典都是我们人生路上的路标。人生就如同读一本书，读书的目标是读到最后一页吗？不是。我们读书是因为好奇，每读一页都好奇它下面会如何，会把我们带到什么地方，否则我们直接翻到书的最后一页看看结局就好了。

我喜欢观看植物，像爬山虎这样攀爬类的植物常常让我感动。它们用柔弱的卷须紧紧抓住墙面，野蛮生长，很快就占满一面墙，并且该绕开的绕开，不会遮挡住人类的窗户与外挂空调，它们爬出一帧帧自然的画面，像大海的波纹，有起有落，有序舒展，一生的脉络非常清晰。它们不仅能用纤弱的卷须紧贴墙壁一路攀爬，而且能长出茂密的叶子，结出果实，冬天只剩下干枯的须茎，待到来年又是一片茂盛的绿。年复一年，自生自长，自美其美，不打扰别人，也不放弃自己，这就是无为的能量，它源自生命本身，是让人一往无前的动力。

全书导览表

内容 讲数	《老子》 主要章	《老子》 其他章	文本核心句	引用其他人名
前言	无	20、28	众人皆有余，而我独若遗。	庄子
第一讲	无	80、70	言道德之意五千余言而去。	王弼、楼宇烈、黄朴民、林光华、康德、牟宗三、司马迁、庄子、孔子、韩非、列子、淮南子、河上公、郭象、鹖冠子、黄帝、彭祖、伊尹、姜太公、鬻子、陶渊明、李白、苏轼、李贽、八大山人、曹雪芹、抱朴子、班固、司马谈
第二讲	1	21、25、34、51、40	道可道，非常道；名可名，非常名。无名天地之始，有名万物之母。	庄子、楼宇烈、郭象、成玄英、许慎、段玉裁、朱谦之、韩非子、陈奇猷、冯友兰、王安石、罗家三相、高明、柏拉图、郭斌和、张竹明
第三讲	1	19	故常无欲，以观其妙；常有欲，以观其徼。此两者同出而异名，同谓之玄，玄之又玄，众妙之门。	许慎、阮元、王弼、柏拉图、亚里士多德、康德、黑格尔、尼采、胡塞尔、海德格尔

续表

内容 讲数	《老子》主要章	《老子》其他章	文本核心句	引用其他人名
第四讲	25	1、2、22、45、56、78、81、8、10、40、42、43、52、55、67、76、78、37、47、48、57、63、64、3、34、77	人法地，地法天，天法道，道法自然。	王卡、河上公、王弼、庄子
第五讲	25	无	大曰逝，逝曰远，远曰反。	黄克剑、管子、李山、轩新丽、刘笑敢、王博、丁原植、河上公、王弼、范应元、吴澄、林家骊、屈原、陈子昂、张若虚、王启兴、张虹、达尔文、苗德岁、庄子、孔子、孟子、杨伯峻、哈姆雷特
第六讲	21、14	25	道之为物，惟恍惟惚。惚兮恍兮，其中有象；恍兮惚兮，其中有物。	庄子、苏轼、王弼、高明、丁原植、韩非子、苏辙、王博、严灵峰、子罕、颜渊、孔子、阮元
第七讲	25	21	道法自然。	叶维廉、韩炳哲、王一力、武志红、庄子、孔子
第八讲	21	无	孔德之容，惟道是从。	朱熹、海德格尔、牟宗三、张祥龙、女尼、罗大经、孙雪霄、吴冠中、曹雪芹、宝玉、林黛玉、薛宝钗
第九讲	2	22、45、56、78、81、79、58、22、45、3、8、10、40、43、52、67、42、55、76	有无相生，难易相成，长短相较，高下相倾，音声相和，前后相随。	陈寿、裴松之、庄子、曹雪芹、秦可卿、王熙凤、孟子、刘姥姥、王弼、王维
第十讲	25、23、17	51、60、3、64	故从事于道者，道者同于道。	米芾、苏轼、王羲之、辛弃疾、海德格尔、孙周兴、王弼、刘笑敢、吴澄、焦竑、傅弈、尧、舜、禹、周厉王、秦始皇、皇甫谧

续表

内容 讲数	《老子》 主要章	《老子》 其他章	文本核心句	引用其他人名
第十一讲	51	2、10	生而不有，为而不恃、长而不宰。	庄子、王弼、高明、牟宗三、武志红
第十二讲	64	10、16、31	以辅万物之自然，而不敢为。	扁鹊、蔡桓公、庄子、丁原植、冯友兰、孟子、荀子、王先谦、沈啸寰、王星贤、王阳明、陆永胜、弗洛姆、向恩、蒯聩
第十三讲	25	无	道法自然。	王弼、瓦兹、许三多、海德格尔、陈嘉映、王庆节、陶渊明、王维、孟浩然、韩炳哲、庄子、杜甫、苏轼、李沁云、龚斌、李景白
第十四讲	18	38、41、70、19	大道废，有仁义；慧智出，有大伪。	雷锋、王弼、庄子、孔子、冯友兰、刘笑敢
第十五讲	25	79、30	人文自然是对人类群体内外生存状态的理想和追求。	刘笑敢、河上公、王弼、陈鼓应、霍布斯、庄子、张祥龙、海德格尔、曹雪芹、贾宝玉、钟振宇、陶渊明、王维
第十六讲	25	无	夫吹万不同，而使其自已也。咸其自取，怒者其谁邪？	庄子、南郭子綦、莫言、方六大爷、司马迁、贾宝玉、林黛玉、胡兰成、张爱玲、龄官、贾蔷、曹雪芹、紫鹃
第十七讲	51	8	自己而然谓之天然。	庄子、东郭子、严遵、王德有、王弼、郭象、曹雪芹、贾宝玉、元春、贾政、李纨
第十八讲	64	43、48、3	为之于未有，治之于未乱。	河上公、庄子、韩炳哲、关玉红、黄朴民、庖丁

续表

讲数＼内容	《老子》主要章	《老子》其他章	文本核心句	引用其他人名
第十九讲	2	11、51、49	有无相生，难易相成，长短相倾，音声相和，前后相随。	庄子、刘笑敢、林光华、弗洛伊德、涂家瑜、李诗曼、李佼娇、范蠡、西施、勾践
第二十讲	38	3、53	上德不德，是以有德；下德不失德，是以无德。	河上公、陆建华、雷锋、孟子、公孙丑、杨伯峻、孙悟空、唐僧、金庸、刘备、关羽、张飞、曹操、王弼、庄子
第二十一讲	38	57、48	夫礼者，忠信之薄而乱之首也。	王弼、楼宇烈、勒庞、高山、山下英子、王珊、毕加索、布朗肖、巴塔耶、列维纳斯、萨特、福柯、罗兰·巴特、德里达、汪海、庄子
第二十二讲	48	38、18、20、36、3、32、4、15、9	为学日益，为道日损，损之又损，以至于无为，无为而无不为。	管子、李山、轩新丽、王弼、庄子、波兹曼、章艳、吴燕莛、刘笑敢、嵇康、戴明扬、吴兢、李世民、魏征、王贵、孔子、季氏
第二十三讲	65	64、67、38、51、28、1、28、65	玄德深矣，远矣，与物反矣，然后乃至大顺。	王弼、牟宗三、林希逸、黄曙辉、朱谦之、苏轼、庄子、惠子
第二十四讲	40	25、11、70、58、65、78、32、41、8、20	反者，道之动。	许慎、庄子、瓦兹、李沁云、马尔库塞、刘继
第二十五讲	36	40、2	将欲歙之，必固张之；将欲弱之，必固强之。	陈鼓应、刘笑敢、曹雪芹、史湘云、翠缕、列（莱）维纳斯、孙向晨、海德格尔、孙周兴、荷尔德林、里尔克
第二十六讲	22、12	58、79、49	少则得，多则惑。	木心、庄子、山下英子、王珊、丽姬、晋王、孔子、孟子、陈鼓应、刘笑敢、牟宗三

续表

内容 讲数	《老子》主要章	《老子》其他章	文本核心句	引用其他人名
第二十七讲	78、48	33、41、18、44	正言若反。	庄子、张祥龙、海德格尔、曹雪芹、晴雯、龄官、黛玉
第二十八讲	78、81	38、48、1、2、9、58、5、7、22、27、13、37、8、19、32、18、64、56、5、11	信言不美，美言不信。	王弼、河上公、庄子、林希逸、黄曙辉、范应元、焦竑、王纯甫、吴澄、朱熹、陈景元、蒙文通、高明、朱熹、刘骥、徐冯、淮南子、何宁
第二十九讲	55、15	67、7、32	物壮则老，谓之不道，不道早已。	庄子、王熙凤、贾琏、秦始皇、克里希那穆提、罗若蘋、李白、苏轼、韩炳哲、关玉红
第三十讲	20	16、19	众人熙熙，如享太牢，如春登台。我独泊兮其未兆，如婴儿之未孩。	崔健、西川、海子、海德格尔、庄子、陶渊明、李白、苏轼、八大山人、孔子、苏格拉底、耶稣、南郭子綦、宋荣子、罗兰·巴特、汪耀进、武佩荣
第三十一讲	16、19	12、53	致虚极，守静笃，万物并作，吾以观复。	庄子、苏轼、参寥子、赫拉利、林俊宏、克里希那穆提、李赫楠
第三十二讲	32	28、37、80	道常无名，朴虽小，天下莫能臣也。	王弼、范应元、释德清、黄曙辉、许慎、蒋锡昌、高明、河上公、曹雪芹
第三十三讲	28	16、2	知其雄，守其雌，为天下溪。为天下溪，常德不离。	刘笑敢、庄子、东郭先生、武志红、刘瑜
第三十四讲	32、57	25、41、20、15、28、58、1、62、80	始制有名，名亦既有，夫亦将知止，知止可以不殆。	庄子、惠施、孔子、西西弗斯、公孙龙、楼宇烈

续表

内容 讲数	《老子》 主要章	《老子》 其他章	文本核心句	引用其他人名
第三十五讲	37、32、39	49、25、53、24、29、57、15、42	道常无为而无不为，侯王若能守之，万物将自化。	高明、河上公、童书业、许慎、董仲舒、孔子、王弼、冯振、苏辙、范应元、庄子
第三十六讲	79、18	5、8、19、79、57、38、2、19、64、3	天道无亲，常与善人。	王弼、楼宇烈、河上公、庄子、郭象、丁原植、高明、傅奕、苏辙、范应元、吴澄、许慎、陈鼓应
第三十七讲	19	20、64、2、27、57、3、53、28、49、80、18、67、48、78、54、16	绝圣弃智，民利百倍；绝仁弃义，民复孝慈。	陈鼓应、高明、孙盛、周大兴、王阳明、陈永胜、孔子、颜渊、子路
第三十八讲	80	无	甘其食，美其服，安其居，乐其俗。	瓦兹、莫言、费孝通
第三十九讲	8	28、47、31、80、59	上善若水，水善利万物而不争。	马琳、海德格尔、荣格尔、萧师毅、赫拉利、林俊宏、克里希那穆提、罗若蘋、山下英子
第四十讲	42	无	天地与我并生，而万物与我为一。	庄子、南郭子綦、王弼、牟宗三、朱熹、徐无鬼、阮籍、列子、藐姑射神人、许慎、段玉裁、河伯、北海若、王先谦、曹础基、钟泰、仲尼、颜回、成玄英

常道篇

《老子》是中国传统文化中的道家哲学经典，虽然只有大约五千字，但对后世影响深远。可以说，以老、庄为代表的道家思想参与塑造了中国文化的重要特质与文人品格，与儒家形成鲜明的对比，又互补共生。《老子》的阴阳思维、反向思维、天道观、人生观、工夫论、人性论以及修身治国等方面的思想对今天仍然具有重要的意义。牟宗三先生认为，中国儒家有“本心”，道家有“道心”，佛家有“清净心”，可以与康德的“智的直觉”相提并论（牟宗三：《智的直觉与中国哲学》）。《老子》的“道心”是根，是命，生命失根，则不能活好。这个“道心”也是无欲心、素朴心与婴儿心，不离其心，不失其根，清静而能应变，无欲而能守道，素朴而能成美，简单而能快乐，这是能让今人活得更好的思想，所以今天我们仍然在讲《老子》。

《老子》最重要的观念是“常道”，最难的问题是“常道”为什么不可说。我们可以从“常道”的特点去了解它：动而无死、生而无名、妙而可观、虚而可法。这四个特点的现代表述即“非对象化”。“常道”是主客二分之前的非对象化存在，而“言说”是建立在主客二分基础上的对象化行为，所以“常道”不可用一般的语言去说。《老子》中的对象化的道则是由非对象化的“常道”派生而来，包括正反相成的“规律之道”，以柔克刚的“处事之道”与无为而无不为的“治国之道”，它们分别代表老子在认识论、人生论与政治论上的主要观点。下面我们具体展开。

第一讲 奇人奇书

《老子》又叫《道德经》，通行本八十一章，核心思想可以用五个关键词——常道、自然、无为、素朴与安乐来概括。之所以说是“关键词”，而不说是“概念”，是因为其与西方哲学的“概念”不同，它们在不同的语境中往往有不同的含义，层次更丰富，内涵需要灵活把握。其中“常道”无疑是最核心的思想，“常道”是那个不可说之“道”，在“常道”的基础上，才能理解其他层面的思想。“自然”是从“常道”引申而来的最高法则，“无为”是实践“常道”的具体措施，“素朴”是人性的回归，“安乐”是美好的社会生活图景，这五个关键词代表五个息息相关的思想层面，共同构成了《老子》八十一章丰富而生动的思想世界。从古至今，其在不同的历史时期都有不同的作用，可以说得其一点，受益终身。

在进入《老子》的思想世界之前，我们需要先了解一下老子这位奇人与《老子》这本奇书。人奇是因为他出关而不知所终，一个史官最终以一个“失踪者”的身份被后人传说，他到底活了多少岁，出关后去了哪里，《道德经》究竟是如何写出来的等最基本的问题，我们至今都没有完全考证清楚；书奇是因为这本书只有大约5 000字，却是历代思想者无法超越的一部先秦经典，历代注疏加上现代译本，可以说是汗牛充栋。它是目前被翻译得最多的先秦哲学经典，言简意赅，意义空间极大，具有历久弥新、百读不厌的魅力。

关于老子这个人，《史记》记载：

> 老子者，楚苦县厉乡曲仁里人也。姓李氏，名耳，字聃，周守藏室之史也。……老子修道德，其学以自隐无名为务。居周久之，见周之衰，乃遂去。至关，关令尹喜曰：“子将隐矣，强为我著书。”于是老子乃著书上下篇，言道德之意五千余言而去，莫知其所终。（［汉］司马迁：《史记·老子韩非列传》）①

① 本书所引用的古代典籍只在首次出现时在引文后注明作者、书名，现代文献均在引文后注明作者、书名，详细出版信息见参考文献；本书的《老子》文本全部出自［魏］王弼著，楼宇烈校释《老子道德经注校释》（北京：中华书局，2008），译文出自黄朴民、林光华《老子解读》（北京：中国人民大学出版社，2011），不另出注。

老子是史官，时任守藏史，大致相当于今天的国家图书馆馆长，他有机会读到很多我们今天读不到的书，他经历了我们不曾见过的春秋晚期，深谙周礼，对“周之衰”深深地失望，结合个人亲身的经历与痛彻的思考，才有“出关”这个类似行为艺术的举动。他出关的导火线是什么，出关时的心情是什么样，我们皆不得而知，但他把对社会人生的洞察写成了《道德经》，留给我们，让我们可以想见其人。《道德经》的内容一定不是临时写成，而应该是早就了然于心的，不然不可能在出关前与关尹子匆匆一谈，就形成了如此全面、系统的文本，它不是一个守关人能编出来的。据司马迁记载当时就写的“上下篇”，我们后来从出土的马王堆帛书本与北大汉简本来看，《道德经》确实是分上下篇，《德经》在前，《道经》在后。

老子留下《道德经》五千言，不知所终，是个奇特之举，他可能从此过着不为人知的逍遥生活，如后来庄子羡慕的“不系之舟”一般。至少我们可以看出，他写了这么智慧的书，是不为名，不为利的，纯粹就是把自己一生的思考与对时代的关怀写下来，留给后人。不像我们今天可能写书都看重“名”，要把思想画个圈，标注好是某人的思想。老子留下这些话，是超越个人功利目的的，他不需要用这本书评职称，不需要用这本书赚钱，更不需要向侯王献媚，这本身不就是一种单纯的“婴儿”精神吗？他生不为名，死不留名，据说活了大约 100 岁，可能是真得了“道”，一生的生活遵循了自然，因为在古代的条件下活到100岁是非常少见的。

老子是用“天眼”看人的，他站在道的高度观察社会、关怀苍生，为社会指引方向。在先秦诸子中，可以说他的思想最有原创性与爆发力。《史记》关于他的记载并不多，我们只能通过《老子》这本神奇的书想象与推测他的一生。在老子一生中，还有一件文化史上的大事，就是与孔子的见面。尽管这一事件的真实性有争议，但多种文献如《史记》《礼记》等文献中都记载了老子与孔子见面的情景，汉画像石中也有表现，没有确凿的证据我们无法否定这件重要的文化事件。我们证明其有容易，证明其无难。这些记载中的话未必是完整的，也未必完全真实，但不同文献中记载的核心意思是相似的，这有助于我们更深入地了解老子，并通过这些零星的记载去理解他的文本，找到相互印证之处，尤其是其与儒家在思想与气质上的不同。《史记》记载：

> 老子曰：“子所言者，其人与骨皆已朽矣，独其言在耳。且君子得其时则驾，不得其时则蓬累而行。吾闻之，良贾深藏若虚，君子盛德，容貌若愚。去子之骄气与多欲，态色与淫志，是皆无益于子之身。吾所以告子，若是而已。”

这段话是讲孔子向老子请教“礼”是什么，老子劝说孔子要去掉身上的骄气与多余的欲望，其实是旁敲侧击让孔子明白在乱世到处推行“仁义礼”是没有用处的，这反而可能使自己因言获罪，伤身害性。孔子离开后对弟子说鸟能飞，鱼能游，兽能走，但都可以被捕猎到，老子则像龙，龙能上能下，能显能藏，充满变化，是不会被捕猎到的。孔子的谦虚与对老子的赞赏跃然纸上，也可见那个危机四伏的时代两个伟大思想家共同的处境。

老子对那个“礼乐崩坏”的时代看得很透彻，认为儒家的推行方式只会起到反作用，在战争迭起的状况下，统治者比的是“强”，不是“礼”，更不会真正采取仁政。再者，到处推行一种政治或道德主张，只会让人心生反感，破坏人的自然之性，让道德变得虚伪或被统治者利用。孔子对其表示赞叹，但现实中的孔子还是尽力去推行了，这种精神同样赤诚感人。这与《论语》中孔子与许多隐者对话的内容非常相似，都以道家的超脱与孔子的谦恭对比呈现出来。这个对话中的老子的思想和姿态与《老子》整本书的精神是吻合的。老子为什么反对从仁义礼智入手去救世？因为他认为这都不是根本，社会之乱是“道”失落的结果，恢复“道”才是要害。这里我们可以看到这两个伟大的思想者对时代的关切是相同的，不同的只是对时代之病开出的药方，所以最后走向了不同的道路。孔子“知其不可为而为之”，老子“知其不可为而不为”，一个选择了“礼”，一个选择了“道”，为后人树立了两座丰碑，塑造了中国文化两种互补的精神。

《史记·孔子世家》也记载了相似的故事，说老子劝说孔子：“吾闻富贵者送人以财，仁人者送人以言。吾不能富贵，窃仁人之号，送子以言，曰：‘聪明深察而近于死者，好议人者也。博辩广大危其身者，发人之恶者也。为人子者毋以有己，为人臣者毋以有己。’”同样，老子劝孔子要“无己”，不要自以为是地到处推行自己的思想，不是他的思想不好，而是这样的思想不会被统治者接受，反而会给自己带来危险。事实也证明，孔子在周游列国的过程中多次陷入险境，可谓九死一生，直到“见麟而悟”才一心著书，决定把思想留下来。他没能改变那个时代，但他撰写与修订的经典，奠定了儒家的根基，影响了世世代代。

《老子》目前比较重要的版本有郭店战国竹简本、马王堆西汉帛书本、北大汉简本与王弼通行本，其中王弼本最为重要。王弼是 23 岁的短命天才，他所注的《老子》至今也是研读《老子》最重要的版本，王弼本即我们所说的《老子》通行本。

《老子》这本书更像是古代圣贤留给我们的一封“家书”，流淌着中国文化的血脉，充满智慧，饱含深情，为的是让后世的国家能治理得更好，每一个个体能生活得幸福，也即“长生久视”的愿景。《老子》一书是道家哲学的奠基，是道家学派的旨归，但常有人将道家与道教等同起来，所以我们先简单厘清一下几个容易混淆的概念：道家哲学、黄老道家、道家文化与道教信仰。

“道家哲学”是以《老子》《庄子》为核心文本，探讨宇宙人生的普遍问题的一种哲学思想，本书讲解与讨论的就是道家哲学。道家哲学的代表人物除了老子、庄子，还有鬻子、关尹子、列子、河上公、王弼与郭象等。

“黄老道家”是以《鹖冠子》《吕氏春秋》《黄帝四经》等为主要文本，重点关注与讨论“君人南面之术”也即如何治国的一门学问，代表性人物有黄帝、彭祖、伊尹、姜太公等。

“道家文化”的概念则比较宽泛，是遵从老子“道法自然”的精神，落实到人的日常生活的一种文化。道家文化是我们常说的儒释道三家文化中的一家，它重在传达一种文化精神，引导人过一种符合道家理念的生活。在一书一画，一言一语，一行一动中都可以体现道家文化精神。其与儒家、佛家的精神有很大不同，如果说儒家“尚立”、佛家“尚忍”，那么道家则是“尚逸”，即崇尚逍遥飘逸、超凡脱俗与通透豁达，它影响了整个中国的文学与艺术史，也影响了很多著名的文学家如陶渊明、李白、苏轼、李贽、八大山人与曹雪芹等。

“道教信仰”顾名思义是指一种宗教信仰，与儒教、佛教是并列的。道教以《太平经》《抱朴子》等文本为依据，主张节欲长生，代表人物有太上老君、玉皇大帝、西王母、吕纯阳等。道教和道家有很大的区别，简言之，道家哲学的养生是一种养心，它更注重的是心灵的工夫，对天道的体悟，在治国、人生、修行等方面如何实践出来；道教则没有那么多的形而上的思辨与讨论，而主要关注人如何长生，怎么保养身体，更多注重的是一种修炼术。可以说，道家哲学与道教信仰，一个重“道”，一个重“术”。大家可以去四川的青羊宫、北京的白云观等道观参观，感受道教自然的氛围与无为的精神。青羊宫里的“三清宝殿”供着一个“太清道德天尊”像，那就是老子的化身，是老子的宗教化形象。

《老子》各章看似箴言一样，其实背后的思想脉络非常清晰，自成系统。常道之“道”是万物的本源①与宇宙法则，它代替了原始宗教与神学意义上的“天”“帝”。常道的根本特征是自然，自然是万物本来如此的特性。要想保护这种圆融自然的世界与生活方式，统治者首先要做到“无为”。“无为”是反向思维的一种重要体现，当时多家思想自“有为”入，而老子选择“无为”。无为不是什么也不做，而是不妄为、顺势而为。班固曰：“道家无为，又曰无不为，其实易行，其辞难知。其术以虚无为本，以因循为用。……有法无法，因时为业。有度无度，

① 本书讲中国的宇宙论时用“本源”，讲西方的宇宙论时用“本原”，因为中国的宇宙论重“源头”意，特此说明。

因物与合。故曰'圣人不朽，时变是守。虚者道之常也，因者君之纲'也。"（[汉] 班固：《汉书》）无为是遵循道而为，是顺应时机、顺势而为。无为实际上是更高明的为，更有效的为，更有能量的为。

司马谈《论六家之要旨》曰："道家使人精神专一，动合无形，赡足万物。其为术也，因阴阳之大顺，采儒墨之善，撮名法之要，与时迁移，应物变化，立俗施事，无所不宜。指约而易操，事少而功多。"（[汉] 司马迁：《史记·太史公自序》）这也是对道家的"无为"的特点的概括，采取各家之长，原则简单，容易操作，事半功倍。侯王素朴而民自化，人回到如婴儿一般的质朴之心，生命才有生机勃勃的自然生发出来的意义感，整个社会也因此而美好。老子描述的"安乐"的小国寡民社会重点不在小与寡上，而在"有而不用"的治理方法与"甘其食，美其服，安其居，乐其俗"（第八十章）的生活状态上。

可以说，《老子》这五个关键词所代表的观念是相互关联，又有重叠的。因为"常道"不可说，所以要分"自然"与"无为"两个观念来说，而且必须反着说，才能避免这些思想观念的固定化与教条化，正反相互映照，阴阳相互统一。这些思想又最终必须落实到"返朴归真"的人性理想上，否则无法通过每一个具体的个人实现出来。当侯王能做到自然、无为，每个人都能返璞归真，整个社会也就会呈现出"甘美安乐"的面貌，这是每一个社会的愿景，也是我们普罗大众向往的生活。可以说，《老子》的思想脉络与体系并不复杂，但正如老子说的“吾言甚易知，甚易行，天下莫能知，莫能行。”（第七十章）理论容易，但实践不容易。“知”道容易，“行”道难，我们总会用各种借口懈怠。但是，真知必会行，阅读与理解《老子》这本书是智慧行动的前提。下面我们就按顺序讲解这五个关键词的思想内涵及其与现代生活的关联。

第二讲　你去走，它才是一条路

《老子》最重要的观念是“道”，但“道”分两种，有不可说之“常道”，有可说之“道”。可说之“道”是从不可说之“常道”衍生出来的，可以理解为不可说之“道”的具体展开。那么，不可说的“道”究竟是什么意思，为什么不可说？“不可说”是什么意思？如何去说“道”？不可说的“常道”与西方传统形而上学中的根本概括如“理念”相比，有什么特点？我们如何体会它、运用它？这些问题都可以看作是老子“天道观”层面的问题，与此相关的是《老子》特殊的阴阳思维方式。不可说之“道”又是一种什么样的存在，我们将依次展开论述。

关于“道”，有三章最重要的文本：第一章、第二十五章与第二十章。第一章是讲“常道”不可说，讲它的超越名言概念的特点以及如何观“道”；第二十五章是讲“道”这个名称是怎么来的以及人与道的关系；第二十章是讲修“道”之人是什么样子，也就是“德”。我们先从第一章讲起，其曰：

道可道，非常道；名可名，非常名。无名天地之始，有名万物之母。故常无欲，以观其妙；常有欲，以观其徼。此两者同出而异名，同谓之玄，玄之又玄，众妙之门。

第一章这些句子基本上都是对偶的，所有重要的语词也是对偶的，“道”对“名”，“无名”对“有名”，“始”对“母”，“天地”对“万物”，“妙”对“徼”，“无欲”对“有欲”，最后一句是总结。整个结构非常整齐，对得非常妙，这其实是“阴阳”思维的体现，说到一个方面，紧接着就出来另一方面。第一句“道可道，非常道；名可名，非常名。”我们从字面上看，它的意思是：“道”是可以说的，但能说出的“道”不是“恒久之道”；“名”是可以用来命名的，但用来命名的“名”不是“恒久之名”。表面的意思很简单，问题是“恒久之道”是什么，为什么不是我们能说的“道”，这就涉及哲学层面的含义了。

“道”这个字早在老子之前就有了，但老子是第一个把它作为一个核心观念提出来的，并且赋予了“道”形而上的含义。“道”字的含义至少有三个：一是“道路”，二是“道说”，三是“疏导”。老子把这三个层面的含义都浓缩到一个“常道”的观念中去了。或者说，他的“常道”之“道”巧妙地融合了这三个含义。

首先，“道路”意味着你去走，它才是一条路。你如果不走，永远都没有这条路。“走”就代表实践，你只有去实践，这个“道”才能在你的生命中展现出来。老子的“道”虽然抽象，看似具有“形而上”的特征，但我们始终要知道，它是跟人的实践紧密相连的。“道”被实践出来就是“德”。老子的“道”不在语言概念中，而在实践中，在我们实际生活的道路中，这是融合了“道”字的第一个含义。

“道路”不是现成的，而是走出来的，也即庄子在《齐物论》所说的“道行之而成，物谓之而然”（［晋］郭象注，［唐］成玄英疏：《南华真经注疏》），老子的“恒道”不是一个现成的法则、规律，而是人在行动过程中慢慢领悟出来的，因此这个“道”就与人的实际生存息息相关，而不是一个在人之外的实体性的存在，它具有非现成性。“道”随着人的行走而渐渐呈现出来，心到哪儿，脚步就到哪儿，“道”就铺到哪里。老子的“道”与古希腊柏拉图所说的“理念”（［古希腊］柏拉图著，郭斌和、张竹明译：《理想国》）完全不同，它既不在现象之外，也不在现象之上。

其次，“道”又是“道说”出来的一个语词，要通过语言表达出来，尽管这种表达是有限的。“道”要依托于人的“道说”而被理解，需要特殊的言说方式来让人领会。这就是老子“道”

与“名”并提的用意，老子强调“道”是可以说的，但不是一般人所说的“道”，即不是当时其他各家谈论的“道”。道可道，第二个“道”字就是“道说”的意思，“常道”难以被“道说”，但又必须通过说才能被理解，这看似一个困境，其实彰显了“道”的特殊性以及语言在揭示“道”上的局限性，这一局限性本书中会反复谈到。言说总是需要有对象的，一旦去言说就会陷入二元论的思维，变成主体对客体的一种把握。“道”无法在二元论的框架下显示出来，它是二元分立之前的非对象化的存在。“道”无声无色，无形无味，它不能被放在面前或拿在手上，作为“在手”之物被描述，被理解，而只能在动态化的“朝向”过程中，在朝它而去的过程中被领悟。

“道”是可以说的，只是说出来的“道”不是那“恒久之道”，但老子还是尽力去说了。老子用“反”的方式去说，用“否定式”去说，用箴言去说，让我们有迹可循，又得意忘言。老子避免用定义的方式去说，用名言概念去说。这是融含了“道”字的第二个含义——“道说”。

最后，“道”既生万物又进驻万物而颐养万物，因此“道”能沟通万物，引导万物，打通万物的界限。“道”是一，是大，是无，如山谷能容纳万物。老子的“道”是进驻万物而能贯通万物的根本性存在，它就在万物之中，不在万物之外，如第五十一章说的“道生之，德畜之，物形之，势成之”，“道”主宰并伴随万物生长衰灭的全过程，它使得万物之间没有隔阂，而是打通的。“道”是“众妙之门”，也就是万物开始的门径，万物生发的奥妙所在。

《老子》第二十一章说“其名不去，以阅众甫”，“道”恒久存在，人通过“道”可以理解万物的开始，这都是“道”疏通万物的作用之体现。后来庄子说“恢诡谲怪，道通为一”（《齐物论》），就是说各种看似不同的存在，从“道”的角度看都是相通的，各种“奇葩”都是“道”的体现。庄子说“道在屎溺”（《知北游》），也表明了“道”就在万物之中。《庄子·秋水》篇说“以道观之，物无贵贱”，这是从价值论的层面来说明“道”能贯通万物，在“道”的视野下万物是平等的，没有贵贱之分。可见，老子之道也融合“道”的第三个意思——“疏导”。

从“道”的这三重含义来看，“道”不是一个死的规则。下面我们再来看“道”的特点，并解释为什么无法直接定义它。“道可道，非常道”中的“常道”，帛书本作“恒道”（高明：《帛书老子校注》），因为汉代避孝文帝刘恒讳而改为“常道”。“恒道”是恒久不变的“道”。《说文解字》曰：“恒，常也，从心舟，在二之间上下，心以舟施。恒也。亘，古文恒，从月。《诗》曰：‘如月之恒’。”（[汉] 许慎撰，[清] 段玉裁注：《说文解字注》）。可见，恒从心从舟，上下浮动，《诗经》说恒久即像月亮的长久一样，无论是舟还是月的比喻，都传达出了动态的含义。“恒”像划船，它会左右摆动，但是又有相对稳定的路线，在左右动荡的探索中走出一条长久的路。月亮的恒久并不是一成不变的，我们看到的月亮也是有阴晴圆缺，有变动性的，月球自身也一直在转动。这个“恒”字，原本就有“在运动、变化中达到长久”这样的一个含义。

所以，很多人释“常道”为“永恒不变的道”是不严谨的。这个“不变”容易让人产生误解，以为“道”是一个死的法则。“道”是永恒的，但是它是变动的，它不是一个静态的存在。“恒道”是既变动又恒久的存在。“恒久之道”才是老子要主张的，老子的意思是人皆可以说道，但是你说的不是我想讲的那个“恒久之道”。那“恒久之道”为什么不能说呢，因为你一旦说了，它就被固定化了，就受到限制了，就落入了具体。这个“恒道”在不同时间、地点、人物、事物中的呈现都是不一样的。后来王弼讲“在方而法方，在圆而法圆”就是描述道随顺万物，应物而变的特点。

“道”的这一动态含义在许多章都有体现，如第二十五章的“周行而不殆”、第四十章的“反者，道之动”、第三十四章的“大道泛兮，其可左右。”朱谦之注：“与时迁移，应物变化”（[清] 朱谦之：《老子校释》），非常准确地抓住了“道”的变动性特征。“道”随着时机、时节而变化，随着事情与事物的变化而变化。我们可以说，常道的第一个特点是：动而不变。韩非子对此也有深刻的认识，他在《解老》中说：

> 物有理，不可以相薄。物有理不可以相薄，故理之为物之制。万物各异理。万物各异理而道尽稽万物之理，故不得不化。不得不化，故无常操。（陈奇猷校注：《韩非子新校注》）

韩非子认为事物有各自的“理”，“理”原意是“纹理”，纹理意味着不同事物的独特性，万物各自具有自己的独特性，“理”是对其独特性的概括。老子之“道”是“万理之理”，也就是对各种“理”的总汇，因此这“总的理”是因物而变化的，“不得不化”才能沟通万物，“理”没有“常操”，也就是没有恒常固定的特点。冯友兰后来将“道”解释为“总原理”（冯友兰：《中国哲学史》）就是根据韩非子的解释。韩非子很准确地概括了“道”的变动性特点。“道”是变化的，才能进入万物发挥作用。“道”是不死的，所以“道”的“动而不变”的特点又可以说成“动而无死”，这样可能不容易产生误解。“道”的变动性与恒久性并不矛盾，“道”的变动性是从作用上说的，“道”的恒久性是从存在性上说的。

“恒道”是变动中的长久之道，“道”不可以被固定化、概念化，它可以周遍万物、具体运用到不同的事物身上，它不是一个主观想象出来的东西。“道”虽然是运动的，变化的，不断发挥作用的，但是“道”的存在是不变的。所以“恒道”是说

“道”恒常存在，但它是运动的，是不停地发挥作用的，只不过它的存在不可以消灭，只要有这个宇宙在，“道”就在。我们要避免把“道”理解为一个静止的东西。

《老子》第一章第二句曰：“无名天地之始，有名万物之母。”王弼注：“未形无名之时，则为万物之始。及其有形有名之时，则长之、育之、亭之、毒之，为其母也。”可见，“道”经历了一个从“无名”到“有名”的过程，也即人类产生之前与产生之后它以不同的方式存在。有了人，尤其有了智慧的圣人，“道”这个命名就产生了。老子这样说是为了强调不要执着于“道”这个名称，它只是一个代号，只是为了讲述思想而勉强命的名，求道之人不要停留在概念的思辨上，而要去领悟“道”这个语词背后的含义，领悟“道”在实际生活世界的展开。

宋代王安石对这一句标点为：“无，名天地之始；有，名万物之母。”（[宋] 王安石撰，罗家湘辑校：《王安石老子注辑佚会钞》）这样的标点虽然更能凸显无、有这两个概念，但并不符合老子的本意。《老子》第二十五章用“大”“道”指称天地之始，没有用“无”。以“无”代指“道”，是王弼后来做的阐发。这样的标点方式也相应地出现在“无，欲以观其妙；有，欲以观其徼”句，但这一句帛书本作“故恒无欲也，以观其妙；恒有欲也，以观其徼。”（高明：《帛书老子校注》）可见，这里应自“无欲”“有欲”处断句。“无名”“有名”，“无欲”“有欲”的断句方式更贴近老子原义。

《说文解字》曰：“始，女之初也”。“始”是开始的意思；“母”是由始而成，生养万物者。因此，“始”与“母”，“无”与“有”不是对立的关系，而是表达从产生到发挥作用，从“无名”到“有名”的过程而已。《老子》第二十五章曰：“有物混成，先天地生，寂兮寥兮，独立不改，周行而不殆。可以为天下母。吾不知其名，字之曰道，强为之名曰大。”老子说的是“可以为天下母”，而不是“为天下母”，“可以”是说人可以这么认为，即把“道”看作天下万物的母亲，来说明“道”具有创生性。这只是人的主观命名，原则上你将它命名为“道”还是“大”“一”“无”甚至“X”都可以。“可以”是主观的描述，如果只有“为天下母”，“为”是“是”的意思，则更倾向于一个客观的论断。“道”是主观的命名，我们始终要记住“道”的名只是个假名、代号，是对万物创生者的假设。当然，它并不代表万物创生者不存在，而只是代表名称本身不那么重要。这也是庄子说的“道之为名，所假而行”（《则阳》）的意思，“道”之名只是个桥梁，它要帮我们到达意义的彼岸。老子这样做是为了言说的方便，说“道”是为了引导人的生活，而不是为了建立一个形而上学的“本体”。对“道”进行本体化诠释，多是受到西方传统形而上学的影响，那是不符合《老子》的思路的。

综上所述，我们可以说“常道”的第二个特点是“生而无名”。“道”只是一个勉强的命名。“道”是变动的、无名的，因此也不是普通的语言所能把握的。我们不是不能说，而是要琢磨如何去说。

第三讲　体悟“道”的两种方式

我们继续讲《老子》的第一章，来看老子“常道”的含义与特点。第一章第三句曰：“故常无欲，以观其妙；常有欲，以观其徼。”其字面的意思是常常没有欲望，来洞察“道”的妙处；常常有欲望，来洞察道的回归。但这样的理解有很多问题未明，比如这里的“欲”是什么意思？为什么老子既主张“无欲”，又主张“有欲”？“观”是什么意思？“道”如何“观察”或“洞察”？还有，“其”是指什么？“徼”指“归”，“道的回归”又是什么意思？这一句每个字的解释都很重要，因为它们互相牵制，所有字、句都讲得通才行。

欲，不能简单地理解为今天所说的“欲望”（desire）。欲，本意是“求也”，就是“想要……”的意思，指向某个目的。

观，也不能简单地理解为今天的“看”或“观察”“洞察”的意思，许慎《说文解字》说“谛视也”，“谛视”是仔细察看，凝神察看的意思，审慎地、投入地看，而不是一般地看看或考察，因此释为“体悟”更好，类似“壁上观”的“观”。

从这一句可以看到，有两种体悟“道”的方式：无欲和有欲，这两者并不矛盾。无欲，不是说完全没有欲望，因为只要是人，就有欲望，没有欲望的是石头。《老子》主张的是“少私寡欲”（第十九章），而不是零欲望。无欲，应该是没什么想要的，没什么目的，这样才能体悟“道”的玄妙。因为没有目的的时候，人才能看到万物本身，从万物本身的开显中看到“道”是如何发生作用的。这个作用就是“道”使得万物开始、生长，也使得万物衰灭、归终，这就是“道”玄妙的地方。所以，有欲，是带着欲求与目的，去体悟“道”使万物归终的力量或某种规律。我们也可以这样理解：无欲时我们体悟的是“无名之道”，万物生机勃勃而不知所来，“道”悄悄起作用而不知所然；有欲时我们体悟的是“有名之道”，万物如何生长衰灭，“道”如何让万物归于寂静。前者是与“道”的不期而遇，后者是对“道”的用心探求，这二者从方式与结果上看有所不同，但这两种方式都有了，我们才能更好地领悟“道”。

人对“道”的领悟，从无欲到有欲，从无目的到有目的，正是从非对象化到对象化的过程，也是我们通常所追问的“意义”的发生过程。就如同《诗经》中所讲的，男女之间谈恋爱，先是“关关雎鸠，在河之洲”，雌雄二鸟发乎自然，相互回应，同声相应，同气相求，没有什么目的，这正是爱情的妙处，这就是“无欲”的方式，此时的人处在“无欲”的状态；之后说的“窈窕淑女，君子好逑”就不一样了，爱情就变成有目的、有方向的追求了，从自然的相互应和到有目的的一方对另一方的追求，再到“辗转反侧，寤寐思服”的焦灼状态，“欲”就更加激烈了，爱情之“道”也就走向对象化了，被“能否追到”这个目的所代替，这当然还是爱情之“道”的作用与显现，只是此时与刚开始自然“发动”时的境界就不同了，从“自然”走向了“自觉”，从“无为”走向了“有为”。但是这两种方式都需要，否则自然相应的初始状态只能叫“情愫”，虽然美妙，类似“人生若只如初见”的感动，却是个未完成的、不充分的爱情；爱情到“互相追求”的“有欲”阶段，才得以发展、成熟，这个爱情之“道”才充分实现了，这就类似“有欲以观其徼”的阶段。

所以，“徼”作“归终”讲没有问题，是“道”使得万物归到自身，而不是“道”自身往哪里回归。“其”表面指“道”，实际上指的是“万物”，因为万物无论开始，还是归终，都不是自身完成的，而是“道”的力量使得它们自我完成。树叶绿了又枯，枯了又落，落了又生。从大自然中的动植物到人，都要经历这样一个生长衰灭的全过程。“道”是无始无终的，谈不上“回归”或“归终”，但“道”使得万物开始，也使得万物回到自身。花开花落、月盈月缺，无不如此。因此，“无欲观”的方式是不期然而遇的体悟方式，是非对象化的；“有欲观”是有目的的体悟方式，是对象化的。这两者“同出而异名”，都是出自于“道”，只是名称不同，二者相互依赖，缺一不可。此句完全对应上一句“无名天地之始，有名万物之母”，“妙”对应“始”，“徼”对应“母”，“无欲”对应“无名”，“有欲”对应“有名”，写得非常美，有老子独特的阴阳思路。道是玄妙的，但不是与人分离的，而是可以被人体悟的，也只能在人的体悟中被证实。被人所领悟的“道”也才有了对于人的价值与意义。因此，道的第三个特点可以概括为“妙而可观”。

第一章第四句曰：“此两者同出而异名，同谓之玄。”帛书本作“两者同出，异名同谓。”王弼认为，“两者”指“始、母”，“玄”是指“道”，“始、母”同出于“道”。他把“两者”看作远指“始”与“母”也未尝不可，“始”是指天地万物还没有产生的时候，那时候还没有人，更没有文字，后来有了“道”这个名字，人们就把它看作创生万物的母亲，这两者是对“道”的两种状态的描述，也是对“道”从无名进入有名，从宇宙本源进入人的文化生活的这一过程的描述，这两个面向都出自“道”，可以说是“玄”。王弼《老子指略》曰：“然则道、玄、深、大、微、远之言，各有其义，未尽其极者也。”（楼宇烈校释：《老子道德经注校释》）他认为类似“道、玄、深”这些词都不足以描述“道”，因为一描述就有局限，而“道”是无限的，后来王弼用“无”来代替“道”，其实也还不够究竟，因为“无”是相对于“有”的，“道”有“无”的一面，也就“有”的一面，“以无为本”还不如“以道为本”更契合《老子》。

“同谓之玄”的“玄”既可作名词，代表“道”，也可以作形容词，表达“道”的玄妙。“道”的玄妙就在于它具有“两面性”：既可道，又不可道；既无名，又有名；既是“始”，又是“母”；既需要无欲观，又需要有欲观。若想去清晰地加以描述，准确地加以定义，就会失去它。定义清楚的“道”就不是老子想说的“常道”了。因为定义无法同时说清楚两面，无法同时表现阴阳，定义注定只能“花开两朵，各表一枝”。但“道”又需要在言说、命名的过程中显示出来，所以说“道”的语言也比较玄妙，这也是《老子》短短五千言却意味无穷、被不断诠释的原因。随说随扫，得意忘言，不拘泥于文字，不执着于概念，才能真正领会与传达老子的“道”。

第一章第五句曰：“玄之又玄，众妙之门。”玄的本义是黑色、幽深，这个字符合表达“道”的无声无息、无形无色之特性的需要，因此又代指“道”。王弼注：“不可得而谓之然，则不可以定乎一玄而已。若定乎一玄，则是名则失之远矣。”他的意思是即便用“玄”，也不能拘泥于这“玄”，否则就失去了“道”的原味。从这一意义上说，玄，也可以理解为动词，北大简作“玄之有玄之”（北京大学出土文献研究所编：《北京大学藏西汉竹书（贰）》），这里的“玄”就是动词，即不断地“使之玄”、不断地扫除名言概念的意思。这说明我们不能给“常道”一个固定的名字，理解“常道”时不能执着于名言概念，而应深入再深入，减损再减损，直到见“道”为止。

老子的“道”与柏拉图的“理念”这一古希腊最重要的概念相比，“道”的这几个特点尤为明显：就其存在方式来说，老子的“道”是变动的，而“理念”是不动的；就命名方式来讲，“道”是无名的，它只是个勉强的命名，而“理念”是有名的，是实体；就其与人的关系来讲，“道”是可观的，可体悟的，“理念”是不可观的，只能靠理性加以认识；就其与物的关系来讲，“道”是可效法的，而“理念”不可效法，只能分有它。这些不同的特点背后是中西思维方式的不同。为了方便理解二者的差异，老子的思维可以姑且概括为“圆性阴阳思维”，西方传统形而上学的思维可以姑且概括为“线性终极思维”。前者关心的是阴阳互动互渗、无始无终、充满变动的宇宙法则及人生的意义构成方式；后者关心的是具有确定性、不变性与唯一性的客观真理。

“线性终极思维”意味着一直无止境地追求终极，总要设定一个内核，一直追求下去，似乎有一个终极真理在那等着。西方从古希腊的时候起就追求这样的理念，比如柏拉图的“洞穴喻”，要人通过理性追求到那个最高的理念，转过身去看到那个真理的太阳，这就容易造成本体与现象的二分。这样的理念或绝对真理是在人的生活世界之外或之上，这样的思维会导致人们不停地追求确定性和唯一性，这样的思维方式奠基于古希腊，并促进了西方近代科学的发展。然而西方传统的形而上学与逻各斯中心主义有它的问题，当代哲学已经从各个角度进行了反思、批判、解构，从而与中国古代哲学更能够相互对话，碰撞出火花。

对象化的思维下找不到终极的绝对的“真理”，只有无止境地切分、弥合、探求，像钟摆一样二元对立地摇摆下去。当我们通过概念分析等把一切都切分得更细，落到了更实在处时，真理也就被遮蔽了，真正玄妙的东西可以被静态地研究与把握吗？从道家的阴阳思维来看，宇宙的真相恰恰就是变动的，不确定的。万物是一个整体，切分开来加以分析与认识的是静态的事物，不是事物本身。这样的研究对象是死事物，不是活事物。

道家的“道”论体现的正是阴阳合一、相生相克、相反相成的整体变动思维。“道”看似玄妙，似乎是一个形而上的“实体”，其实是在人间的终极法则。这种终极法则不是什么神秘主义，而只是从不同角度看，会显示出不同的特质来。你从“无”的角度去看，它就是“虚”的；你从“有”的角度去看，它就是“实”的。你对象化地去看它，就看不见；你从非对象化的角度去看它，就能领悟。这个“道”始终在“构成”之中，可以对象化为某种法则，也可以隐藏起来，作为某种根本的“意义”指引着我们去生活。但是一旦用概念表达出来，它的内涵与外延就被固定住了，就自我遮蔽了。这不就是我们苦苦追寻的所谓“终极意义”的狡黠之处吗？“道”离不开人，“道”不在生活之上，也不在生活之外，而就在实际生活的发生之中，即所谓“道不远人”。它是无形的，但会在万物中显现；它是隐秘的，但可以在人的实践中开显。“道”的这两种存在方式与人的两种体悟方式完全是结合在一起的，用什么样的体悟方式，就能发现什么样的“道”。老子将“道”的阴阳两面、有无两面、隐显两面描述得真是美妙，非常有意思，耐人寻味，值得人不断地在生活中去寻求印证。爱情、艺术创作、“忘我”的工夫……莫不是这样的显道方式，你越想捕捉越捕捉不到，你不去理它而它自在。

《老子》中可以说无处不是阴阳，它的整个体系都靠成对的语词来建构，全篇以对偶、押韵为主要修辞手法，这都是表达这个不可道之“道”的需要。有“道”有“德”，有“有”有“无”，有“正”有“反”，有“黑”有“白”，有“强”有

“弱”，有“阴”有“阳”，有“善”有“恶”，有“天之道”，有“人之道”……《老子》中的观念基本上都是一对一对出来的，而不是通过概念分析一层一层坐实它。《老子》是一个循环往复又生生不息的意义系统。如果在生活中能体悟到阴阳，并运用阴阳的思维，你的人生一定是成功而有趣的。

相比之下，西方传统形而上学的思路与道家不同。从柏拉图的“理念”到亚里士多德的“实体”，康德的“物自身”，黑格尔的“绝对精神”……他们总要找到一个“实心”的东西作为根据，到了尼采之后，才慢慢打破这种思维，西方哲学发展到了现象学、后现代思想，才真正有了与道家思维构成对话的可能。但遗憾的是，我们今天的思维与语言受西方传统的影响很大，无止境地追求更高、更快、更强，追求光亮、白天、科技、成功、绝对、对立……这恰恰是西方当代哲学努力要摆脱的。这样的思维是“现代性”对中国传统文化的挑战，是当代资本至上的表面胜利，是一个被动的选择。

科技本身没有错，问题是它将走向何方，会带来什么后果？这种反思在西方早就开始了，如德国哲学家胡塞尔、海德格尔早就反思过科技带来的问题。我们要看到这个时代的“阳”的一面，生机的一面，也要看到它的“阴”的一面，危机的一面。“生机”可能是打了鸡血似的“伪生机”，“危机”可能是后疫情时代全球难以达成共识的“真危机”，这是对“现代性”敲出的警钟。盲目的快速发展，会给社会留下各种内伤，道家思维是可以用来治这个内伤的。因为道家的阴阳思维是上下打通，天人打通，内外打通，灵肉打通，本体与现象打通，感性与理性打通的一种高级的思维方式。在道家这里，所有的二元对立都不存在，这些看似对立的方面本来就是相通的，而不需要人为去打通。人在阴阳思维下会从整体思考问题，灵活变通，从而保证内心的和谐。

第四讲　无法点燃一盏灯看看黑暗的模样

前面已经讲了《老子》第一章显示出的“常道”的三个特点：动而无死、生而无名、妙而可观，“道”还有一个特点，蕴含在第二十五章里。为了完整地了解“道”的特点，我们有必要在这里提前分析一下第二十五章。这一章说明了“道”这个名称的来历、特点与作用，在内容上与第一章遥相呼应。第二十五章曰：“有物混成，先天地生，寂兮寥兮，独立不改……故道大，天大，地大，王亦大。域中有四大，而王居其一焉。人法地，地法天，天法道，道法自然。”

该章前半部分说明“道”只是个勉强的命名，实指的是先于天地万物而存在的“常道”，它先于万物，先于人，可以作为创生万物的母亲来看待。人无法确切地去言说，但可以借助“道”这个名称来领悟“常道”；后半部分则揭示了“道”与“万物”的关系：万物都要取法于“道”，而“道”取法于“自然”，人向道学习，学习的正是“自然”这个特性。

“自然”的本义是“自己如此”。老子不说“道乃自然”，而说“道法自然”，也是一种语言策略，有更鲜明的表意效果，强调“道”也有所法，但效法的不是它之外的东西，而是“自己”，是万物本身。河上公注：“道性自然，无所法也”（王卡点校：《老子道德经河上公章句》），“无所法”不是说没有法则可遵循，而是没有固定的法则可效法。“法”取“水之平”意，有标准、规范的意思，“自己如此”就是以自己为标准，这是个笼统的法则，因人因物因时而异。“如此”的内容取决于“自己”，此法则要具体落到事物各自的本性上去。“自己”背后本就有个“谁自己”的问题。因此，“自然”有两层含义：主语为“道”时，“自然”是指“道”本来如此，独立自在，不受任何事物影响的特性；主语为万物时，“自然”是指在“道”的保证下万物自行展开的整体状态。

河上公揭示了第一层含义，王弼则揭示了第二层含义。王弼注：“道不违自然，乃得其性，法自然也。法自然者，在方而法方，在圆而法圆，与自然无所违也。”道不是方、圆，但是赋予万物方、圆特性的那个根本力量，在生万物时就已经赋予了。

“道”所代表的自然法则不是唯一的、绝对的、固定的，因为不同事物有不同的特性，这些特性会随着环境而变化。它不是像“三角形的内角和是 180 度”那样确定，而是隐性的、灵活的、有弹性的。这如同二十四节气所代表的每个时节的特性不是绝对的，而是大致上的。在这一意义上，本书把它这一法则说成是虚的，它只能在具体物上得以充实，反过来，这种充实也是万物法“道”的体现。因此，“常道”的第四个特点可以称为“虚而可法”。

综上所述，老子的“常道”即创生万物并使万物按其本性自然发展的先在者与恒在者。“常道”有四个特点：动而无死、生而无名、妙而可观、虚而可法。它不是客观的“实体”，也不是人主观想象的产物。我们可以将它理解为确实存在但又无法被完全认知的宇宙能量，这种能量又体现为宇宙自生自化、运行不止的自然法则。老子对“常道”最为重视，故寄托于圣人，将“道”生养万物之德也说成是圣人的功德，以便让侯王效法，在“失道”之世把整个社会重新带入自然的秩序和状态中去。

这样的“道”如果用现代哲学术语来概括的话，可以叫作“非对象化的道”。它不是一个与主体相对的“对象”，所以不可说。“道”不可说，是指不可用一般性的语言去说。一般性的语言即“工具性的语言”，主要指概念分析或逻辑性的语言。其与诗性的语言、神性的语言是相对的，在当时主要是指以名家为代表的语言。当然，老子并没有明确地针对他们，到了庄子才提出“道隐于小成，言隐于荣华”（《齐物论》），反对当时的“儒墨之争”。

在道家看来，工具性的语言会遮蔽“道”。因为工具性的语言是建立在主客二分的认识论基础上的，只要开始用它言说，就预设了主客的二分，此言说一定有明确所指和目的，是出于人认清对象的需要，因此是对象化的。“道”不是与我们主体相对的对象，在人没有产生时，它的存在与语言无关；在人产生以后，它就是我们生活于其中的那个“世界”，人无法从这个“世界”中真正挺立出来，回过头来看“道”，就如同诗人说的我们无法点燃一盏灯看看黑暗的模样。我们也无法抓住自己的头发将自己扔出地球、无法在“此刻”描述“此刻”、无法去说正在说话的自己。就像是骑驴找驴，人在“道”中永远找不到“道”。当人去找“道”时，人已经站在“道”外了，此时人所找到的只是对象化之“道”。“道”的玄妙正在于此它是主客未分时的情状或境界。譬如一个人骑车到野外游玩，突然闻到了一阵花香，瞬间陶醉其中，忘乎所以，这是“非对象化”的境界，然后他就去寻找什么花这么香，结果找到了，是油菜花的香味，这就是“对象化”的境界了。前者的美是主客未分时的美妙体验，后者的美是认知上的理性满足。

老子将“名”与“道”并提，从一开始就提醒所有想要说

“常道”、想要探寻“常道”的人，必须随说随扫，超越名言概念的束缚。“常道”是非对象化的存在。随着人的产生，语言的不断逻辑化与理性化，人对世界的掌控能力越来越强，非对象化的“常道”会走向对象化，成为可供人认识与利用的一般的“道”，在《老子》中具体表现为“规律之道”“处事之道”与“治国之道”，三者分别表达了老子在认识论、人生论与政治论上的主要思想。我们对这三个具体的“道”概述一下：

“规律之道”即事物相反相成的运行规律，这些特性是客观存在的，也是能被认识的，可以看作认识论意义上的“道”。如“有无相生，难易相成，长短相较，高下相倾，音声相和，前后相随”（第二章）、“曲则全，枉则直，洼则盈，敝则新，少则得，多则惑”（第二十二章）、“大成若缺，其用不弊。大盈若冲，其用不穷。大直若屈，大巧若拙，大辩若讷”（第四十五章）、“知者不言，言者不知”（第五十六章）、“正言若反”（第七十八章）以及“信言不美，美言不信；善者不辩，辩者不善；知者不博，博者不知”（第八十一章）等。

“处事之道”即以柔克刚的柔性原则，指抓住事物的关键，以柔韧的方式取胜，让国家、人生能更长久地存在。如“虚其心，实其腹；弱其志，强其骨”（第三章）、“水善利万物而不争”（第八章）、“专气致柔，能婴儿乎”（第十章）、“夫唯不争，故天下莫能与之争”（第二十二章）、“弱者，道之用”（第四十章)、“强梁者不得其死，吾将以为教父”(第四十二章)、“天下之至柔，驰骋天下之至坚”(第四十三章)、“守柔曰强”(第五十二章)、“物壮则老，谓之不道，不道早已”(第五十五章)、“慈，故能勇”(第六十七章)、“坚强者死之徒，柔弱者生之徒”(第七十六章)以及“天下莫柔弱于水，而攻坚强者莫之能胜”(第七十八章)等。

“治国之道”即遵循万物的特性，不干涉、不宰制，无为而无不为的治国方法。如“生而不有，为而不恃，功成而弗居”(第二章)、“衣养万物而不为主”(第三十四章)、“道常无为而无不为”(第三十七章)、“不言之教，无为之益”(第四十三章)、“是以圣人不行而知，不见而名，不为而成”(第四十七章)、“损之又损，以至于无为，无为而无不为”(第四十八章)、“我无为而民自化，我好静而民自正，我无事而民自富，我无欲而民自朴”(第五十七章)、“为无为，事无事，味无味”(第六十三章)、“以辅万物之自然，而不敢为”(第六十四章)以及“是以圣人为而不恃，功成而不处”(第七十七章)等。

这里对“常道”与“非常道”的区分，不是“二分”，更不是将二者对立起来，而只是在比较中突出“常道”的特点。“非对象化的常道”与“对象化的道”代表了道的两个不同的层次。这里的“非对象化”(non-objectified)也不是“不可对象化”(non-objectifiable)的意思，而是“尚未对象化”(not-yet-objectified）的意思。也就是说，“道”从“非对象化”走向“对象化”是一个不可避免的过程，就像人不能一直处在“卖呆儿”的状态，总要醒来，不断进入对象化的生活。其实“卖呆儿”就是“物我两忘”的状态。此外，人这种生物在不断发展进步的过程中被各种对象或外物所牵制，大脑越发达，可能越容易走向对象化，越简单反而越容易领悟“道”。从这个角度来看，我们所夸赞的“求知欲”既有追求认识世界的这一正面含义，也有破坏主客统一的“混沌”状态的负面含义，这就是庄子推崇“混沌”的原因。

用“非对象化”这个现代词语来表达的好处在于，对“道”的概念不再停留于以往的“不可说之道”“可说之道”的模糊界分。“常道”并不是绝对“不可说”，老子本人就是用“正言若反”的方式去说的。“不可说”是一个语言策略，它提醒人们对说“道”要保持警惕，须知我们所认识和定义的“道”始终是不完整的，它只是“常道”中最容易被看到的一部分。人应该不断体悟“恍兮惚兮”的非对象化之道，从根本上应对现实生活中的各种问题，如同庄子说的“葆光”，“常道”虽然“不知其所由来”，但它是“注焉而不满，酌焉而不竭”（《齐物论》）的能量，是人类智慧的源泉。人如果越来越对象化、技术化、工具化和实用化，就会离这个源头越来越远，能量就容易枯竭。

第五讲　宇宙本源，没有答案的问题

前文都是从“道”的特点来讲“道”的，接下来我们来看看《老子》第二十五章中的“道法自然”的这个“道”究竟是什么含义。《老子》第二十五章曰：

> 有物混成，先天地生。寂兮寥兮，独立不改，周行而不殆，可以为天下母。吾不知其名，字之曰道，强为之名曰大。大曰逝，逝曰远，远曰反。故道大，天大，地大，王亦大。域中有四大，而王居其一焉。人法地，地法天，天法道，道法自然。

上一讲说，“虚而可法”是“道”的第四个特征，“道”看起来是虚的，就像黄克剑先生把它叫“虚灵的真实”（黄克剑：《老子疏解》），这个描述有利于我们将“道”与西方的“实体”

区分开来。“道”看起来是虚的，无法作为一个明确的对象被把握，但我们可以效法它。你只要能够洞察“道”的规律，就可以遵循并利用它。所以“道”作为宇宙源头与法则这层含义很重要。“有物混成”的“混”是“涌流”的意思，涌动着很大的水才能叫“混”，因此“道”作为宇宙本源跟“水”有关系。《管子·水地篇》曰：“水者何也？万物之本原也，诸生之宗室也。”（李山、轩新丽译注：《管子》）他认为水是万物的本原，但是与老子所讲的本原不完全相同，管子认为水是万物之性的本原，所谓“水一则人心正，水清则民心易”，水清澈的地方人心也正，水浑浊的地方人心也浊。老子则是用水的涌流状态来描述万物产生之前宇宙的状态，这种状态在人之前就形成了，这时的宇宙当然有道，但是还没有人。

“独立不改，周行而不殆”的“改”字一般人都解释为“改变”。这种理解没有大的问题，但是不够准确。“改”，郭店竹简本中写作“亥”，通“垓”，“垓”是“边界”的意思。所以“独立不改”不是说道“独立而不改变”，而是说道“独立而没有边界”（丁原植：《郭店竹简老子释析与研究》），“道”无大无小，至大无外，至小无内，“道”不在大小的规范之内，你说它大或说它小，都是无用的，它超出了任何二元的描述框架。它是无所不包的，所以没办法设立边界。独立而没有边界，也就是说“道”是无边无际的，而并不是说“道”是不可改变的。“周行而不殆”的“周行”是“周遍运行”的意思，即“道”覆盖万物。“吾不知其名，字之曰道，强为之名曰大”的“大”字最能形容宇宙包囊万物的特性，也照应前面说的宇宙没有边界。

“大曰逝，逝曰远，远曰反”的“反”在古代有两个含义：一个是“相反”，一个是“返回”。所以我们要小心，在《老子》中“反”的含义不同。“大曰逝，逝曰远，远曰反”的结构很特别，大、逝、远、反之间用的是“曰”，而不是用“而”。“曰”就是“说”的意思，也就是说，你刚要说它大，它就远行了。“逝”是远行的意思，你刚要说它往前走，它就变远了；“刚刚说它是‘大’，便又要说‘逝’、说‘远’，说‘反’了”（王博：《〈老子〉思想的史官特色》）。我赞同王博教授的讲法，生动地传达出了“道”的变动性特征。所以，“曰”恰恰说明大、逝、远、反等等都只是对“道”勉强的、有限的描述。“道”是变动的，你没有办法把它定于一格，说它一定是什么样的。你可以说它大，也可说它小；可以说它远，也可说它近；可以说它动，也可说它静；可以说它阴，也可说它阳，这个才叫“道”。我们无法用语言捉住它，它阴阳兼具，又随时变动。

那什么是“道法自然”呢？河上公注：“道性自然，无所法也。”王弼注：“道不违自然，乃得其性。”范应元注：“道法自然而然也。”（［宋］范应元：《老子道德经古本集注》）吴澄注：“道之所以大，以其自然。故曰‘法自然’。非道之外别有自然也，自然者，无有无名是也。”（[元] 吴澄：《道德真经吴澄注》）他们的解释也都是说明了“道法自然”就是道本来如此，它不再效法一个更高的东西。天道自然而然运行，是人应该效法的。从哲学上说，“道”是作为宇宙本源被提出来的，这是人们普遍的追问。从社会现实来说，是老子看到周代礼崩乐坏以及当时推行仁义产生的问题，探求社会混乱的根源，寻求一条根本的解救之道。这就是第三十八章说的：“失道而后德，失德而后仁，失仁而后义，失义而后礼。夫礼者，忠信之薄而乱之首。”

对宇宙本源的追问，从古到今都没有完全解决，是一个没有明确答案的问题。但它是个真问题、普遍问题，也是人生的第一问题，哲学的第一课题。要建构哲学的体系，一个思想者需要去回应宇宙从哪来的，人从哪来的等问题。老子提出“道”就是对这个最基本问题的回答，从这个基础出发才可以讲出“自然”“无为”“小国寡民”等思想来，这可能是老子提出“道”的哲学原因。在哲学史上，对这种普遍问题的追问是由来已久的，而且除了哲学家，文学家、物理学家，任何一种职业与身份的人都有可能发出这个追问。在老子之后，庄子也讲到宇宙本源，即“夫道，有情有信，无为无形；可传而不可受，可得而不可见；自本自根，未有天地，自古以固存；神鬼神帝，生天生地；在太极之先而不为高，在六极之下而不为深，先天

地生而不为久，长于上古而不为老。”（《大宗师》）

战国时屈原的《天问》一开篇就问了宇宙论的问题：“遂古之初，谁传道之？上下未形，何由考之？”（［战国］屈原著，林家骊译：《楚辞》）更古老的时候，宇宙是谁传导的？天地都没有形成的时候，如何考察它？唐代张若虚的《春江花月夜》也有类似的追问：“江畔何人初见月？江月何年初照人？人生代代无穷已，江月年年只相似。”（王启兴、张虹注：《贺知章、包融、张旭、张若虚诗注》），人都是很相似的，但是谁是第一个被月亮照到的那个呀？月亮是什么时候初次照到人的呀？人一代一代地繁衍，而月亮没有变化，从月亮的永恒来对照出人生的短暂，这也是对宇宙的本源的一种隐性的追溯。人从哪里来的？为什么人可以消失，太阳月亮却都在？人一代一代地生灭，最后到哪去了？不管是哲学家还是文学家，都有这样的对本源的一个追问。西方的科学、宗教对此也给出了很多解释。

基督教认为是上帝创造了人，《圣经·创世记》描述了上帝用七天创造了天地万物的过程；伊斯兰教则认为是安拉创造了人，安拉是所有人的“主”；佛教则认为宇宙间的一切都是由法界实相如来藏而生，一切都是缘构生成，没有起点，没有终点，生命轮回，修行最高的境界是成佛，成了佛就不在六道轮回中了。但这些理论都无法解释第一个生物是如何来的，一切“因”的最根本的“因”、最初的“因”又是什么。近代对中国人影响最大的学说可能是进化论，其认为在大约300万到400万年前，南方古猿进化成人，这是个漫长的进化过程，从“早期猿人”到“晚期猿人”到“早期智人”，再到“晚期智人”。达尔文认为人起源于动物，影响至今(见［英］达尔文著，苗德岁译：《物种起源》)。但西方也一直存在着神创造论与进化论之争。

这些理论都需要从根本上解决这个问题，比如说上帝从哪来的？安拉从哪来的？第一只猿猴从哪来的？直到今天人类依然在追问，生物学、物理学、天文学、哲学、宗教会给我们不同的答案。在所有的答案中，道家给出的“道”是最为特别的答案，我把它的特别之处概括为：非实体化，非人格化，非道德化。

第一，道的“非实体化”是说“道”不是个实体，它不像一个杯子，能拿在手里给你看。后来庄子就说，“道”如果是人人可以拿来献给别人的，那没人不愿意把它拿来献给君王。可“道”不是实体，它是一个构成性的存在，是在具体的人、事、情境中构造出来的，它既有宇宙规律的含义，也有我们体悟的“终极意义”的含义。无论如何，它都是当下构成的，而不是现成的或固定的。

人去体会意义一定是在发生中的，比如说我现在正在讲课，我享受的是讲课时迸发出的很多灵感，这是当下的意义。我没有办法抽象地去说讲课有什么意义。我讲一堂课的全过程就是我讲这节课的意义，就像演出的意义就是演出的全部过程。你把《哈姆雷特》演完了，从准备到演出，到演完得到大家的反馈，这个完整的发生过程是意义。你展现《哈姆雷特》这个剧的全过程以及过程中生发出来的所有的体悟，这个动态而丰富的呈现就是“演出”的意义，你在这个事件中的全部经历就是这件事的“意义”。同样，我们也没有办法去抽象地说“爱”的意义是什么，“美”的意义是什么，意义只能在一件事情的具体发生中呈现出来。

第二，道是非人格化的，“道”不是上帝，不是安拉，不是女娲，也不是老子，“道”是一个语词，它不是一个人。可能大家会问，宇宙本源不是人格化的存在，这有什么好处呢？它的好处就是不会被利用。没有人能说“我是道”，但是总有人说“我是神”。一个人格化的存在容易被人利用，但“道”非男非女，非阴非阳，又可以说是男又是女，是阴又是阳，这是从构成特性上来说的。没有一个具体的人物形象可以代表“道”，“道”就不那么容易被人利用，而且也避免了宗教冲突。无论你是否信仰“道”，“道”都覆盖每一个人，作用于每一个人，“道”更加公允、博大，不像基督教，你信仰它，信仰上帝，才能得救。世界史上因为宗教信仰不同而发生的战争很多，但中国从来没有因为道教信仰而发生过战争。

第三，“道”的“非道德化”是说，“道”作为宇宙的法则或是作为我们生命的终极意义，它不是伦理道德意义上的存在。比如谈人和人的关系，老子不从仁义礼智讲，虽然“道”是可以指导人生活的。“道”的提出是就整个宇宙的客观存在提出的，而不是为了建构伦理学。人对“道”的学习、运用，就产生了人类社会的“道”，也即“从天道推衍人事”。“道”本身是天道层面的，智者把它推衍到人事上来加以运用，天在前，人在后，而不是人类为了建构伦理学而刻意提出“道”。

“道”的尊贵不是人给予它的，不是因为人给它一个命名，它才尊贵的。“道”的尊贵在于它原本就在天地中存在，它不是一个道德教条，说君子要有恻隐之心，辞让之心，是非之心，羞恶之心，即孟子讲的“四端”（杨伯峻译注：《孟子译注》）才是人，这是“人禽之别”。“道”不是这样的，“道”不是从伦理道德的角度讲，它是一个非道德性的概念。儒家意义上的道德不是老子考虑的问题。首先你得是自然的，质朴的，与天合一的，然后才能谈到道德的问题。这个是“道”很特别的地方。至于这个“四端”，我们后文还会涉及到。

综上所述，《老子》的本源之“道”非常特别，与儒家文化以及西方文化中的宇宙本源都有不同的特质。“道”是非实体的，它也不是一个实物，无法看到、听到、触摸到，无法直接把握；“道”是非人格的，它不是一个人，也不是类似上帝这样的神，因此谁也不能说自己是“道”，或说自己可以代表“道”，它不容易被利用；它是非道德化的，它不是伦理道德的规范，不像宋明儒学讲的“天理”是道德的根基，但体悟了道的人，不会做不道德的事。道家成就的道德境界是对天道的体悟，而不是一种美德。可以说，道是高于德的境界。

第六讲　没有分别心，才能体会“道”

《老子》的“道”说不清道不明，但又真实存在。《老子》这样描述是为了保持“道”的完整性、不可分性。人要领悟完整的“道”，就需要没有分别心，哪怕只是某个瞬间。没有分别心，首先体现在看任何事物都不做二元对立。其次体现在把万物看作平等的，没有等级之分，没有好坏之别。这一观点在庄子那得到了更充分的表达，比如“恢诡谲怪，道通为一”（《齐物论》）、“相忘乎道术”（《大宗师》），还有最经典的“混沌”被“日凿一窍而七日死”（《应帝王》）的寓言。没有分别心，才能体会“道”。从“道”的高度看到的世界没有分别，辽阔而美好，圆融而无碍。人能平静、平和地看待世界、他人，不会轻易对他人进行判断，也不会患得患失、一生走不出过去的坎坷。

如苏轼《和子由渑池怀旧》所言“人生到处知何似，应似飞鸿踏雪泥，泥上偶然留指爪，鸿飞那复计东西。”（[宋] 苏轼著：《苏东坡全集》）

描述“道”之混沌性的文本很多，最有代表性的是第二十一章，其曰：

> 孔德之容，惟道是从。道之为物，惟恍惟惚。惚兮恍兮，其中有象；恍兮惚兮，其中有物。窈兮冥兮，其中有精；其精甚真，其中有信。自古及今，其名不去，以阅众甫。吾何以知众甫之状哉？以此。

第一句“孔德之容，惟道是从”的“孔”是“大”的意思。“容”解为“搈”，是“动”的意思。王弼注：“动作从道”，就是说只要行动就符合“道”。第二句“道之为物，惟恍惟惚”，帛书本作“道之物”，“之”训为“生”，高明解释为“道生物”（高明：《帛书老子校注》）。王弼本作“道之为物”，意思是“道这个东西”。下文都是形容“道”的，不涉及创生问题，所以王弼本更能讲得通。第二十五章“有物混成”的“物”竹简本作“状”，丁原植先生解释为“状貌”（丁原植：《郭店竹简老子释析与研究》），也就是某种状态，也不是实体。古代“恍”与“惚”是两个意思，前者偏向有，而后者偏向无，又都不具有确定性。“恍”是有但又像没有的样子，“惚”是无但又像有的样子。

“惚兮恍兮，其中有象”，出现的一些征兆就叫“象”，用今天的话说就是“苗头”。《韩非子·解老》曰：“人希见生象也，而得死象之骨，案其图以想其生也，故诸人之所以意想者皆谓之象也。”以前人很少看到大象，看到死去的大象的骨头，大概就能知道它长得什么样了，这可以靠想象就知道。象，是介于有无之间，可以用来理解“道”的征象。“恍兮惚兮，其中有物”，苏辙注：“道非有无，故以恍惚言之。然及其运而成象，著而成物，未有不出于惚恍者也。”（[宋] 苏辙撰，黄曙辉点校：《道德真经注》）“道”就是介于有无之间的恍恍惚惚的存在。

王博教授说：“‘惚恍’和‘恍惚’意思截然不同。……言‘惚恍’则重视‘惚’之一面即‘无物’之一面，言‘恍惚’，则重视‘恍’之一面即‘有物’之一面。”（王博：《〈老子〉思想的史官特色》）他也揭示了“道”的模模糊糊的不确定性。“物”比“象”易见，但并非实物。“惚恍”的“惚”表示像是无物，“恍惚”的“恍”表示像是有物，“道”就在有、无之间，看起来像有，又像无。

“窈兮冥兮，其中有精；其精甚真，其中有信”，“窈”是“幽之极”，即非常幽深的意思；“冥”是“明之藏，晦暗”的意思。“精”当读为“情”，就是“实”的意思；严灵峰认为是“小之微也”（严灵峰：《老子达解》），即小而精微的意思。“道”

好像是幽深晦暗的，但是其中有“信”，就是说其中有实在的东西，而且这个实在的东西很真实。庄子《大宗师》曰：“夫道有情有信，无为无形。”信，王弼解释为“信验也”。因此，这句是说道幽深隐秘，其中有精微之物；精微之物非常真实，其中有可信的东西。“自古及今，其名不去，以阅众甫。吾何以知众甫之状哉？以此。”信，是能让人确认的东西，就是说“道”看起来是恍惚的，触摸不了的，但是它又确实是真实的存在，并且从古到今它都没有消失，事实上，只要有宇宙，“道”就在。“以阅众甫”，“甫”是开始的意思，“众甫”就是各种东西的开始。我怎么知道各种东西的发生呢？“以此”，即从“道”的角度可以知道。

人们通过“道”理解万物的生、成，即如何开始，如何长成。与《老子》第二十五章讲的我不知道“道”的名字，故“强为之名”的意思是一样的。“道”是个假名。《老子》第十四章曰：

> 视之不见名曰夷，听之不闻名曰希，搏之不得名曰微。此三者不可致诘，故混而为一。其上不皦，其下不昧。绳绳不可名，复归于无物，是谓无状之状，无物之象。是谓惚恍。迎之不见其首，随之不见其后。执古之道，以御今之有，能知古始，是谓道纪。

这章也是说“道”不可见，不可闻，不可把握，不可辨析。

在上、在下都是恍惚的，因为它不受具体时空的规定，它不是现成的，而是构成之中的。“迎之不见其首，随之不见其后”是为道之人对“道”的体会。我如果能体会到这样的“道”，理解这样的“道”，就能用它来驾驭今天的万象，就能知道古代的一切是怎么开始的，这个叫作“道纪”。“道纪”就是“道”的纲常、法则。可以说，在中国哲学中，最根本的“道”都是构成性的，而不是现成性的，都需要去体会，比如儒家的“道”也是如此。《论语·子罕》记载了颜渊的一段对孔子之道的体会，其曰：

> 仰之弥高，钻之弥坚。瞻之在前，忽焉在后。夫子循循然善诱人，博我以文，约我以礼。欲罢不能，既竭吾才，如有所立卓尔。虽欲从之，末由也已。（[清] 阮元校刻：《十三经注疏·论语注疏》）

这种体验非常重要。颜回是孔子最喜欢的学生。颜回虽然不是最聪明的，但是最好学的，孔子最看重的是一个人身上好学的品质，在这一点上，孔子甚至认为自己都不如他。颜回的好学显然不是死学，因而他对孔子的“道”有这么神奇而又真切的感受：你越是仰头看它，越觉得它高；越是往深处钻研，越觉得它深；忽而觉得它就在眼前，但当你靠近时，又觉得它忽然跑到你身后了。“夫子循循然善诱人”，孔子就是用这样一个引导的方式，让我着迷于这个“道”。“博我以文，约我以礼”，孔子主要用“文”和“礼”这两个门径让我去体会他的“道”。“欲罢不能，既竭吾才”，它让人着迷，想停都停不下来。孔子就是这样，用自己独特的语言将他的“道”以“文”与“礼”的方式带到每个学生的生命经验中来，让人竭尽全力去把握它，走到自己思维的极致处。

大家想一想，我们什么时候会有类似的体验？比如读一本引人入胜的书时，比如被一个人深深吸引时，那吸引我们的最根本的东西都是难以把握的。正是这不确定性，才如此吸引人。它在我们领悟的过程之中不断被构成，而不是提前被给定。所以，这不是说颜回的能力不行，也不是说“道”本身很神秘，而是说“道”在人的真切体验中被感知、被实践时，是一种非对象化的存在。

可见，儒家最高的“道”和道家最高的“道”有根本的相似之处，它们都体现出了非对象化的特点，不确定、不固定。这些都是跟西方的终极性的概念有所不同。你对柏拉图的“理念”也可以在“知”与“不知”之间去学习与领悟，但最终它只能是确定的。老子这个“道”，你越亲近它，越觉得恍惚，似乎有一种排斥你的力量。越体验越觉得恍惚，但其中又有切实可信的东西。“理念”还可以通过推理的方式去达到，但是“道”完全没有办法通过推理、逻辑等方式间接去理解，它寄寓在每一个个体的生命体验中。

“道”是非对象化的存在，这样的存在对应到人身上并不神秘，就是个体与宇宙合一的状态，通过工夫与思辨两个进路可以达到。工夫是气功层面，入定而形神俱忘；思辨则是智慧层面，通过思辨可以达到通透，做真人，保持真性，进而忘我，自然生活，逍遥自在。这与孔子所追求的“暮春者，春服既成……咏而归”（《论语·先进》）的自然、自在的伦理境界也是相通的。孔子曰：“天何言哉？四时行焉，百物生焉，天何言哉”（《论语·阳货》），类似庄子说的“天地有大美而不言”（《知北游》），万事万物自然而然，不需要太多的言说，所以孔子从具体的人伦日用讲，注重伦理关系与礼乐社会的建构。孔子在形而下的层面用力多。老子对“道”讲了很多，虽然关切点也在人，但对天道有更多的重视与兴趣。二者在思维层面是一致的。

结合之前讲的《老子》第二十五章，可以说，“道”既有“先天地生”的宇宙本源与宇宙规律的含义，同时又供我们层层去效法，构成生命的终极意义。“道法自然”是第二十五章最后一句话，当然很重要。“道”效法“自然”，“自然”是自己如此。古代主要的几家注释没有根本的不同。河上公解释为“道性自然”，“道”的本性是自然的，我们干涉不了它。王弼后来的解释就更高明了，即“在方而法方，在圆而法圆”。

在方的地方就是方的，在圆的地方就是圆的，这个东西是什么？不就是水吗？第八章讲“上善若水”，“水”是老子特别重要的一个隐喻，你把它放在圆的容器里它就是圆的，把它放在方的容器里，它就是方的，因为水本无形，放在什么形状中它就是什么形状，最高的“道”就是像水一样的。水是无形无声无色无味的，只有这样的东西才能随顺万物，让万物在其中呈现出自己的样子。不同人在不同的情态中绽放出不同的意义来。王弼的注就把“道”下到个人，从抽象落到具体，这一点可能也是受庄子的影响。所以“自然”不只是指宇宙的法则，也指个人的境界。那么作为个体，你是方的，“道”就尊重你为方；你是圆的，“道”就尊重你为圆，保持你的个性就是“自然”。在这一意义上，我们把“道”本来如此的“自然”法则称为“虚”的法则。人通过层层效法而法“道”，最终效法的是“自然”，即按照自身的本性自由地展开。

第七讲　你跟这世界息息相关

我们在前文讲了“道法自然”，美学家叶维廉对此有非常好的诠释，他认为“道”是活泼泼的生命整体事件，是万物“自然自生自律自化”（叶维廉：《我们今天为什么讲道家精神》）的一种运作。这是什么意思？我们慢慢来分析。“道”首先是宇宙的“整体状态”，有整体的规则与自然的韵律，它不是零敲碎割的，不是各自孤立的，不是我们今天这个信息爆炸的时代每个人抱着一个手机沉浸式地过自恋的生活。韩裔德国哲学家韩炳哲指出，我们现在拿着手机，是各自为政，最后陷入“深度无聊”（[德] 韩炳哲著，王一力译：《倦怠社会》）。今天每个人就像一个小国一样，拿一个手机你就可以处理所有的事情，甚至跟外界都不用面对面交流，就可以自给自足，吃的可以叫外卖，用的可以网购，家电坏了可以用手机让人上门维修，寂寞了可以用社交软件找朋友……人的全部生活几乎一个手机就可以解决了。表面上看，一个人除了手机，什么也不需要。但在这样的碎片化的生活中，我们如何能体会人与人、人与万物、人与世界的深层关系呢？

“道”是混沌，是“一”，我们就在“道”中。万物统一为一个整体是什么感觉呢？大家可以想象一块玻璃，我们所有人都在同一块玻璃上，共同构成这玻璃整体，我们都是玻璃的一分子，你中有我，我中有你，牵一发而动全身，只有整体的存在，只有整体的作用。这个比喻就是说“道”中的我们，每一个人之间都是有机联系的，每个个体又是自生自化的。就像草原上开满鲜花，各种鲜花按照自己的方式开，有大有小，有红有粉有紫有白……各种各样的形态，各种各样的颜色。你若仔细端详一树的花朵，观察每一朵花，相信会被那种毫无保留的开放感动，它们层次丰富，有盛开的，有快要凋零的，但都给人以美感。那种真实地不留余地地做自己的状态就是自然，这是最有生命能量的状态。这个大自然的整体就是“道”，在道家的眼里，人本应该像一朵花，一块石头一样，自然生长与存在。每一片叶子，每一朵花都有它独特的样子，人也应该如此。你不用干涉它，它自己化育就好了。

“道”是一个完整的、有机联系的存在，在这个“道”中的所有的事物，它本身就有一个自己发展的规律，它的天性是不受干涉的。叶维廉说，“自然”就是“物物互渗互证互认，互显的圆融”。人在世间的关系可以概括为三种：第一是人与外物的关系；第二是人与人的关系；第三是人与自己的关系。这三种关系都应该是自然的，人与物，人与人，人与本真的自己都相互融合、相互印证、相互呼应才是对的。

先说人与物的关系。你看到一朵花一株草会没有感触吗？看到一片竹林会没有感触吗？有，是因为你跟这世界息息相关，我们看到春天花开了，会感受到生机勃勃，会充满朝气；看到冬天下雪了，会感到苍凉，内心冷静，即使不能踏雪寻梅，你也能在一片白茫茫的世界中感觉到灵魂的干净。这就是我们在应和着外物。我写下这些时，窗外正是深秋，叶子已经枯黄，一片片慢悠悠地落下来，没有留念，没有不舍，你静静看它们落，就会被触动。我在校园里面看到地上的落叶就忍不住捡起来，每一片叶子都很好看，如同顾城说的没有一片丑的叶子。你会突然发现人再美也美不过一片叶子，因为它的纹理，它的颜色，都是大自然的风雨用漫长的时间塑造而成。叶子是有身体，有骨骼，有血有肉的，像人一样。人无论怎么去装饰自己，都没有一片叶子美，因为越装饰越不自然。

秋天的成熟也是自然的，有足够的时间，足够的岁月，足够的风霜，它才熟了，熟透了。人总是急于成长，急于成功，受身边人的影响，这很悲哀，人要做自己远远没有一片树叶做自己来得容易。人会相互比较，树叶不会。人因为比较，发现自己与别人不一样，就会不安，然后尽快适应，泯然众生，进入舒适区，再努力把别人也同化成自己的样子，以便让自己心安。如果发现有特殊的人，“伯乐”们就亮出规范的尺子，让这些人就范。人们为适应各种尺子疲惫不堪。所以，人就越来越不自然了。

再说人与人的关系。人在与人打交道、互动的过程中建立起自我认识，进一步建立对他人的感情与信任。在原始社会、农业社会，个体力量相对弱小，需要团体协作才能生存下去，所以可能人与人之间更容易互动、互助。我们今天用手机好像是关联了整个世界，跟其他人很容易联系上，但那是虚拟的世界，是一个假象。我们越是各自抱着手机，越会成为一座座孤岛，跟其他人之间缺乏能量的交流。没有真正的促膝长谈，你是感受不到一个人的心灵状态和真实的样子的。大家在聊微信的时候有很多话，聊得很精彩，很客气，津津有味，交情很深的样子，但私下见面时反而觉得尴尬，这就是人和人之间的心的陌生。

我为了坚持面对面交流的习惯，做过一个“与 100 位女性朋友促膝长谈项目”，后来因为疫情，有一些只能通过视频或电话进行了。这 100 位朋友，最多的一位谈了 11 个小时，从早上谈到晚上，因为促膝长谈的时候才能勾起你最真实的回忆，勾起生命的感触与心灵的理解。你的生命能量会直接投射到另一个人的身上，不像微信打字或语音，互相看不见，有假装的可能。交往不直接，不真实，能量就不会流出来，无法达到相互之间的交换。面对面，你就是装也装不了多久的，人与人之间的感通更真切，四目相视，撒谎与伪装都困难。我们平时用微信聊天的状态不是自然的，很多话都是在应付。就像节日，别人发一个祝福，你回一个祝福，即使加上各种表情包，对方也很难感受到你的爱，缺乏诚意，只是社交礼节。所以“社恐”也随之出现，“社恐”往往不是害怕与人交流，而是想要回避伪装着的自己。

网络上流行一句话叫“现代人的崩溃都是默默无声的”，如果人能常常面对面地聊一聊，或是像以前住在一个四合院、一个胡同或一个村子里，天天见面，又没有电视，没有手机，怎么会有“默默无声的崩溃”呢？怎么会有这么多的抑郁症呢？现代人与人没有真正在心灵上建立一个桥梁相互沟通，所以就不能互显，不能互助。人是需要时时刻刻去感受自己存在的一种生物，需要他者来见证与呼应我们的存在，这也是人群居的意义，这是自然的，是人对感情的需要。

最后，再来说说人跟自己的关系。人要和自己对话，人跟自己对话才能清楚自己是谁，比如写日记，日记的实质就是与自己说话，从而不断清晰自己的思想感情。我从初中到现在都保持写日记的习惯，当然年龄越大写得越少。翻看一下以前的日记，对自己的认识就会更加清楚一些，自己经历过什么，是什么样的人，吃过什么亏，上过什么当，犯过什么错，对不起过什么人……这是一种真实本己的反思。我们都知道哲学最重要的是“认识你自己”，不只是古希腊哲学这么说，中国哲学也一样，《老子》说“知人者智，自知者明”（第三十三章），别人是我们的一面镜子，自己才是自己的本体。自己的心只有自己清楚，我们呈现给别人和别人反馈给我们的都是局部，甚至是假象。只有真实地反思自己，才能了解自己。当真实的自己异化和假装的时候，至少还知道自己在异化和假装，这仍然是一种真实，只是可能出于某种无奈而选择外在表现上的不真实。儒家提倡“吾日三省吾身”（《论语·学而》），其实我们每天只要一省就够了，问问自己对自己足够真诚吗，或我是在做自己吗，把自己问清楚了，就知道如何去调节内外的关系，在与他人、外物的接触中安放好自己了。

人跟自己建立亲密的关系比与其他任何人建立亲密关系都重要。很多人不了解自己，不爱自己，习惯迎合别人的要求，取悦别人，这是所谓的“好人”，也可以说是“讨好型人格”。这样一旦别人对自己的态度发生了变化，不再肯定自己、帮助自己、爱自己，自己就崩溃了。这样的人根本没有建立起一个完整的“自我”。所以，人与自己的关系是根本，它决定了我们能否正确地、从容地应对其他关系。

人跟自己的沟通是最直接、最真切的，是“明心见性”的。可能有人会说，道家不是主张人忘了自我吗，比如庄子说凝神专一的“心斋”（《人间世》），形神俱忘的“坐忘”（《大宗师》），这样的工夫可以到达“无己、无功、无名”（《逍遥游》）的境界。如果你都不知道自己是谁，又怎么能谈“忘”呢？人只有先找到自我，认识自我，才能忘掉自我。认识自我是第一步，忘掉自我是最后的境界，也可以理解为孔子说的“七十而从心所欲，不逾矩”（《论语·为政》），那得到七十岁，不修饰，不伪饰，不刻意，完全做到自然。我们首先要在人和物，人和人，人和自己的关系中保持自然、保持能量的流动、保持真实的性情。

自然的状态是连“名”都没有的，“名”会破坏“道”的完整性，一旦命名，就有局限了，而且名称常常会带有色彩，有阶层、地位的分别。《老子》第一章就强调“道”不是普通的命名。普通的名与名之间必有分别，也会妨碍人们对世界的一体性、万物的相通性的感悟。叶维廉认为这是为了“破解制度中的一切的语言建构”（叶维廉：《我们今天为什么要讲道家精神》），也即王制下的语言建构，你建构的“名”的系统在“道”这里都不管用，老子都给拆解了。你建立起来的尊尊、亲亲、君君、臣臣这些东西让人容易被异化，道家其实一开始就看到这个问题了，所以强调“名”的局限性与危害性。尊尊、亲亲的这种定名定形入定等级的方式，最后发展成了“君为臣纲，夫为妻纲，父为子纲”的三纲五常思想。所以《老子》第二十一章讲“名”你可以用，但要“知止”，你要知道该停在什么地方，所以叶维廉说“道法自然”的目的是“让素朴的天机回到它那个活泼泼的兴现”，回到活泼泼的状态，那么所有东西都在展现，它是一个活泼的整体。这种“道法自然”的境界里，主体与客体相融，“人应和着物，物应和着人，生命之间通着消息”（叶维廉：《我们今天为什么要讲道家精神》），这是我们要回到的万物一体互感互通的“道”，也是后来庄子说的“天地与我并生，而万物与我为一”（《齐物论》）的境界。

第八讲　春在枝头已十分

关于《老子》之“道”，我们最后讲一下对那个根本的“道”，即非对象化的“道”，我们究竟如何去体会，这是怎样的体验，这是《老子》的根本，也是《老子》最难的地方。人的一生都在面对人与外物的关系，外物主要体现在功名利禄上，芸芸众生若以占有的心态去对待，便会心意驰骋，一生劳顿，常有危殆。老子主张“生而不有，为而不恃，长而不宰”，与万物共在，而非占有；利泽万物，而不自恃有功；成就万物，而不宰制。这样才能保证人与物、人与人、人与自己处在一个松弛的、自由的关系中、才能体会到“道”。

《老子》第二十一章曰：“孔德之容，惟道是从”，“孔”是“大”的意思，“大德”是什么样子的呢？我们之前讲过，“惟道是从”，有这样德行的人只要一发生动作，就一定符合“道”。惟道是从有《中庸》“发而皆中节”（[宋]朱熹：《四书章句集注》）的味道，你要么不做事，一做事就符合“道”，这样的德就很高了，因为这是对非对象化的“道”的当下把握，是具有时机性的，不是遵守死的法则，而是到什么样的情境中就能开显出什么样的“道”。

我们之前把这种“恍惚性”用现代哲学的语言概括为“非对象性”（non-objectivity）。这个“非对象性”的概念，来源于海德格尔的现象学，新儒家代表人物牟宗三先生较早地将其与中国哲学相比较，在解读道家时抓住了“道”的非对象性特征，而将其解释为“境界形态形上学”（牟宗三：《牟宗三先生讲演录（三）》）。将现象学的思维彻底地运用到对道家的解释上，真正从比较哲学的意义上进行消化、转化，以此重新发掘中国哲学的古老精神的是张祥龙先生。老子的“道”就是一个非对象化的存在，而我们一般的哲学思维都是制造出一个“对象化”的终极存在，这是主客二分的认知模式所带来的必然。我们认知万物是用主、客二分的思维，人是“主”，认识的对象是“客”。比如说我认识一个杯子，我是主体（subject），这个杯子是客体（object），这就构成一对主客的关系。

可是“道”不像一个杯子一样能被作为对象去认识。整个宇宙生生不息，演化了很久，很晚才出现了“人”这种生物。

我们人类不仅不是最早出现的，而且历史很短，从宇宙之“道”来看，人无异于草木鱼虫。“道”不是我们的对象，即使在我们人类出现以后，“道”也是人生存的一个大的背景，大的语境，大的法则。“道”不是一个客观的“物”，而是一个在构成中的法则与境域。杯子是确定的，只有确定的固定的东西才能成为一个对象。“道”本身不具有确定性，它是一个变动的存在，所以没有办法作为一个确定的对象被认识。

“道”不可说正是因为它是非对象化的，因为你用语言去讲任何东西，哪怕你讲神、鬼、飞碟、外星人，只要是你能用语言描述的这样的一个东西，它都是与人构成主客的关系而存在。语言意味着你的言说一定是有对象的，没有胡言乱语、毫无指向的话，除非是疯子或精神病患者。语言本身就有对象。那么我们说的非对象化，也就是表明“道”是超越语言的。我们至少可以说，“道”不是工具化的语言能表达清楚的。工具化的语言就是我们平常这种认知的语言，比如说概念分析等，我们没有办法通过概念分析、逻辑推理这样的方式来讲“道”。所以“道”的非对象化是指“道”已经超越了主客二分的思维。

怎么去理解非对象性呢？其实在生活的实际情境中，有很多情境都不是主客对立的，你意识不到它的存在，它跟你是一体的。比如你骑自行车的时候，你不会想着我的左脚应该怎么动，右脚应该怎么动，就是很自然地在骑。这时候你跟自行车就是合一的，自行车不是你观察的对象，而是跟你合为一体的。但是如果你骑着骑着车链子突然掉了，你一下子就意识到它的存在了，就会赶快下来修一修。这个时候自行车才是你的一个对象。其实日常生活中的很多情境下我们都处在非对象化的状态。

再比如当你已经会打羽毛球、乒乓球了，你打的时候就不会想着我要如何接到这个球，手脚应该怎么动，每一个球过来，几秒钟的时间根本来不及想，所以这个时候的球也不是你的对象，你根据平时训练的习惯顺其自然地就迎上去了。高手打球的时候，跟这个球更是融为一体的，就是我们所说的“出神入化”。这是由“术”进入了“道”，你与客体已经处于物我两忘、彼我不分的境界了，如庄子在《养生主》中说的“臣之所好者，道也，进乎技矣”，重要的是那个“道”，我喜爱“道”胜过喜爱“技”。这些都是主客未分的例子。古代一个女尼写过一首《悟道诗》，可以帮我们进一步理解“非对象化”的意思，其曰：

> 终日寻春不见春，芒鞋踏遍陇头云。
> 归来笑拈梅花嗅，春在枝头已十分。
> （[宋] 罗大经撰，孙雪霄校点：《鹤林玉露·丙编·道不远人》）

她说我去寻找春天，就是找不见。我穿的草鞋都踏破了，走过各个山头都没找着。大家想象一下，当你去找春天的时候，你就已经有一个先见了：什么样是春天，开什么样的花才能表明是春天，你心里就有一把尺子作为标准了，你去找匹配春天标准的各种景象，然后拍个照，发个朋友圈，说这是春天了。但是作者回来轻轻地拿着梅花嗅了一下，发现这不就是春天吗？春天是已经在枝头了，完全朗现在那里，我却没有发现，因为它不在我的“先见”中，没有走进我的视野而成为对象。“春在枝头已十分”，春天已经展现出来了，当你去寻找的时候，你恰恰错过了春天，因为你寻找任何东西时，都已经带上了对这个东西的“先见”，是在用固定化的、概念化的、对象化的眼光在做这件事。梅花已经开在尼姑的院子里了，与她本就共在，没有主客分别的。同理，我们如果带着现成的框架去找“道”，便是“在道找道”，那怎么能找到呢？

所以，“道”不能用主客二分的认知的方式去认识，而只能在主客未分的情境下自行领悟。“道”不在人之外，人就在“道”之中，人生活的本质就是与周遭的一切打成一片，在“道”的场域中“糊里糊涂”地生活，浑然不觉，这恰恰是美好的生活。

我们再举一个例子来说明“非对象化”：绘画。去写生这是主客二分的行为。画家一开始看到的是实物，然后它变成脑子中的意象，最后变成画上的意境，中国的写意画常常是从物境到意境到道境，不断进入更深邃的境界。吴冠中先生的画就是这样，我在香港参观过他的一个原作展，看到了著名的《双燕》这幅作品，画中表现他的家乡那种独有的美感。他的家乡在宜兴，有房子、小桥、流水、人、灯笼等等，这个宜兴是他观察的一个对象。

但吴冠中先生画的不是实物，他画过很多这样的江南水乡画，都是意象，表达出一种朦朦胧胧的美感。《双燕》最简洁彻底，实物消失了，意境呈现了，画家与家乡合二为一。他也许在画这幅画的时候体会到了主客合一或主客未分的道境，至少，这幅画打动人的地方恰恰在于它的模糊性。

最后一个例子是牟宗三先生写的《红楼梦悲剧之演成》（牟宗三：《牟宗三先生全集》），他让我们看到宝黛之间那种“非对象化”的爱情。他说林黛玉与薛宝钗这两个女孩都美，都有才华，都与宝玉关系近，那宝玉为什么爱的是黛玉？在他心目中，黛玉究竟比宝钗好在哪里呢？要知道曹雪芹几乎把薛宝钗写成了个完美的人。曹雪芹说：“空对着山中高士晶莹雪，终不忘世外仙姝寂寞林”（[清] 曹雪芹著，脂砚斋评：《脂砚斋批评本〈红楼梦〉》），他用“高士”来形容薛宝钗冰清玉洁，腹有诗书，通情达理，才华横溢。黛玉虽然也美，也有才华，但有很多“毛病”——尖刻、使小性子、爱哭等等，但是黛玉自然，她不装，这一点与宝玉是完全吻合的，所以宝玉心有戚戚焉，非常珍惜。牟宗三先生说黛玉比宝钗多出的这一点东西就是“知己”，这是宝钗做不到的。黛玉懂宝玉，两个都是几乎没有社会化的自然人。黛玉与宝玉一样，情绪捉摸不定，一会儿喜，一会儿悲，身上有一种模糊的不可把握的东西，这就是保持了与道为一的状态，这种状态产生的鲜活的生命体验让人“欲罢不能”，你和她恋爱，就进入主客不分的道境了。这是近乎终极的体验，也可以说是老子之“道”在爱情现象中的体现。

第九讲　形上之“道”落到生活中

“常道”是恒久之道，体现为宇宙整体生生不息、自生自化运作的法则或状态。它不是客观的实体，也不是人的主观想象的产物，它是在人的体验与实践中开显出来的意义世界。它不可见、不可说，具有形而上的特征，但并非形而上学意义上的本体。可以说，可道之“道”是不可道之“道”的具体展现。

“可道之道”是可以说的“道”、一般的“道”，是形上之“道”落到生活中的体现。“可道之道”是由“常道”派生而来的具体的规律、原则、方法、道理等。其中处事之道属于“自然”的范畴，治国之道属于“无为”的范畴，“自然”“无为”后面有专篇去讲，所以这一节讲规律之“道”。

规律之“道”具体体现为相反相成的规律。大家可能都学过马克思主义的辩证法，知道一切都是相反相成的，任何事物都有矛盾的双方。但《老子》用更为微妙、玄妙的方式加以揭示，而且是从“天道”的角度来讲的。这些规律是老子“自然”这一思想的重要方面，既包括大自然的规律，也包括人们总结出来的社会规律以及人生道理。事物相反相成的规律是客观的、可被认识的。代表性的文本有：

> 有无相生，难易相成，长短相较，高下相倾，音声相和，前后相随。（第二章）
>
> 曲则全，枉则直，洼则盈，敝则新，少则得，多则惑。（第二十二章）
>
> 大成若缺，其用不弊。大盈若冲，其用不穷。大直若屈，大巧若拙，大辩若讷。（第四十五章）

一切东西都是相反相成、阴阳合一的，这一点《老子》第二章有集中的体现，非常重要，所以我们需要反反复复地讲这一章。“天下皆知美之为美，斯恶已；皆知善之为善，斯不善已。”美丑、善恶都是相反相成的，美中有丑，丑中有美，善中有恶，恶中有善。道德中的善恶也是如此，善、恶是一体两面，没有纯善，也没有纯恶。当人们懂得善恶时，就已经具有为善、为恶的双重可能。因为“善”，才彰显了“恶”，因为“恶”才彰显了“善”。你做得太好了，你的善良可能会被利用，被绑架。一个人行“善”，也不一定要做到极端，保持你的善心，量力而行、尽力而为就可以了。你的“善”不能跟“名”连在一起，让你的“善”被天下人都知道，结果为“名”所累，这就不好了；那么“恶”也一样，人身上有一些小恶很正常，没有天生的完人，也没有天生的大恶人，比如不守时，这就是小恶，在道家看来，这恶不能扩大。这与《三国志》里说的“勿以恶小而为之，勿以善小而不为”（[晋] 陈寿撰，[南朝宋] 裴松之注：《三国志·蜀书·先主传》）是不一样的思路。

我们小时候多少都有一些破坏性，喜欢捣乱，打碎东西，和小朋友打架等等，这些如果过于压抑了，长大后“小恶”反而容易变成大恶，会被变本加厉地“报复”回来，这就是所谓的“叛逆”。在人的不同成长阶段，要尊重其本身的规律，你要适时地把所谓不好的东西发泄出去，将来才不会做太大的恶事。越是受到压抑的人，他身上本有的“恶”就越像毒素一样在那酝酿着，很多人的极端叛逆都是由于成长过程中的压抑造成的。

第二章接下来说“有无相生，难易相成，长短相较，高下相倾，音声相和，前后相随。”有与无相互生成，难与易相互显示，长与短相互衬托，高与下相互成就，音与声相互应和，前与后相互依随。这不仅显现了相反相成的道理，而且显示了阴阳两面相互渗透、相互成就的微妙思想。阴中有阳，阳中有阴。你看动物世界，每一个动物都有它的长处，但同时也有它的短处，甚至可以说，它的长处也是它的短处，比如熊有力量，但体型笨重，不利于奔跑；猴子身形灵活，但是力气小，容易被捕捉；小鸟能高飞，但不会游泳；鱼儿会游泳，但无法高飞。任何事物都有它的局限性，也有它的过人之处，这才形成了多姿多彩的世界。人是大自然中的生物之一，当然也是如此，有长处，有短处，而且长处往往同时就潜藏着短处，这也是老子说的“知者不博，博者不知”（第八十一章）。言辞美妙是长处，但又显得夸夸其谈，不够质朴，所谓“巧言令色”；刚毅木讷的性格让人信任依靠，但又显得呆板；颜值高的人容易吸引人，但又容易让人忽视其内在；一个人很外向，又往往缺乏深度；一个人很深刻，又往往不擅长社交；理性思维强的人，诗性往往不够；感性思维强的人，逻辑往往不强；滔滔不绝，思考往往难以周密；活泼外向，对细节往往又不够敏感；专注于自我的人，容易冷漠；善于社交的人，又显得虚伪……总之你会发现，一个人最大的优点，也往往是其最大的缺点。所有东西都是两种相反的特质集于一身的。

再比如说中药里的附子是有毒的，毒蝎子、毒蜈蚣和毒蛇等也都有毒，有毒就有害，但这些都可以入药，治病救人，可见有些有毒的东西也可以有益于人。庄子说：“道在屎溺”（《知北游》），一切东西里面都有“道”，都有真理性，道本身就是阴阳两面合一的存在。所以事物的“毒”性中也含有攻毒的因素，所谓“以毒攻毒”。人身上有很多细菌，如果把这些细菌全部去掉，人就活不了了。人生病是不好的，但也会产生新的抗体，像植物拔节抽穗一样，产生新的生命力，完成一次新的成长。如果一个人从来不生病那才可怕。健康和疾病也是阴阳，人体就是阴阳统一的，这是“恒常”的道。

《老子》第五十八章曰：“祸兮福之所倚，福兮祸之所伏”，好事的背后潜藏着坏事，坏事之中潜藏着生机，就看你能否发现。为什么失败是成功之母？因为失败更能让人看清自己的弱点，及时去补救，吸取经验教训，重新扬帆起航，而不是让你就此止步。失败也比成功更能见出人性，比成功更能考验一个人的意志。道家能知荣辱，关键就在这里。失败不是耻辱，而是完善自己的契机，在失败中站起来，才是真正的光荣。人生起起落落，没有谁是常胜将军，一生中遇到什么事不重要，重要的是你如何应对它。都说上帝为你关上一扇门，就会为你打开一扇窗，重要的是我们能否发现那扇门、窗。失败的时候不沮丧，成功的时候不骄傲，因为祸福相依，阴阳一体，正反相成，这是“规律之道”。我们要从相反的面向中汲取生命的经验和教训，明白怎么去利用它，把“善”的方面发挥得更好，把那个“恶”的方面收到可控的范围，这就是智慧。

第二十二章的“少则得，多则惑”对今天的启发也很大。现代社会信息量太大，商品太多，人反而更容易困惑。就像你走进超市，饮料太多了，不知道该喝哪个。可供选择的太多了，反而不知道选择什么。信息太多了，反而不知道自己想要的究竟是什么了。这时人是被动的，被外物的诱惑牵着走，而不是主动去驾驭外物。所以后来庄子说：“道不欲杂”（《人间世》），学“道”的人不能杂乱，否则的话，“多则扰，扰则忧，忧则不救”，东西一多就会困扰你，有困扰你就开始忧虑了。所以我们今天信息太多，知识太多，诱惑太多，机会太多，选择太多……如果不明“道”，这些都会困扰你。先秦诸子为什么能写出那么好的文章来？不只是时代的动荡带来的反思，也不只是个人的天赋，还与他们简单的生活、高级的思维有关。如果老子、庄子每天手里拿着手机，刷着抖音，他们还能写出《老子》《庄子》吗？没有太多的诱惑、太多的信息、太多的技术、太多的欲望……生活简单，思考才能深入，做事才能专注。老、庄对着家乡的山水，在大自然中认真思考问题，他们生活在直觉能力特别强的时代。庄子也讲到神人重要的能力是能“凝神”（《逍遥游》）专一，专注于造福人类。我们要心无旁骛地把一件事情做好，而不是千头万绪，心猿意马，被欲望牵着走。你占有的东西越多，你就越不自由。任何东西都有相反的那个作用，有坏的方面，占有不是好的思维，我们要学会放手，放下。有学生写博士论文写到崩溃，不是因为没有积累，而是看的书太多了，不会消化知识，整合不起来，信息都是碎片，缺乏一个整体思维，这样信息再多对你都是没有用处、没有意义的，甚至会带来负面作用。所以“多”和“少”也是一对阴阳，我们需要学会阴阳之间的平衡。

《老子》第四十五章曰：“大成若缺，其用不弊：大盈若冲，其用不穷。大直若屈，大巧若拙，大辩若讷”，大的成就看起来像有缺失，但用处是无穷无尽的。真正的充盈却像是空的，有无穷的用处。真正的直像弯曲，真正的巧妙像笨拙，真正的辩论像不会说话。我们今天说的“大智若愚”也是这个道理。事物到达一个很强的状态，反而看起来是其相反的样子。很多大智慧的人反而看起来很笨拙的样子，他们不会夸夸其谈，不会炫耀，也不会把做的事情都告诉别人，而是拥有内在的智慧，这是“大智若愚”，是“守拙”的智慧。在《老子》中，表达相反相成的文本很多，如第五十六章中的“知者不言，言者不知”，有智慧的人其实很少言说，喜欢言说的人没有那么高的智慧。老子只讲了五千言，甚至王弼后来说老子都不算是真正悟道了。他说“圣人体无”，圣人能体会到那个“无”，“无”又不能具体解释，所以圣人不说，老子是“有者也”，所以对“无”讲了很多。王弼认为连老子本人都悟得不够彻底，他还讲“道”，讲“无”，讲“有”，讲了五千言，而圣人直接行动就好了。

今天我们的思维总是追求更强，追求更多，追求圆满，觉得越多越好，越强越好，永不满足，这是与《老子》相违背的。

老子主张减损，柔弱，知止与知足。你看起来占有的东西很多，做到了让人们所羡慕的成功，它反而会成为你的困扰，影响头脑的清醒和智慧的提升。所以我们得掌握分寸，对一切只求刚刚好，不求圆满。“满”就不好了，我们的二十四节气有“小满”，小满就是圆满，这也是道家精神的体现。曹雪芹《红楼梦》第十三回里写了秦可卿托梦，就讲了这个道理，她说：

> 婶婶，你是个脂粉队内的英雄！连那些束带顶冠的男子也不能过你。你如何连两句俗语也不晓得？常言“月满则亏，水满则溢”；又道是“登高必跌重”。

曹雪芹深知道这种相反相成、物极必反的道理，借秦可卿之口讲出这番话来，既情真意切，又深入人心。一切东西满了就到头了，就该走下坡路了。所以中国人崇尚“九”，生日一般“过九不过十”，六十大寿五十九岁时过，七十大寿六十九岁时过，因为数字到“十”就满了，就溢出来了。财富也是，快乐也是，名利也是，情感也是，成功也是，都不要太满，悠着点，留点能量比较安全，留点遗憾才有味道。凡事别太好强，处处留有余地。话不能说太满，事不能做太绝，留条活路好退身，相互亏欠是真情……像王熙凤“身后有余忘缩手”，到眼前无路了再想回头就晚了。整个《红楼梦》里最真实、最踏实、最有能量的其实是刘姥姥，一生贫穷，但保持着乐观与善良，有一个硬朗的好身板，贾家倒台后，她救出了巧姐，展现了人性的温度。人生有富就有贫，有聚就有散，有生就有死，富贵成功时别太得意，坎坷没准儿就在不远处等着你；穷途末路时也别丧气，生机可能正在酝酿中，这也是王维《终南别业》说的“行到水穷处，坐看云起时”（[唐] 王维著：《王维诗集》）。这些都是说要看到一切事物的反面，要掌握“道”的规律。万事万物、人生百态，都是在这阴阳变化中展开的，世界的玄妙在于此，人生的意义也在这里建构出来。没有一直的好，也没有一直的坏，身处好的境域要有危机意识，身处坏的境域要保持信心，所谓“生于忧患，死于安乐”（《孟子·告子下》）。

我们再说处事之道，它是指遵循以柔克刚的慈柔原则，抓住事物的关键，以柔韧的方式达到事物的长久。《老子》中多次提到柔、虚、弱、不争的作用，或从反面说强、壮、争的不好。如：

> 虚其心，实其腹；弱其志，强其骨。（第三章）
>
> 水善利万物而不争，处众人之所恶，故几于道。（第八章）
>
> 专气致柔，能婴儿乎。（第十章）
>
> 弱者，道之用。（第四十章）
>
> 天下之至柔，驰骋天下之至坚。（第四十三章）
>
> 见小曰明，守柔曰强。（第五十二章）
>
> 慈，故能勇。（第六十七章）
>
> 天下莫柔弱于水，而攻坚强者莫之能胜。（第七十八章）

这些都是说柔弱、虚静、不争是最有力量的。柔弱之气，虚静的内心，不争的方式，反而能让人取胜，因为这时的自己是能量饱满的，是与天争，而不与人争。与天争就是效法天道自然，与天比，达到天然的状态，能量就很大，没有什么人能与你争了。我们之前讲道家最重视的是人与天，人与自己的关系，而不是人与外物，人与他人的关系，而儒家更注重后者。庄子用了很大力气来讲人与外物的关系，如《齐物论》《人间世》《山木》篇，都讲了物物而不物于物的道理。《老子》也有从反面说强、壮、争的不好的，如：

> 强梁者不得其死，吾将以为教父。（第四十二章）
>
> 物壮则老，谓之不道，不道早已。（第五十五章）
>
> 坚强者死之徒，柔弱者生之徒。（第七十六章）

以柔克刚，这是从老子的“常道”衍生而来的。用柔韧的方式做事，化育外物，而不是强行干涉外物。柔弱反而能战胜看起来强硬的东西，达到个人或国家的长久。在道家看来，儒家擅长的说教的方式很难奏效，比如小孩子不听话，儒家的方式是教育你要懂事儿，爸爸妈妈养育你不容易，你要懂得孝敬，要做个好人等等，小孩会很反感，因为他可能什么道理都懂，不用你去说；法家奖罚的方法同样也有问题，小孩不听话，父母说你不听话，罚站去，或者罚你不能吃大餐，不给你买玩具，甚至揍一顿。这种训斥的、惩罚的方式，表面上起作用，那是因为孩子小，孩子再大一点就不起作用了，就不吃这一套了。你的奖励对他无用，他无动于衷，反而会特别叛逆，你怎么惩罚他，他将来可能也会怎么去惩罚你；你怎么训斥他的，他将来可能也怎么训斥你，以其人之道还治其人之身。

但是道家方式就不一样，道家是以柔克刚，不言之教。小孩子不听话，首先父母要反思自己：你要求孩子的自己要先做到，每时每刻都要做他们的榜样，上行下效。家长如果天天拿着手机看，如何能让小孩不玩手机呢？相反，如果家长每天闲下来都在看书，不给孩子看手机、电视，他们可能就乖乖地去一边看自己的书了。所以你不用教他们如何做，你要做给他们看，就会有潜移默化的作用；其次要用温柔的方式去对待孩子，对孩子永远有耐心，这种温柔不等于惯孩子，而是说要用柔软的方式让他（她）改变。你要用情感交流的方式，启发的方式，而不是用强制性的方式去教育孩子。

再比如，一个小孩子拿着一把刀玩，很危险，儒家的方式是劝说你放下，告诉你这个刀有多危险，孩子往往不会放下的，因为他们没有体验过什么叫危险；法家的方式是动用武力，夺下刀，这样往往是两败俱伤；道家的方式则是“将欲取之，必先予之”，你拿个好吃的或好玩的跟他（她）换，他（她）就自动放下刀了。道家是让你自愿放下，这是最简单的“以柔克刚”，即用委婉曲折的方式达到目的。

不仅亲子之间如此，恋人之间、夫妻之间、同事之间等等都需要这样的道家柔性。比如我们对待父母，他们的价值观早已形成并且坚持了一辈子，两代人的生活方式与价值理念一定是不同的，很容易发生矛盾，劝说的方式是不管用的，你得理解对方所想、所求，肯定，信任，疏导，转移，最后达到你要改变的目的。如果你硬碰硬的话，你能力可能比别人强，在某件事上可能取得了成功，但那同时也可能是一种失败，因为靠强力达到的成功可能都是以伤害对方为代价的。只要勉强别人，伤害就产生了，这不是真正的成功。你往后退一步的话，对方只要是个心智成熟的人，都能看到你在让步，这样你的成功才没有隐患，你自己也会心安。《老子》第八章说“水善利万物而不争”，水就是善于处下的，所以叫“上善若水”。第四十章“弱者，道之用”也是这个道理，柔弱的东西才能发挥“道”的作用。

《老子》第四十二章曰：“强梁者不得其死”，太强的东西不会有好的结果。第五十五章曰：“物壮则老，谓之不道，不道早已”，太过强盛，很容易提前老去，这就是不符合“道”，不符合“道”就会很早消亡。比如一些冰上运动项目的运动员，她们常年要在冰上训练，退役后膝盖可能会有积水，需要抽出很多水来，很多运动员退役后身体不好，多是因为曾在短时间内高强度地训练，留下各种外伤、内伤，这叫“物壮则老”。再比如说现代人通常喜欢晚睡晚起，时间长了的话，健康一定会受损，严重的会出现猝死。这些都是在告诉我们，要用“柔”的方式去生活，要长久地具有柔韧性地展现我们的生命力与创造性，不要想着恨不得把人生几天过完，到达顶峰。我们经常看到电视节目中一些年轻人说，他们的目标就是30岁之前赚够1 000万，40岁退休。其实这样往往欲速而不达，智慧的人懂得慢慢去生活，慢慢去等待，慢慢去品味，慢慢去成功。在追求成功的路上，速度慢一点，脚步跨得小一点，你走出的路才会更稳一点。你不能跨过眼前去生活。

还有就是治国之道。治国之道的根本是“无为”。我们之后会单独去讲。

自然篇

《老子》的第二个重要的观念是“自然”。“道”是看不见、摸不着的，甚至无法言说的，具有形而上的特征，“自然”与“无为”是具体呈现“道”的两个观念。“自然”是“道”的根本特性，“道法自然”，“道”本身体现了自本自根的特性。所以，掌握了“自然”，就领会了“道”的精髓。通过自然、无为两个进路来理解“道”，“道”就变得形象生动而触手可及了。“自然”是个特殊的语词，没有明确的内涵，但又不是死板的法则。从古到今，无论自然法则意义上的自然，艺术风格上的自然，还是风流态度的个性自然，人们都给予了很多赞美，这些都与《老子》的“自然”有内在的联系。此外，自然在今天还常常被误读为本能、放任自流等等。那么，《老子》的“自然”到底是什么意思，对社会人生有什么启发，与今天讲的自然有什么不同，我们在这一篇中都会具体分析。

第十讲　万物各有“道”

《老子》中直接讨论“自然”的有五章，这五章中“自然”的主语并非一致。我们读古代文本的时候要掌握一个技巧，就是看看每一句话的主语是什么，就知道作者针对什么而言，也会知道后来的注释者添加了什么主语进来，比如王弼，就会按照自己的理解来给原文添加主语。主语不同，“自然”的具体所指当然也有所不同。“道”有“道”的自然，人有人的自然，物有物的自然，这些自然的表现与具体的实施方式都不同。这五章的核心句与其主语情况分别为：

1. 主语是道

人法地，地法天，天法道，道法自然。（第二十五章）

2. 自身为主语

希言自然。(第二十三章)

3. 主语是人

功成事遂，百姓皆谓我自然。(第十七章)

4. 主语是道、德

道之尊，德之贵，夫莫之命而常自然。(第五十一章)

5. 主语是物

以辅万物之自然，而不敢为。(第六十四章)

我们来逐一分析。首先是第二十五章的“人法地，地法天，天法道，道法自然”，这里“自然”的主语是“道”，隐含的主语是人、地、天，也就是说“人、地、天、道”这“四大”层层相法，都要最终效法“自然”。“自”用来代指自己，“然”是“这样”的意思，“自然”就字面来讲就是“自己如此”的意思。“道”的本性是自然的，“道”不用再去效法什么了，它已经是自然而然的最高存在了，所以这是“无所法”的境界。

“无所法”不是胡乱作为，而是法自然之法，内在之法，也可以说是法“无法之法”，这就像练书法，一个书法家到了最高的境界，就不用遵循固定的法则了。我们看米芾、苏轼、王羲之的字，感觉它们都没有固定的章法，不是刻意地按照某一个章法去写，好像是一挥而就，随性所至，却自成一体，风格鲜明。尤其是王羲之的《兰亭序》和苏轼的《寒食帖》，字的风格完全就是其做人的风格，没有什么刻意的痕迹。但这是经过了一些法则的训练之后达到的“无法”之境，他们都不是天生就写得这么好。“无法之法”是人的行为的最高境界，无论对于王侯，还是百姓。所以，“道法自然”就是不遵循什么具体的法则，本来就如此，就像人刚出生的状态，一气贯通，这是最自然的。后来我们慢慢长大，从父母、老师、社会那学到了各种规则，耳濡目染，形成了一套行为模式，适应社会，但常常因为适应而忘了自己的本然的样子。王弼解释此句为“在方而法方，在圆而法圆”，“方”和“圆”代表事物的具体特性，“道”在什么物中就体现为什么样子，“道”的存在，不是要规范什么，改变什么，而是顺从万物自身的特性。所以，万物不是按照一个叫“道”的模子刻出来的，而是万物各有“道”，万物做自己，万物的本性都得到自然而然地展开，这就是“道”的能量。这一章我们之前讨论过了，所以这里不再赘述。

其次是第二十三章讲的“希言自然”，它是一个倒装句，“希言自然”就是“自然希言”，字面意思就是“自然”很少言说。“自然”本身即主语，“自然”的方式就是很少言说，比喻侯王要少颁布声教法令，规定太多，老百姓就不“自然”了。也就是说，老子认为作为统治者，各种口号、宣传、法令等都要少颁布一点，老百姓才能过得好。“飘风不终朝，骤雨不终日，孰为此者？天地。天地尚不能久，而况于人乎？”大风不会持续太久，大雨不会一直下，比喻一切疾风骤雨似的措施都无法持续，这是警示侯王不能以激烈的方式治理国家或实行改革，否则国家很快就消亡了。老子一定是观察大风、大雨等自然现象时有所领悟，才说出这样的话。天地的规律确实是这样的，风雨雷电、地震洪水都很猛烈，但不会长久，所以老子说连天地都不能长时间地刮大风下大雨，更何况人呢？这是提醒执政者要小心，在颁布任何政令之前一定要深思熟虑，越是激烈的或强制性的措施越容易带来相反的作用。武力镇压老百姓更不可取，极权统治迟早会被老百姓推翻，激烈的改革后患无穷，身为君王不可不慎。引申到生活上来讲，就是任何“速成”的方式都不可能取得长久的成功。

老子由此得出一个有趣的结论：“故从事于道者，道者同于道，德者同于德，失者同于失。同于道者，道亦乐得之；同于德者，德亦乐得之；同于失者，失亦乐得之。信不足，焉有不信焉。”（第二十三章）如果你跟“道”一样的话，“道”也和你一样，这是人跟“道”的关系。“道”是最自然的东西，如果人也能保持自然，就与“道”相契合，当你向“道”走去，“道”必迎你而来，这就是走上了本己的道路。“同于道者，道亦乐得之”，你喜欢跟“道”在一起的话，“道”也乐于跟你在一起。你跟什么长期生活在一起，你就是什么样子。你可以观察遛狗的人，如果主人走路大摇大摆的，狗跟在后面也大摇大摆的。

宠物长期和人生活在一起，与人的气质都会越来越像。

因此，你热爱“道”，学习“道”的话，就会很洒脱，生活节奏慢，不在意他人的评价，淡泊名利，天真自然，修得一身自由自在、飘逸洒脱的气质；你学儒家，就会彬彬有礼，事事谦和，尊卑有序，有礼有节，刚正不阿，四平八稳；你学法家可能就像秋天一样冷静，做事严明，善恶清晰，奖罚分明；你学佛家，就会一脸慈悲，和颜悦色，超越俗世，赤条条来去无牵挂的样子，这也是我们常说的“相由心生”。所以，《老子》这一段讲的就是你所求之物必与你的心性气质相合的道理。“我见青山多妩媚，料青山见我应如是”（［宋］辛弃疾：《辛弃疾诗词集》），你喜欢“道”，容易被它吸引，“道”也会青睐你，容易被你理解。本章最后一句说“信不足，焉有不信焉”。第一个“焉”是“于是”的意思，第二个“焉”是语气词。统治者不够诚信，于是就有了百姓对他的不信任。这句话照应了第一句“希言自然”，统治者少颁声教法令，少去打扰或压榨老百姓，少对老百姓吆三喝四的，老百姓才会信任他，就是这个意思。

所以第二十三章的“自然”讲的是一种统治方式或管理方式。一个好的统治方式是“治大国若烹小鲜”（第六十章），治理国家要像炒小鱼一样，不要去乱翻动。小鱼被翻几次就翻烂了，治理国家也是这样，政策不要变来变去，做事不要大张旗鼓，工作不要形式主义，口号不要锣鼓喧天……否则，老百姓的心就被治理“坏”了，自然也就不信任侯王了。“同于道者，道亦乐得之”讲的是人与“道”的同构性，你的心是什么样，你的“道”就是什么样。

海德格尔有一篇文章叫《什么是思想》，他讲的“思”与这里讲的“道”有异曲同工之妙。他认为是“思”在思我们，就类似老子的“道”在召唤我们。他说：“我们往往只能做那些我们喜欢做的事情，我们所偏爱的东西，对这些我们总是参入进去，实际上我们所喜欢的只是那些从其自身出发喜爱我们，在我们的本质上喜欢我们的东西，它倾心于我们的本质，通过这种倾心，我们的本质也被占据了。”（［德］海德格尔著，孙周兴译：《演讲与论文集》）我们只喜欢做我们喜爱的事情，因为这是我们的本质，我们的本质就被所爱的事情充满、充盈、占据，从而实现出来。我们今天最大的问题是很多人不知道自己热爱什么，因为过早地被生活的压力剥夺了内心真正所爱的东西，过早地功利化、目的化，等有了时间与自由的时候，反而忘了自己最初所爱。

我们偏爱的那个东西，我们总是很容易就被它感染，很容易就跟它在一起了，就像庄子观鱼，鱼快乐，庄子也快乐，各自陶醉，各得其性。你喜欢弹琴，你就会感到琴也喜欢你；你喜欢画画，你就会感到画也喜欢你；你喜欢讲课，你就会感觉课本也喜欢你；你喜欢写作，你就会感觉文字在朝你走来。人从事这种热爱的东西的时候，就处在两相喜欢的状态。你倾心于它，它就成就了你的本质。你最热爱的那件事情做好了，就是你这一生的成就、你的生命的外化、你的灵魂的显现。我认识一位保洁阿姨，她每次打扫完了，就会坐在一个非常狭窄的工具间里看报纸，她看报纸的时候非常投入，你感觉她坐在那里有一种气定神闲、凌然不可侵犯的魅力，这就是她的热爱，也是她的尊严。读报就占据了她的本质，可能在别人看来她活得并不是多好，但她没有忘记自己的所爱。

第三个文本是第十七章，其曰：“太上，下知有之。其次，亲而誉之。其次，畏之。其次，侮之。信不足，焉有不信焉。悠兮其贵言。功成事遂，百姓皆谓我自然。”“下知有之”，竹简本、帛书本、王弼本作“下知有之”（刘笑敢：《老子古今：五种对勘与析评引论》），就是说百姓只知道有侯王的存在，吴澄、焦竑等本皆作“不知有之”，是说百姓都不知道有侯王的存在。后一种的统治境界当然更高，但现实一点讲的话，《老子》中的“百姓”是指“百官”，不是普通的“民”，他们有土地、受教育，关心侯王的治理，要管理民众，应该知道侯王的存在，只是侯王的统治没有打扰过他们，所以他们知道侯王存在，而不知道侯王具体做了什么。竹简本、傅弈本为“百姓皆曰我自然”，“谓”是“评价”的意思，而“曰”是“说”的意思，所以这里“自然”的主语有两种理解：按“谓”讲的话，主语当为侯王，即百姓都评价我侯王的治理很自然；按“曰”讲的话，主语可为百姓，即百姓都说自己的生活自然而然。我个人偏向于“曰”的解释，百姓陈述自己的状态是自然而然的，从侧面反映了侯王治理的高明。当时并没有一个考核君王的机制，百姓是否会有意识地“评价”侯王很难说，如果他们不知道侯王具体实施了什么，不了解侯王制定的各种政策，又如何能评价侯王的统治是“自然”呢？我觉得理解为他们描述自己的生活状态，显得更加真实。

这两种解释当然没有根本的矛盾，都说明这是一个自然治理的幸福社会。这一章的“自然”是百姓自由自在生活的状态，这得益于一个好的不扰民的治理方式。“下知有之”可以说是最高明的治理方式。我以前做过博士生的班主任，做了四年，他们几乎不知道我的存在。除了在他们找工作有压力的时候，我会偶尔鼓励一下，平时我尽量不打扰学生，不占用他们的时间。毕业了他们才想起来，说我们是不是应该找班主任来聚个餐，我们班主任是谁来着？这才想起我的存在，我感到窃喜。其次是“亲而誉之”，大家都很青睐你，想亲近你，赞美你，也算是不错的治理，这种就相当于是儒家式的统治，尧、舜、禹是典型的被人赞誉的治理者。

再次是“畏之”，就是大家都害怕你，这就相当于是法家式的统治，像周厉王、秦始皇这样的，大家道路以目，都不敢谈论，不存在舆情问题。那么再次一级叫“侮之”，大家开始侮辱、谩骂统治者了，这是表达对统治者的不满，到这样的地步，统治者就要反思了。这就是老子说的“信不足，焉有不信焉”，你的诚信不足，才导致老百姓对你有这么差的反映。所以最后一句说“百姓皆谓我自然”，如果你做得好的话，百姓就说我很自然啊。百官自然，普通的老百姓才能自然。这个就像《帝王世纪》里面说的“凿井而饮，耕田而食，帝力于我何有哉!”（[晋] 皇甫谧撰：《帝王世纪》）。人们过着一种日出而作、日落而息的生活。你要去采访他们为什么这么快乐，他们会说我本来就这个样子啊。这就是侯王“功成事遂”的状态。

所以，无论这一段的“自然”的主语是侯王还是百姓，都不影响这一章整体的含义。“自然”代表一种好的治理方式，它尊重万物的天性，辅助它们发挥自己的天性。这对我们的启发很多，比如我们对孩子也应该这样，如果孩子是真的热爱画画、舞蹈、弹琴，你再支持和辅助，而不是强迫孩子去学。很多小朋友去学跳舞，不想跳，害怕跳，但家长非逼着孩子跳，把孩子往教室里面一塞，自己心安理得，孩子痛苦不堪，结果考完级孩子就再也不想跳了。这都是适得其反的事。父母要尊重自己的孩子，辅助他孩子就好，而不要把自己的意志强加给孩子。

《老子》第三章说：“不尚贤，使民不争；不贵难得之货，使民不为盗；不见可欲，使民心不乱。是以圣人之治，虚其心，实其腹；弱其志，强其骨。常使民无知无欲，使夫智者不敢为也。为无为，则无不治。”由此可见，圣人或侯王的高明的治理方式就是让民众吃饱，少刺激他们的欲望，让他们保持单纯质朴，内心没有过多的想法，身强体健而欲望简单。老子认为好的统治是无为，上无为则下无欲，就没有什么治理不好的。圣人是遵循“道”的人，是侯王的楷模。“功成事遂，百姓皆谓我自然”，这种自然的治理方式就是“无为”。

综上所述，“自然”既是宇宙的法则、整体状态，也是个体的天性。其作为宇宙的法则，体现在万物自然而然的生长过程中；作为个体的天性，体现在个体热爱的东西上。

第十一讲　放下远比拿起难

《老子》中的“自然”只出现五次，各章主语略有不同，代表“自然”的不同方面的意思。我们之前讲了第二十五章、第二十三章和第十七章中的“自然”，分别涉及宇宙本源、侯王治理方式与百姓生存状态这三个方面的问题。这一讲我们再来分析第五十一章出现的“自然”，这一章的“自然”直接涉及“道”与“德”的价值，在《老子》中非常具有代表性。第五十一章曰：

> 道生之，德畜之，物形之，势成之。是以万物莫不尊道而贵德。道之尊，德之贵，夫莫之命而常自然。故道生之，德畜之：长之、育之、亭之、毒之、养之、覆之。生而不有，为而不恃，长而不宰，是谓玄德。

这一章朗朗上口，层次清楚，首先讲“道”和“德”的尊贵，然后讲侯王应该如何将“道”转化为人之“玄德”。“道”使万物得以生，“德”使万物得以长，得以有形，自然环境使万物得以长成。《庄子·天地》曰：“物得以生谓之德。”“德”是“道”的作用，它使得万物生长、发育、成长、成熟、养性、正命。可见“道”与“德”本身就是尊贵的，不管你叫它什么，这尊贵性都在。这里“自然”的主语是“道”和“德”。“道”是宇宙的根本法则与人能体会到的终极意义，“德”是对“道”的具体展现。“道”和“德”可以说是自带光芒，而不是人赋予它的。不是人能强加给它们尊贵的品质，而是它们本身就尊贵，这就是“自然”，所以老子说“夫莫之命而常自然”。“道生之，德畜之，物形之，势成之”，简单来说就是“道”和“德”使得万物长成了，让万物成熟了，开花结果了，周而复始，这是不是很自然？大家看自然界，生机勃勃，春夏秋冬，万物都有自己的变化，生长衰灭，生生不息，这就是一个自然而然的状态。我家门前有一个公园，我几乎每天都要去散步，春夏秋冬，明显地能看到同一植物不同季节的样态，我看了几年了，还没有全部认出所有植物，同样一种植物，换个季节竟然就认不出来了。它们的变化非常微妙，色彩过渡非常地细腻，尤其秋天，斑斓的色彩重叠在一起，层次清楚，错落有致，和谐地共存，从什么角度看都充满美感，不得不让人感叹大自然的造化。落叶也不是一下子落的，有的植物夏天就开始落叶了，它们轻飘飘地滑落下来，从容不迫，让人感受到一种轻松自在的心境，它们完成了四季流转的使命，在每一个环节都完整而饱满，因为没有人为的干扰而一直呈现出它们本然的面貌。春生，夏长，秋收，冬藏，看似不变的规律，但每一种植物，每一个季节，每一次花开花落都是不同的，这就是大自然的丰富性和自发性。

这一章可以说是对万物的成长过程的一个生动的描述，这种尊贵是自然的。大自然自己可以如此演化，人只是大自然的一个产物，宇宙中的一个微尘都算不上，人无论一生取得了什么成就，富可敌国也好，名满天下也好，都无法与大自然造化的丰功伟绩相比。自然的美妙在原生林中更容易发现，原生林里的植物不需要你给它浇水、施肥，它自动就长，长成就落，落的叶子作为肥料，继续滋养自己，继续长出新的枝叶。原生林植物和我们现在的绿化带的植物不同，绿化带植物需要人工的灌溉、施肥才能活下去，所以长得就没有那么自然、恣意，也没有那么生机盎然。侯王实践这种“自然”，就是要放手，让老百姓按自己的想法过日子，这就是“玄德”。

这个“玄德”用哲学的术语概括就是老子说的“生而不有，为而不恃，长而不宰”。这几个词语在第二章、第十章都出现过，历代注释者都没有把这看似重复的文本删除掉，可见它的重要。王弼注第十章曰：“不塞其原，则物自生，何功之有？不禁其性，则物自济，何为之恃？物自长足，不吾宰成。”他认为我们只要不堵塞住万物的源头，万物自己就能生长，有人的什么功劳呢？我们只要不禁闭万物的本性，万物自己就能长成，人有什么可自命不凡的？万物自行发展，不是我宰制的结果。高明解释说：“生育万物而不自有自用，惠泽施为而不图报偿，抚养成长而不宰不制。”（高明：《帛书老子校注》）

“道”是施为者，但不居功自傲，对我们的启发在于：即使是我们生了万物，我们也不应宰制，比如孩子是我们生的，但孩子是独立的生命，他们只是借助妈妈的身体来到世间而已。我们不应该随意干涉他们，而只是需要帮助他们按照自己的方式成长。能做到这一点非常不容易，家长常常把孩子当成自己的私有财产，认为孩子小，自己的社会经验多，就想指导孩子的一切，控制孩子的一切，甚至把孩子当成自己光宗耀祖、满足虚荣心的工具。做家长需要向大自然学习，大自然的美丽就在于它创生了各种生命而顺其自然。老子这一章是比喻侯王在施政的时候也应该这么对待百姓。“长而不宰”是说抚养万物，使其长成而不宰制，这是高明先生的解释，我很赞成。牟宗三先生曾反复引用王弼的这一句注解，说你不要堵塞住那个源头，万物自然就能生长了；你不要禁闭一个人的本性，人自然就能完成它自身了，这就是顺其自然。它启发我们对待孩子、对待员工、对待物质、对待名利、对待感情等等都要放手、放心、放下。

“生而不有，为而不恃，长而不宰”最适合用在今天的教育上，如果我们的教育秉持这样的理念，就能真正减轻孩子的负担，真正让孩子保持自己的天性与个性，家长、老师也能从中解脱出来了。孩子虽然是我们生的，我们也不能当作是私有财产，绝对不能占有他们，不能像我们的上一代很多家长那样，认为孩子连人都是他们的，绝对控制着孩子，甚至让孩子一点自己的自由空间与隐私都没有。其实孩子从根本上说并不是我们的，只是经由我们来到人世。孩子都是自带“剧本”而来的，每个孩子都有他（她）自身的命运，我们所起到的作用是力所能及引导他们走上一个适合的舞台，剩下的他（她）爱怎么表演就怎么表演。“剧本”要靠他们自己去写，我们不是导演也不是剧作家，我们只是他们忠实的观众。孩子跟我们不是一体的，他们是个体的人。今天焦虑的父母们让孩子学这个学那个，更多是为了自己，而不是为了孩子，孩子成了他们摆脱焦虑的工具，这就是在占有孩子。

“为而不恃”是说我们为别人做了一些事情，比如为百姓、为孩子、为员工、为社会、为所有需要帮助的人做事但不图回报，不自恃有功。很多家长对孩子说“我为你付出这么多，将来你一定要对我孝顺”，这对孩子来说其实是一种道德绑架。父母对他们好是自愿的，也是义务，应该感恩孩子给了我们一次做父母的机会，让我们有了“爸爸”“妈妈”的身份和称呼，感恩孩子让我们的爱能得以安放，成全我们爱的能力，让我们在爱中感到骄傲，获得深刻的生命经验。我们未经孩子允许就把他们带到了人世，为他们付出都是我们自愿的，也是我们的责任和义务，爱他们是天经地义的，我们享受了天伦之乐，而不应该要求孩子将来要如何报答我们，否则这与功利主义没什么两样。孩子有一天体会到你的爱，自然会产生感恩之心，自然会回报你，如果把孝敬当作道德要求，就违背自然了，这也是道家反对儒家过分地强调孝的原因之一。

让万物生长发展，但是不要宰制它。从教育来说，父母对孩子干涉得太多，这是“爱暴力”。爱得太多，对孩子来说是一种无形的压力，他们会想方设法摆脱你，甚至会暴力的方式。爱暴力还可能会滋生“巨婴”人格，滋生所谓“妈宝男”与“公主病”，他们会依赖父母，很难独立。所以，“长而不宰”启发我们对待孩子不要以爱的名义去宰治他们，不要以“我都是为你好”为理由绑架孩子，让孩子去满足我们的虚荣心，代替我们出征，去往我们脸上贴金。有的孩子一路优秀，披荆斩棘地进入了一个好大学，结果活得并不开心，为什么？因为他们不是为自己活，而是被各种压力、期待、要求逼着往前走，不是靠来自生命本身的能量。他们同时也被各种东西迷惑，生活中有各种困惑，找不到方向，找不到爱，接受不了失去，只能硬着头皮往前走直到最后一点能量耗尽。可能他们从小就被父母、老师宰制惯了，已经找不到自我，虽然应试能力强，但内心非常脆弱。只知道如何考高分，但不知道如何做人，如何爱别人，如何对待人生中的得失，只知道一味地得到，一味地优秀，结果筋疲力尽。父母不能放手、放下，孩子就没有成长的机会。

很多学生上完我的课问我："老师，你说人应该做热爱的事情，问题是我不知道我热爱的是什么。"我很惊讶，我说这个我还真教不了你，我不能告诉你应该热爱什么，你们得回到你们自己成长的源头去找找自己的本心，找找自己曾经热爱什么。很多人的热爱很早就被扼杀在摇篮中了，甚至从幼儿园开始，他们学识字，学英语，学围棋，学乐器……生活早早就被父母安排好了，而不曾经历过自己寻找与选择的过程，也就享受不了成功的真正喜悦，更扛不住失败的打击。所以，"生而不有，为而不恃，长而不宰"的自然的治理方式或教育方式，是一种智慧，更是一种境界。放下远比拿起难，因为人性本来就很贪婪。

第十二讲　有准备的人绝少焦虑

《老子》的“自然”，之前我们讲了第二十五章、第二十三章、第十七章和第五十一章，这一讲我们来分析最后一个文本——第六十四章。这一章的“自然”最接近“无为”的意思，有预见，占先机，提前做，用最少的作为取得最大的成效。“无为”不是“躺平”，而是遵“道”而为，这样的“为”是能预见未知，提前防范，提前努力，把握机会。做到有准备，就能超越焦虑，因为焦虑的根本原因是未知。中医“治未病”，就是对这一章的“自然”“无为”的实际运用。我们小时候都学过《扁鹊见蔡桓公》，病在表面容易治，病入膏肓了，就是神医也治不好了，因为错过了“为”的最佳时机。所以，“自然”与“无为”是一对接近的观念，“自然”是最高原则，“无为”是具体实施，谁也离不开谁。可以说，“自然”在人的实际生活中的体现是“无为”。第六十四章曰：

> 其安易持，其未兆易谋，其脆易泮，其微易散。为之于未有，治之于未乱。合抱之木，生于毫末；九层之台，起于累土；千里之行，始于足下。为者败之，执者失之。是以圣人无为，故无败；无执，故无失。民之从事，常于几成而败之。慎终如始，则无败事。是以圣人欲不欲，不贵难得之货。学不学，复众人之所过。以辅万物之自然，而不敢为。

这一章讲一切都是从微小处开始的，从细处着手，积累洞察事物的规律。庄子也说：“美成在久”（《人间世》），一件美好的事的达成或美好的德行的建立，一定要经过很长的时间，时间的玫瑰吐出醉人的芬芳。一个自然的人不急不躁，从容不迫，懂得慢慢等待，不急于求成。“千里之行，始于足下。合抱之木，生于毫末”，一步一步来，慢慢地成长，有章有序，符合节奏，个人、社会才能正常地、长久地运转。这是今天大家耳熟能详的一个格言，警示我们要重视微小的东西，这样才能达到一个更长远的目标。结尾当然是本章的核心思想，即“辅万物之自然，而不敢为”。一个智慧的治理者，要辅助万物的成长，而不是干涉万物，他们不敢妄为，不敢乱为。你一旦“为”错了、“为”得过度了怎么办呢？所以“辅万物之自然”，这句的实际主语是万物，万物自然而然，侯王不能去乱为。

“辅万物之自然”中的“辅”，竹简本作“尃”，借为“辅”，是“助”的意思。辅，即“敷布”，就是让万物展开，这里是讲“圣人敷布展示万物的自然运作”（丁原植：《郭店竹简老子释析与研究》）。“辅万物之自然”其实是说让万物自行展开，敷布万物，就是使万物自然成长，不要去干涉它，对侯王来说，就是尊重百姓的“心”，不要过多地干涉百姓的生活，让他们自生自化。这一章前半部分是说任何事情要提前为，要在事物还不强大的时候及时调整、干预，后半部分是说圣人的治理是让众人不追求过多的欲望，改掉自己的过失。那么，“自然”的主语可以看作是隐性的“万物”，圣人辅助万物，让万物自然而然生长而不敢妄为。万物自然，就是说万物按其本性生长发展的特性。

至此，《老子》中出现的五处“自然”我们都讲完了。“自然”这个观念特别容易被误解。因为我们今天经常说“顺其自然”，好像就是老子讲的“自然”，其实不是。“顺其自然”更多的是一种本能的状态，没有经过理性的反思。“顺其自然”也可以是放任的借口，不思考，随波逐流。所以“顺其自然”是个很模糊的词。从本能上讲，人都有好逸恶劳的倾向，本性上都不想吃苦，顺其自然、随遇而安、知足常乐这些很鸡汤的话就会成为不反思自己或不努力的借口，当然这样的人生选择无可厚非，但这不是道家思想。人最真实的内心可能是想过真实的生活，想活出自我，而不是泯然众生，碌碌无为。为了让大家不混淆，不产生误读，接下来我把“自然”分成实然义和应然义来说明。

“自然”的实然义是指客观存在的事实，这是个“being（存在）”的问题。就是这种存在你要尊重它，你遵循也得遵循，不遵循也得遵循，这就像天地一样，有地震有洪水，虽然它给人会造成一些灾难，但是它们是自然，是宇宙运行中的必然。“自然”的实然义就是指整个宇宙运行的规律，整个宇宙的存在的状态，它本就如此，人无可奈何。

应然义是人应该怎样做，也就是“should do（应该）”的问题，它是一个道德的或价值的指引，是一种修身，是一种智慧。当然我们这里说的“道德”不是指儒家的那种伦理道德，这种“道德”是专指道家的“得之于道谓之德”的那个“德”，是一种境界。你做到自然是实现了一种价值和境界，并不是说什么状态都叫自然。冯友兰先生就曾经提出四个境界：“自然境界”、“功利境界”、“道德境界”和“天地境界”（冯友兰：《新原人》）。他说的“自然境界”是指最早的原始状态，在这种状态下，人靠自己的本能生活，文明还没有建构；其次是“功利境界”，即为了自己的利益而做事，不考虑他人；再次是“道德境界”，即把道德放在利益之上，做事以是否道德为第一考量；最后是“天地境界”，也就是天人合一的道家境界，这无疑是应然意义上的最高境界。

在《老子》中，什么样的人达到了天地境界呢？第一是婴儿，第二是圣人。《老子》第十章讲“专气致柔，能婴儿乎”，婴儿一气贯通，柔弱如水，无私无欲，所以老子非常推崇婴儿这个形象。婴儿最不装，最自然，他们吃饱了睡，睡醒了吃，不多吃一点，没有过多的欲望，见人就笑，对人没有身份的区别，没有尊卑贵贱的观念，他们是自然人，还没有进入社会，没有被灌输各种取悦人的技巧。但是问题在于，人总是要进入成人的世界，总是要从婴儿过渡到社会化的状态，保持原本的自然就是一种修行了，这是应然意义上的自然境界。

我们说一个人身上有一点童真，有一点天真，这个很正常，但说一个成年人完全天真，那是不太可能的。“婴儿”是一个理想，一个隐喻，老子希望我们像婴儿一样无知无欲，单纯而有生命力，柔弱，无邪，没有分别心，饱腹即可，不贪婪，不占有。婴儿没有贪欲，你只要让他们吃饱了，他们不会再要更多的。人长大了以后，可能遇到好吃的就吃个不停，吃得大腹便便，吃得浑身是病，身心都“油腻”了，这是成年人的贪婪。没有“油腻”的婴儿，只有“油腻”的大人。人的婴儿期很短，很快就进入欲望不断产生的阶段，一直在追逐欲望的人生道路上。但不是说人到了成人阶段就完全丧失天真与单纯，失去了元气，所以婴儿在《老子》中的成熟形象是圣人，我们通常说的“圣人如婴”，就是对圣人品格的生动描述。一个拥有高智慧的人恰恰像婴儿一样的单纯。天真的人离真理最近，也只有天真的人能最终到达他们想到的地方。同样，圣人就是那个“生而不有，为而不恃，长而不宰”的具备玄德的人。在《老子》中，只有婴儿、圣人达到了最高的自然，我们也可以看出应然的“自然”不是一个容易达到的境界，而是通过工夫修养最后抵达的境界。人皆可成圣人，就看我们是否愿意去修这个道。

那么什么是“自然”的法则呢？“自然”的法则在人事中是怎样起作用的呢？不管是对侯王而言，还是对我们今天的家长、老师或企业的管理者而言，最高的“自然”都是无为的智慧，是少为、顺“道”而为、顺势而为。

“自然”在人性上的体现是“朴”。孟子主张“人性善”，荀子主张“人性恶”，都认可环境对人性的影响，认为通过教化才能让“善”得以保持，让“恶”渐渐去掉，这就需要“养吾浩然之气”（《孟子·公孙丑》，见杨伯峻译注：《孟子译注》）和“化性而起伪”（《荀子·性恶》，见［清］王先谦撰，沈啸寰、王星贤点校：《荀子集解》）的后天教化。但是孟荀的观念还是代表两种对立的倾向，一种倾向人性善，一种倾向人性恶。后来王阳明的四句教中说“无善无恶心之体”（［明］王阳明撰，陆永胜译：《传习录》），这个比较接近道家，善恶其实是后来分化出来的，人本来是无所谓善恶的。道家认为人性本朴，即人性本来是朴素的，谈不上善也谈不上恶，那么这种朴素的方法是最好的。保持人性之朴的人，不会特别善，也不会坏到哪去。一个正常的社会不需要那么多的“善”，更不需要天天讲“善”。越是提倡“善”，说明社会越“恶”，需要我们不断地用“善”来对抗它。人性之朴最难保持，人性中的最朴素天真的状态是最难得的。

最后，“自然”在外物上的体现是各自回到自己的“命上”，符合“命”就叫“自然”，能回到自己的“命”上就不会发生什么意外，不会有什么危险。《老子》第十六章曰：“归根曰静，是谓复命”，每个人都要归到自己的本性上去，不能离其本性。你不适合做这个，却拼命要做，就是离开正命了。这就背离了你的自然本性，甚至会危害到你自己的性命。每一个人都有他的天性，复命是回归自然的天性。

每个人天性中的那个规定，我们把它叫作“命”，符合这个“命”就是自然的。万物各有命，这里的命不是命运的意思，而是本性、天性的意思。植物有植物的命，动物有动物的命，人有人的命，宇宙有宇宙的命。各自有命，各归自己的命就对了，这叫“归根曰静，是谓复命”，回到自己的命根子上，回到自己的本性上。当一个人欲望太多、迷失在追逐欲望的过程中的时候，他就离开了他的本性。

老子的“自然”是从“道”的角度提出的，它不是本能，不是为所欲为，不是原始的状态。“道法自然”意味着你得符合“道”才能叫自然，而本能不一定符合“道”。美国心理学家弗洛姆认为，人有“生本能”，有“死本能”，“每个人的生命都成了这两种本能相互争夺的场地。爱欲力求使有机的实体结合成更庞大的整体，而死本能则把爱欲所要最终确立起来的东西彻底摧毁。”（［美］弗洛姆著，向恩译：《人心：善恶天性》）“死本能”又体现为嫉妒、占有、破坏、厌世等负面情感与情绪，如果处理不好，会演变为极端行为。但老子肯定反对极端行为，连战争中的杀人老子都认为是不义的，其曰：“杀人之众，以哀悲泣之。战胜，以丧礼处之。”（第三十一章）庄子在《人间世》中记载的“暴人”——蒯聩就是这样的人，他从小就爱杀人，你不能说这是“自然”。所以我们必须厘清：老子的“自然”不等于本能，不等于为所欲为。“道”生养万物，具有生生不息的“善”，所以“自然”不包含本能中的不好的方面。“自然”也不等同于“大自然”。我们今天说的保护自然、保护环境等等，那是另外一个含义，老子的“自然”已是一个价值观念，具有人文价值。

综上所述，《老子》这五章关于“自然”的文本，主语有所不同，表达的侧重点不同，“自然”的含义有一定的差别，但“自然”的内核“本来如此”这一点是共同的。圣人、侯王的统治符合自然，百官与民众才能过好。百官自然，生活才有幸福感，才能让民众也自然。民众自然，整个社会才能无争。统治者要无欲，从而引导百官与民众节制他们的欲望，万物才能按其本性发展。

第十三讲　顺着大地走

《老子》第二十五章曰："道大，天大，地大，王亦大。域中有四大，而王居其一焉。人法地，地法天，天法道，道法自然"，之前我们从"道"的角度探讨过这一章，这里我们再从"自然"的角度来继续分析。老子认为整个宇宙中有四大——道、天、地、王。"王"是什么人呢？大家看"王"这个字，三横一竖，三横代表"天、地、人"，一竖代表贯通天、地、人，所以"王"是能贯通天地人的智者，是圣人。"王"是人中杰出者，代表人这个群体。老子特别重视人，所以他要强调一下说"王亦大"。宇宙中有四大——人、地、天、道，而没有第五大。道法自然，很多人把"自然"当成第五大，这是错的。"人、地、天、道"这四大里面"人"很重要，所以老子专门把"人"

拎出来讲。“法”，原义是像“水”一样平，水平的时候才能映照出事物原本的样子，以水鉴人，取水之平。所以“法”作名词有“准则”的意思，作动词有“效法”的意思。人层层效法，“法”到最后是“自然”，这个“自然”是王弼说的“穷极之辞”，没有比“自然”更高的准则了，也没有什么语言能定位清楚“自然”的含义，到了“自然”，就不再向高处去“法”了，就无所法了，就完全是万物本性之圆融展现了。

“自然”是“道”的属性。“道”是最自然的存在，宇宙中、生活中无处不是“道”。就像天降雨水，这雨不是人催下来的，它是自然落下来的。阴晴圆缺，寒来暑往，日升日落，悲欢离合，大自然的运行是“道”最直接的呈现。人是大自然中的生物，也秉承了自然之道。为什么人要效法地，地又效法天，天又效法“道”呢？人来源于大地，在大地上行走、生活，吃大地上的谷物而得以存活，人要效法大地的规律，才能活得好，生命才能健康长久，所谓得其“正命”。比如中草药，主要是从植物来，能医治人的各种病。人来源于地，大地又很奇妙地为人准备了医治各种病的药，这就是大自然的道。大地上的作物如何生长？要靠天。尤其农业社会，要靠“天时”来决定农事，大地上的作物要靠阳光雨露来生长。农业发展到今天也不能摆脱“天时”，仍然需要好的天时。阳光、雨水、甘露等等又是如何运作的呢？这就是“道”的法则，所以“天法道”。“道”的法则是本来如此的，不依赖任何东西，所以是“道法自然”。

“道”是自然而然的，没有任何人为的规定，“道”也不受人的影响。我们需要从“法地”这个最基本的层次做起，厚载万物，层层相法。今天的工业化生活越来越不接地气了，几乎对大地上的其他存在物都是漠视的。破坏自然，暴露出人类中心主义的思维，这些都违背了大地的法则、自然的法则。技术时代的生活很难自然，比如我们吃的东西，冬天吃的西红柿、黄瓜、草莓等等都是反季节的，非“时蔬”，但很少有人拒绝。再比如我们一出门就坐车，每天从一个盒子移动到另一个盒子，而不是徜徉于大自然之中，很多人放弃了走路的机会、自己观察生活的机会，几乎是两脚不沾地，还怎么理解大地呢？再比如有人常常有一点小病就去医院，滥用抗生素，自身的免疫力没有调动起来，反而被不同程度地破坏了。中医虽然对身体有很多益处，但是目前中国高明的中医很少，老中医考行医资格证也很难，民间中医的传承也很难。而且由于自然环境的破坏，中药的药性也大不如从前，大地上的植物遭到了破坏，伤害的必然是人的健康。科技发展没有从根本上解决自然破坏的问题，人类到了亟须反思自己生存方式的时候了。技术的发展是对自然法则的挑战，但技术与自然的博弈不是你死我活的，而应该是互相借力，和平共赢的。

技术对人的异化是潜移默化的，也是贻害深远的。比如今天很多人完全依赖手机，有统计显示一般人平均每五分钟就要看一次手机，人越来越技术化、机械化了，对大地是陌生的，对机器、电子产品的熟悉程度远远超过对大自然的熟悉程度，这也与农业社会生活方式的渐行渐远有关。过接地气的生活，才能洞察自然的法则，遵循大地的法则才能元气满满、生机勃勃，有能量去应对生活中的各种事情。

美国心理学家瓦兹分析技术对人的奴役，是从时间的角度进行的。他说："城里人完全为钟表所奴役，是大脑违逆身体、度量器具违逆有形物质的一个尤为重要的例子……这些'机械操练师'对我们的奴役程度已这么深，我们的整个文化都已经与其密不可分，以至于连变革都变得希望渺茫。……当身体因耗尽力气而精疲力竭，大脑也疲惫不堪时，整个生物有机体都会乐于接受死亡。"（［美］阿伦·瓦兹著，李沁云译：《心之道：致焦虑的年代》）机器、技术带来的是生活碎片化、无尽地被干扰、疲惫不堪，技术的发明本来是用来解放人的双手的，结果却让我们的双手一刻也离不开机器。技术成了无孔不入的捆绑，这种捆绑程度深到了不懂技术你几乎生活不了。比如不会用滴滴软件，在城市打车都很困难；不会用手机，工作很难进行；不会用电脑，便成了现代的文盲……我们对技术的依赖已经胜过了对人的依赖，所以才有人情淡薄的感叹，才有对爱欲之死的思考。人与人的关系是靠手机维系，我们可以轻轻一点就删掉了一个人，我们可以用微信联系彼此，但多年也不会见一次面，人与人之间怎么可能去建立一种深厚的感情呢？

为什么今天物质如此发达，还有那么多精神疾病、自杀的现象？因为人被外物耗尽心力，找不到意义，精神枯竭，内心空虚，没有依靠，没有信仰，也就无力再走下去了。所以说"现代人的崩溃都是默默无声的"，它不是来源于一件突发的事情，而是长年累月被各种外在事物捆绑的生活一点点地蚕食了内心的美好。所以现代人如同电视剧《士兵突击》里许三多所说，"活得太干燥了，搓巴搓巴就能当炮捻子了"。

人又有惰性，喜欢待在舒适区，不到万不得已不会反思自己的生活，就像海德格尔说的那样"沉沦"于日常，按部就班、泯然众生，做个众人，成为"平均状态"的"常人"（[德] 海德格尔著，陈嘉映、王庆节译：《存在与时间》），而不是"本真的"人。接地气的生活我们体验的少了，也就不去追求它了，直至彻底忘掉它，比如吃饭点外卖，购物上淘宝，出门就坐车，谈事靠微信……我们离开了大地，离开了人，离开了与大地、他人本应缔结的亲密关系。既然没有大地、他人把我们牢牢地牵引住，人也就活得轻飘飘的，很容易厌世。人们忘了自己种地、收获的感觉，没有清晨衣服被露水打湿的体验，煮饭没有柴火与炊烟的香味，不能从自己的园子里摘下长得形状各异的黄瓜、西红柿、豆角，不能门前拔几棵小葱，树上摘几个桃子，不能出门就遇到熟人热聊，失去了陶渊明说的“相思则披衣，言笑无厌时”（《移居·其二》，见［晋］陶渊明撰，龚斌点校：《陶渊明全集》）、孟浩然说的“开轩面场圃，把酒话桑麻”（《过故人庄》，见［唐］孟浩然著，李景白校注：《孟浩然诗集校注》）的纯真……身体力行，在劳作中感受生活的味道，农业时代这些原本普通的生活在今天变成了很多人的向往。

今天就连读书都变得不“自然”了，很多人习惯读电子书，或听别人讲书，很少自己去啃大部头的纸本书了。读书本来是件很自然、很随意的生活方式，你静静地坐在车上也好，悠闲地坐在草地上也好，安静地坐在书桌前也好，漫不经心地倚在床上也好，捧着一本书，慢慢品味，忘记了时间。今天我们每天看到的信息都是媒体提供的，很多与自己毫不相关，却又能吸引你一直看下去，这样消耗时间的方式非常隐蔽。人的生命就不知不觉耗费在了这些毫不相关的信息或瞬间的快感之上。在娱乐至上的时代，连战争都可以变成娱乐，这些现象背后是人的空虚，越空虚越沉迷于娱乐，越沉迷于娱乐越空虚。长时间不读书，人对纸书的感情和对文字的感受力就弱了。

在手机上看到的碎片化信息，你不会认真去思考，因为它的时效太短。无论发生多大的事情，它在普通人的生活中停留的时间也很难超过三天，它的意义似乎只是一条朋友圈的感慨或一秒钟的点赞，这就是“朋友圈三天可见现象”。我们的信息失效得太快，因为每天有新的新闻、新的信息、新的“瓜”产生，普通人的生活就靠一个一个“瓜”来维系，做个“吃瓜群众”，用各种“瓜”来弥补自己生活的空虚，这种生活看似荒诞而又庸常，但几乎席卷每一个人，这就是哲学家韩炳哲说的当代娱乐发达的原因。这些都是不自然的生活，不仅破坏了我们生活原本的意义，影响了我们身心的健康，而且让现代人越来越感到空虚，我们整个时代都面临意义的危机。

虚拟世界的生活不仅能带来刺激，还不需要负责任，这就是人们明明知道这些是虚拟的仍然会沉浸其中的原因。信息太多，人们无力甄别，图的是瞬间的刺激，随手在网络发发感想，很少有人会认真考证，持续跟进，每个人都可以当一分钟的网红，人很容易被关注，但也很容易被忘却，人们从网络得到短暂的虚假满足，而不是真的得到关注。随意浏览的每一个帖子，你不了解作者和他的意图，也没兴趣去调查研究、判断真假。很多帖子中的观点只是观点的贩卖，为了流量、为了博人眼球，不需要你认真，也没必要互相较真。这是一个不认真也不较真正在慢慢成为习惯的时代。观点正确与否，合理与否，言论是否应负责，是否有后续，大家没兴趣关心，也没耐心跟踪下去。

所以，这也是远离“自然”的一个表现。我们的生活都不接地气了，还如何接“道气”？捧着手机的现代人自以为掌握了全世界，其实每个人都是个孤岛，你掌握的是别人按你的口味设计好的一个狭隘的、不真实的世界，没有通到我们生命的根上，我们的灵魂就会一直游荡下去。

有自然的生活，才有自然的诗词、文章，才有自然的美感，自然才能成就文化。比如中国古代那么多好的诗词都关乎雨，下雨是天道，决定着地道，影响着人道。落雨了，古人会产生出各种感慨，比如“随风潜入夜，润物细无声”（[唐] 杜甫《春夜喜雨》，见 [唐] 杜甫著：《杜甫诗选》），“雨中山果落，灯下草虫鸣”（[唐] 王维：《秋夜独坐》，见 [唐] 王维著：《王维诗集》）“也无风雨也无晴”（[宋] 苏轼：《定风波·莫听穿林打叶声》），……大地真美，其中蕴含的人生哲理真多，背后的感情真耐人寻味。但是今天，多少人会听雨、赏雨？听雨、赏雨的时候心里又在想着什么？记得有一次我参加禅修，打坐 40 分钟后，带我们禅修的法师问其中一位男士：“你刚才打坐是什么感觉？”这位男士说：“我刚才脑子里想了很多东西，把我们公司全年的规划都想好了。”让人哑然失笑。打坐本来是为了让你什么都不想的，今天很多人就是这样的焦虑状态，考虑每一分钟是否能转化为实效，能否变现为有用的东西。却不知有些时间就是应该用来“浪费”的，我们需要把时间浪费一点在什么也不想，什么也不做上。

中国古代最好的诗词几乎都是与春夏秋冬的自然风景有关的。观察自然，体会自然，与大地、天空在一起，你才能写出动人的诗，才能由大地、天空来领悟人的内心、情感与生命的真谛。今天我们每天面对着手机、电脑还能有多少诗意？每天刷着手机还能写出多少动人的文字？所以生活是跟“天”“地”合在一块儿的，这就是老子讲的“自然”，庄子说的“喜怒通四时”（《大宗师》），就是说连你的喜怒哀乐都是跟四时合在一块儿的。春天你就是生机盎然的，夏天你就是热情饱满的，秋天你就是冷静深沉的，冬天你就是消歇深藏的。这就是春生、夏长、秋收、冬藏的自然规律在人身上的体现，人的“小宇宙”与天地大宇宙应是合拍的、同频的。

人的情绪与情感也是应该跟四季相通的。我有一次去买衣服，导购员推荐了一件深绿色的给我，又像深秋时树叶微微泛黄的感觉。我问有粉色的吗，导购员说：“现在是秋天，这种颜色是跟秋天搭配的，粉色的可以春天穿。”我立刻想到了“喜怒通四时”。“时”就是自然的时节、时机，我们不仅吃有吃的“时”，而且穿有穿的“时”，所有的外在的言行与内在的情绪都应该是合乎天然的。我们今天不仰头看天，也不琢磨天，因为天人二分了，人们可能不再信仰天道自然的法则，而是相信科技、相信资本、相信强大，认为技术能带来进步，钱财能带来幸福，强大能带来成功。但是我们越来越发现世界不是这么简单的逻辑，科技解决不了病毒，钱解决不了抑郁症，成功解决不了内心的痛苦。如果我们顺着大地走，顺着天走，顺着自然走，很多问题也许迎刃而解。

所以，现代人的焦虑从根本上说不是对生存的焦虑，不是对某个具体问题的焦虑，而是不自然的生活方式造成的一种精神游离状态，是一种无意义感的焦虑。今天人的焦虑就是“二分”造成的，内外二分，物质精神二分，身体灵魂二分等等。阿伦·瓦兹从东方经典《奥义书》等中得到了一个简明扼要的真理，“恐惧是从二元对立中产生的”。他指出，动物简单而没有畏惧地经验着痛苦，“而人类的生活被焦虑蒙上阴影，是由于我们的自我分裂了”。译者李沁云概括他的观点说：

> 作为我们自己的“内在分裂”（inner division）的一面镜子，我们把世界分为内部经验和外部经验。我们对这一分裂欣然接受，却没有意识到只存在着一个现实。宇宙是在意识（大流，“the great stream”）中发生的单一过程，只有通过融入到这一过程里去，我们才能发现我们的真实面貌。没有什么外部的经验可以支持我们，因为事件的不断变动（flux of events）是逃避不了的。时间本身就是焦躁不安的心的一个发明。（[美] 阿伦·瓦兹著，李沁云译：《心之道：致焦虑的年代》）

技术带来了各种分裂，分裂带来了焦虑，不能把焦虑只是看作资本或社会的问题。任何一个时代都有它的问题，而道家哲学可以让我们在历史的夹缝中游刃有余。我们总能在资本至上或体制不健全的社会中找到属于自己的安宁的地带，稳住心神，去走好自己的路，这就是道家哲学给我们的能量。我们可以在工业社会过自然的生活，这需要我们的意志与工夫修养。今天人们一面享受着技术进步带来的益处、物质繁荣带来的满足、欲望刺激带来的快感、消费主义带来的狂欢，一面要承担它对人的异化与对生活意义的压榨。历史的发展从来都是两面性的，人的智慧正在于尽可能克服缺点，控制我们发展的步伐，解决这些问题。回到道家主张的自然是其中一个途径，重要的是我们不仅要知道，还要做到。

第十四讲　一个正常的社会不需要太多道德教化

“自然”的反面是人为。人越刻意去追求什么、宣讲什么、制造什么，越会离开“真”，离开了“真”的生活就索然寡味。道家看到了那个时代太多的道德教化让人心变得虚伪，对人的进步徒劳无功，甚至还会被统治者利用。在道家看来，正如自然的情感不需要外在的东西来捆绑那样，一个正常的社会不需要太多的道德教化，只要每个人都能正常地过自己的生活就好。道德归根到底是自律的原则，需要一个人至真至诚去面对自己。由一个个真诚的个体构成的社会，道德与法律的宣讲就不需要那么多了。也只有发乎自然地认同一个做事的原则，这个原则才能真正奏效。老子提出“自然”的背景是周代社会的“礼崩乐坏”，为了建构一个更好的秩序，各家都有自己的应对方法，儒家主要采取了道德的方法去应对，成仁人，成君子，老子则选择了“自然”的应对方法。

老子把“自”和“然”合起来作为一个核心观念提出来，旨在纠正那个时代“德”的虚伪与“礼”的混乱，重建符合“道”的自然秩序。这对于我们后人保护自身的天性，批判虚伪的道德都有很大的启发意义。它具体针对的是儒家，但老子针对的不是儒家思想本身，而是它的推行可能带来的虚伪，并不是反对儒家道德教化本身。比如说“学习雷锋好榜样”这个口号是对的，学习雷锋这个行为也是对的，学习他的助人为乐的“善”也是对的，但是如果流于形式主义，这样的“善”就是伪的“善”了。

多年前曾有媒体报道，说是某地“学雷锋日”组织学生去敬老院给老人洗澡，结果老人们一天被洗了好几次，来一批学生，就要配合一批，这就很荒唐了。当做好事变成是应付交差或有利可图，美德也就变成可被利用的形式了。儒家思想中的仁、义、礼都是如此，讲得太多，被作为固定的道德规范和行为标杆时，就有人为了美名，伪装成君子的样子，与古代“买山而隐”，走“终南捷径”是一个道理。古代关于“孝”的那些极端的例子都是道德宣讲带来的异化，也是“自然”最直接的针对性。所以《老子》第三十八章提出自然之道堕落了，才有了仁、义、礼，其曰：“故失道而后德，失德而后仁，失仁而后义，失义而后礼。夫礼者，忠信之薄而乱之首。”

从自然之道到道德的宣讲，在老子看来是大道失落所致。道德宣讲的具体德目从发乎内在的“仁”，到不言自明的“义”，再到外在规范的“礼”，是文明逐渐堕落的体现。所以后来王弼注这一章时指出了各家的弊端，而批评得最多的就是儒家提倡的这几个德目，他说：“夫仁义发于内，为之犹伪，况务外饰而可久乎！”他认为，仁义是发自内心的东西，你去刻意宣讲它，就容易变得虚假、虚伪，更何况作为外在修饰的这些礼呢？越推行道德，人越容易不道德，这也是后来庄子在《胠箧》篇所说的“圣人不死，大盗不止”——只要宣讲道德或自称“圣人”的人还存在，强盗就不会灭绝。

《老子》第十八章曰：“大道废，有仁义；慧智出，有大伪；六亲不和，有孝慈；国家昏乱，有忠臣。”“道”偏废了，才有“仁义”这种德行的提出，道德的教化才大行其道。“慧智出，有大伪”的“慧智”即“智慧”，但在这是个贬义词，指的是机巧聪明，这种慧智一旦出来的话，人就容易变得虚伪，这不是一般的人为，而是“虚伪”，故叫“大伪”。“伪”即人为也。人为本来是个中性词，人为既有正面的含义，如通过人为的修饰与修养而去掉粗鄙走向文明，同时也有反面的含义，人为就意味着不自然，失去了朴素的美和本来的单纯。所以，如何人为？

这里有个度的问题，太过人为是老子所反对的。老子认为，道德的提出只能说明自然情感的丧失，所谓“六亲不和，有孝慈”，六亲之间不和睦，才产生了“孝慈”之德；“国家昏乱，有忠臣”，国家昏乱了，才产生了“忠”之德。所以老子不是反道德，而是对过度宣讲道德做了反思，同时也表达了对“自然”秩序的重视与重回“自然”的呼吁。

老子与孔子面对同样的社会问题，走向了不同的解决道路。老子希望恢复自然的大道，保持人性的素朴，孔子则希望推行道德来规范与提升人性。儒家的道德推广也是无奈之举，推行的时候需要掌握方法，不能是教化式的。道德教化不是最高的境界，也非最高明的举措。但老子的“道”又太高了，一般人不但领悟不了，还会嘲笑这种思想。如《老子》所说：“上士闻道，勤而行之；中士闻道，若存若亡；下士闻道，大笑之。不笑不足以为道。”（第四十一章）这里的“上士”是上等智慧的人，上等智慧人一听说“道”赶快就去做了，身体力行，勤奋落实；中等智慧的人就会反复问有没有“道”，停留于怀疑、犹豫不决；下等智慧的人一听说“道”，就大笑起来，觉得这么简单的东西也能是“道”吗？因为“道”听起来太容易了，不就是“自然”吗？但有多少人能保持自然，做到自然呢？这句话的背后有许多无奈，“道”不仅会被误解，还会被嘲笑。《老子》同时也说：“吾言甚易知，甚易行，天下莫能知，莫能行。”（第七十章)，即使领悟了的人，也未必去行。知行合一才能最终实现“自然”的回归。

上士、中士、下士代表不同层级智慧的人，道法自然的“自然”作为最高境界只有拥有最高智慧的人才能达到。而普通智慧的人、下等智慧的人，还是需要儒家来讲道德，从道德入手去防止作恶。儒家的境界应该是通向天地境界的一个基石，一个过渡。所以冯友兰提出的四个境界中，儒家式的“道德境界”之后才是“天地境界”。“道德境界”是你能够超越功利的这个层面，按照圣人或社会的道德标准来做人，它是一种自律，自觉地遵守，那才是真的道德，而不是听人宣讲，被人道德绑架而勉强为之。《老子》第十九章说：“绝圣弃智，民利百倍；绝仁弃义，民复孝慈。”对那些虚伪道德与机巧智慧提出了批评。他用这个“绝”的系列来表达对道德教化的否定。同时老子也是用一种矫枉过正的方式提醒人注意“圣”和“智”会带来问题，会变成虚伪的东西，所以他说这些东西去掉了就更好了，那个自然的、自觉的、自化的礼序最好。

至此，我们可以对《老子》的“自然”做一个总结：“自然”包括两个层面的含义，一个是实然义，即客观存在本来就如此的自然状况，这主要是对万物而言；一个是应然义，即人主观上应该如何去做到“自然”，回到本来如此的状态，这主要是针对已经不自然的社会与人性而言。在《老子》中自然境界的代表者是婴儿与圣人，婴儿是本来就处在自然的状态，圣人是通过修行保持了自然的天性或达到了自然的境界。“自然”在人事上的运用是无为，在人性上的体现是朴。针对关于“自然”的误解，我们明确了四个方面：第一，“自然”首先是从“道”的角度提出的，是老子的最高观念。圣人是自然的体现者、侯王修习自然、百姓顺其自然；第二，“自然”（naturalness）不是“大自然”（nature），但它的提出得益于从大自然中得到的启示；第三，“自然”的提出一是源自对宇宙规律的好奇与洞察，二是源自礼崩乐坏的社会下对回归理想秩序的渴望，因为世界已经不自然了，只能通过重提来重新回归它；第四，“自然”是源自对儒家仁、义、礼的“易伪性”的洞察。从“道”到仁义、孝慈、忠，从自然秩序到道德秩序的下滑是老子关切的社会问题。为了避免对老子“自然”的误解与误读，当代学者刘笑敢先生提出了“人文自然”的概念，下一讲我们再具体分析。

第十五讲　高度自觉的人文自然

老子的“自然”观念不是指大自然，而是与人文分不开的，它不是原始社会，不是本能，也不是物竞天择、适者生存的自然法则，而是高度自觉的“人文自然”。“人文自然”是刘笑敢先生为了避免对老子“自然”的误读，针对英国哲学家霍布斯的自然理论而提出的重要观念。

我们之前讲了河上公、王弼等都是古代道家经典的诠释代表。当代的道家诠释以陈鼓应、刘笑敢先生为代表。陈鼓应先生说“自然”是“道”的一个本性，这个跟河上公是一脉相承的。刘笑敢先生提出一个新的概念叫“人文自然”（刘笑敢：《老子古今：五种对勘与析评引论》，并将其与西方的如霍布斯的“自然状态”（state of nature）相比较，是必要的，也是一个创新。具体来说，他提出“人文自然”是为了避免人们对“自然”的以下误解：

（1）误认为是大自然、物理自然；

（2）误认为是动物界野蛮的状态或生物界的自然状态；

（3）误认为是原始社会的状态，是历史的倒退；

（4）误认为是与人类文明相隔绝的状态，是反文明、反文化；

（5）误认为是不需要任何人为努力，人可以无所事事。

（6）误认为是霍布斯的“自然状态”，没有国家、法律、公共权力，每个人都有权力的欲望和避险的本能，物竞天择，适者生存。

刘笑敢先生指出，“人文自然”是对人类群体内外生存状态的理想和追求，是对自然的、和谐的秩序的向往。“自然”是最高的价值，是终极关怀，最高的目标是人类整体状态的自然和谐，是人类与宇宙的总体关系的和谐，所以它是一个经过人的文明化的自然，是经过人文加工的自然，是经过人的反思，自觉去做到的自然，而不是原始状态的自然。人文自然就是要回避这些误解，它不是野蛮状态，不是本能，它是一个更高的、和谐的价值追求。

除此之外，我认为，还有很多生活中的现象值得讨论。学生们在课堂上提出了很多疑问，比如一些日常生活现象是否自然，我们能否突破老子的“自然”观念的界限，重新建构今天的“自然”理念等等。我们列举一些常见的问题并作答于此，当然这只是我从《老子》的角度做出的回答，仅代表我本人的意见。

（1）地震、洪水等自然灾害是否自然？

（2）人遵循本能是否就是自然？

（3）人修饰自己是否自然？

（4）现代人晚睡晚起，是否自然？

（5）追求自然是否自然？

第一，地震、洪水这些自然现象从天道的角度看都是符合自然的，所谓“天地不仁，以万物为刍狗”（第五章）。从人的角度看，这是偶然现象，并且会给人带来伤害。天地是无所谓仁爱不仁爱的，天地只是客观地按照它的规律运行，这是天道。因此，天道本身就包含了这些可能对人造成伤害的现象。从人的角度看，这些现象是不好的，天如果会说话，它会说：“我无意伤害人类，是你们恰巧住在了发生灾害的地方。”但是《老子》同时也提出“天道无亲，常与善人”（第七十九章），天道虽然没有情感，不特别优待、眷顾谁，但它总是对善于把握道的人有帮助，这里的“善人”不是狭义的善良的人，而是广义的善于洞察天道、掌握规律的人。

第二，人遵循本能是符合自然的，但“自然”不等于遵循本能。“自然”是更高的、经过自觉的反思与努力而达到的境界，是大自然与人文的更高统一。本能是自然的行为，需要看其好坏。人的本能中有好逸恶劳、嫉妒、自私、占有欲等等，这些恰恰需要人通过修炼达到“道”的境界才能消除或克制，像婴儿一样无欲无求，保持质朴，这才是更高的“自然”。

第三，人修饰自己是自然的，所谓“爱美之心，人皆有之”。只有婴儿不会修饰自己，因为婴儿是纯自然人，还不是社会人。当人进入社会以后，就需要遵循一定的社会规则，在其中调整自己，一定程度的修饰是可以理解的，也是必要的。简单的修饰只是为了让人看着更舒服，它仍然是自然的爱美之心、自我保护之心的显现。人需要独立，也需要适度的合群来获得安全感。因此修饰实质上是需要被群体认可、赞美来增强安全感与自信心的行为。当然，这里有个程度的问题，如果完全以外在的标准来衡量自己，从而破坏了自身的特点，那就不自然了。

第四，现代人晚睡晚起是不自然的，也是不健康的。现代人晚睡晚起，是因为人类自从有了电之后，就有晚睡晚起的便利的条件了，加上有电视、手机等，人们过起了丰富的夜生活。有人因为需要加班而熬夜，也有人因为空虚而熬夜；有人因为白天做的是他人眼中的优秀者甚至完美者，按照“人设”而活，夜晚要留给自己的内心而熬夜；也有人仅仅是因为生物钟习惯了等等，熬夜的原因很多，是现代人的普遍现象。偶尔熬夜是可以的，经常熬夜对身体是有害的。自然的生活方式包含了早睡早起。从中医养生的角度讲，早上是太阳升起、阳气上升的时候，人也要早早起床，与太阳同步，呼吸吐纳；晚上是太阳落山的时候，人也要早早睡觉，与太阳同步，让身体得到休息。早睡早起是自然的，符合天道的，长期晚睡晚起对人的精神气质与身体素质都有负面影响，这就是老子说的“不道早已”（第三十章），不符合“道”，早早就把生命耗光了。

第五，追求自然是不自然的，但又是无奈之举。我们在破坏自然的同时反思自己的行为，用不自然的方式重新回到自然。在老庄的时代，他们也认为自己的时代不自然，战乱频繁，各种道德宣讲，各种无谓辩论……庄子感叹“百家往而不返”，认为“后世之学者不幸不见天地之纯”（《天下》），所以他们提出“自然”是对他们那个时代的批判性回归。我们今天身处技术与信息的时代，消费主义盛行，自然就更难了，因此只能通过不自然的努力，去达到自然的境界。

当代学者还有一些是从现象学的角度解读“自然”的，最有代表性的是张祥龙先生，他将“自然”解释为“缘构发生”（张祥龙：《海德格尔思想与中国天道：终极视域的开启与交融》）。“缘构发生”译自海德格尔的概念 Ereignis，也有翻译为“纯有、大道、发动起来”等。他说“天地神人交荡着不断从未来来临着的居中”，这种“居中”是悬而未决，拒绝计算，浑然天成，辨不出我之为我的痕迹，是“无我之境”却有“我”，纯任自然、任其发生的生活境域。我存在不是先确立目标，也不是先给出结果，而完全是一个不计算、不计较的，发挥本性的状态，那么我最后达到的人生境界才是浑然天成的。这种状态就像没有我一样。人很容易以自我为中心，要做到“忘我”，就不是一般的人了，就是圣人或真人了。

曹雪芹在《红楼梦》里面塑造的贾宝玉就有这个“忘我”的劲儿。他一出现就会有意想不到的事发生，他很少按常理出牌，一动情就什么都不顾了。贾府来了一个林妹妹，天仙一般，却没有玉，宝玉就认为他佩戴的这个玉肯定不是什么好东西，然后说摔就摔，这就是发乎自然，一下子就跌进入了非理性、非道德、非现实的境域中去了，因此他的行为总显得那么不合时宜，那么让人惊愕。为什么贾宝玉一出现就会打破常规？因为他纯任自然，没有计算，没有计较，想怎么说怎么说，想怎么做怎么做。他的这种自然，又是发乎他本心的，不是瞎胡闹，因为他的本性是纯真的，情感非常真诚，所以只有贾宝玉能说出“除了林妹妹，都不许姓林”这样的荒唐话，他这种似傻如狂的劲儿其实就是发乎自然、遵从天性的状态。

台湾的学者钟振宇先生也是做道家和海德格尔的研究的，他把老子的“自然”解释为“泰然处之”也是受到海德格尔思想的启发。他说，其实“自然”就是“让……（发生）”，你让它发生，与它保持距离，它的消极中就隐藏着世界最高的“为”，它不是被动不是主动，而是一种“被动的主动”（钟振宇：《道家与海德格》）。这个“自然”就是无为的意思，你让它发生，事先不要随便去干涉它，你先看它怎么样。有时候你看小孩玩耍，偷偷听他们说话，你就能发现他们的“自然”非常有创意，非常真实。我女儿幼儿园的时候，我问她：“你的理想是什么？”她说：“我的理想是上一年级。”这个话就无比真实。“自然”的方式就是泰然处之，让它发生，不要干涉。

但是，“人文自然”不意味着“自然”与“人文”是矛盾的。老子的“自然”既包括大自然的纯自然规律、自然现象、自然发生的一切，也包括人文的价值意义。这两者在《老子》中不是对立的关系，人文的“自然”是从对“大自然”的观察中来的，人所谈论的“自然”已经染上了人文的色彩。

最后需要说明的是“自然”的应然含义与实然含义是如何统一起来的。从道家的角度来看，天人本就是不分的，所以应然和实然这两个层面的“自然”也是不分的。简单来说，就是你应该做什么取决于你是否尊重实然的“道”，比如你尊重了四季运行的“道”，那你自然就会去早睡早起，去按照四季的运行去执行你生活中的事情。所以，符合了实然的“道”，就是我们应该采取的这种“自然”的做法。在文学作品中，我们能更感性地理解这种“自然”与“人文”不分的境界，自然是人文化了的自然，人文是汲取了大自然之营养与灵感的人文，二者融合，构成了中国文化与文人的血液。在中国古代诗词里有大量描写自然的篇章，都是把自然风景纳入了人文的视野中，也可以说是把人文的精神灌注到自然中的成就。

这样的诗词很多，比如陶渊明的“种豆南山下，草盛豆苗稀”（《归园田居》其三），就是很自然的充满生活乐趣的状态。他种的庄稼，草比豆苗长得还多，可见陶渊明当时并不以收获为唯一目的，而是用一个闲散的心境来种地，种得好便得偿所愿，种得不好也云淡风轻，这里面充满了耕耘的快乐与业务不熟的自嘲。不会种地，但能体会种地的乐趣，这便是人与自然打成了一片，人与土地建立起的淳朴的感情。

再比如之前提过的王维的“雨中山果落，灯下草虫鸣”，下雨的时候能听到山中的果子啪啪落地的声音，灯下草丛里虫子的鸣叫声，可见多么幽静，诗人又多么温柔细腻，诗人在倾听大自然，更是在倾听自己的内心。今天这个时代，下雨的时候，我们可能想到的就是拿把伞赶快打个车回家，少有这样的兴致来观察下雨时的天地万物的状态，就更别说听庄子所讲的“地籁、人籁”了。下雨的时候树叶飘零，果实落地，打在地上发出多么自然清脆灵动的声音，大自然中的这些植物，带着雨水的潮湿，充盈着神秘的寂静，这本是与我们的内心相关联的，只是我们今天把大自然充分对象化了，把它变成了我们可利用或待征服的对象，而不是与之同栖共处。道家的“自然”是大自然的实然状态和人文的丰富内涵的一种结合，大自然的规律与其带给人的美感的结合、自然世界与文化世界的结合、原始与文明的结合，最终呈现出人与万物相互应和的、和谐一体的世界。

这样的例子很多，诗人在描述风景的时候其实是在描述人，而这个人的心态又是从对风景的观照和体悟中来的，诗人把大自然和人文很好地结合在一块了。如果离开了大自然的美感和大自然的启发，我们可能看不到这么多精彩的诗词了。大自然是他们灵感的来源和描述的对象。海德格尔主张“天、地、神、人”四方域，与《老子》的“人、地、天、道”之四大有相通之处，都是人在自然中开显自己的存在场域。海德格尔对老、庄非常有兴趣，正是发现了他们思想的关联处。

第十六讲　从“自然”到“真性”

“自然”到了庄子那里得到了极大的发挥，庄子对老子的发展可以简单地概括为：从“自然”到“真性”。庄子主张做真人，无计较地混沌处世，保持质朴，快乐生活，让人生充满意趣。他主张做真实的自己，做符合天性的事。保护自我的真性，不被外物奴役，才能过快乐的生活。《庄子》一书可以说是对《老子》的一个极具创造性的发挥，它从人生的各个方面具体展开，把“道”真正运用到生活中来。我认为，庄子除了“安命”的思想不是来自《老子》，其他几乎所有重要的思想都能在《老子》中找到根据，庄子只是换了新的语词，用了新的手法来表达。那么，老子的“自然”在庄子这里又是如何发展的呢？我们先从庄子的“天籁”说起。《齐物论》曰：

> 子綦曰："汝闻人籁而未闻地籁，汝闻地籁而未闻天籁夫。"子游曰："敢问其方。"子綦曰："夫大块噫气，其名为风，是唯无作，作则万窍怒呺。而独不闻之翏翏乎？山林之畏佳，大木百围之窍穴，似鼻，似口，似耳，似枅，似圈，似臼，似洼者，似污者；激者，謞者，叱者，吸者，叫者，譹者，宎者，咬者，前者唱于而随者唱喁。泠风则小和，飘风则大和，厉风济则众窍为虚。而独不见之调调之刁刁乎？"子游曰："地籁则众窍是已，人籁则比竹是已，敢问天籁。"子綦曰："夫吹万不同，而使其自已也。咸其自取，怒者其谁邪？"

《齐物论》一开篇就讲了"天籁、地籁、人籁"这三个不同的境界。南郭子綦在打坐，呼吸吐纳，感觉飘忽忽的，肉体没了，灵魂也没了，这是练气功的入定状态。他的学生颜成子游就问他说："形固可使如槁木，心固可使如死灰乎？"意思是你的形体可以像槁木一样没有感觉，难道你的心也可以像死灰一样地无动于衷吗？南郭子綦肯定和赞扬了他的问题，于是讲出了这三个非常有创意的境界，"地籁"就是有一个叫"大块"的东西，也就是大风。地上刮了一阵大风，万物发出的声音丰富多彩，精彩绝伦。大大小小的树，形状万千，它们发出的声音都是不一样的。庄子说它们像鼻子、嘴、耳朵……声音像人激动时的声音、射箭嗖嗖嗖的声音、斥责的声音、吮吸的声音、嚎叫的声音、忧伤的声音、叹息的声音，这是一段非常精彩的描述。听风听雨，这在古代是常事，今天大地很少有那么多大大小小的孔穴了，即便在农村，路也基本是平平整整、规规矩矩的，在繁华的都市，楼房林立，间隙很小，结构相同，很难在风雨中听到“地籁”之声。庄子说大风有大风的和谐，小风有小风的和谐，整体上也是非常和谐的，大自然中各种个体发出自己的声音，形成一个多姿多彩的世界。

“人籁”是丝竹之声，就是乐器发出的声音，这个我们很熟悉。那什么是“天籁”呢？南郭子綦回答说：“夫吹万不同，而使其自己也。咸其自取，怒者其谁邪?”这句话非常富有哲理。“夫吹万不同”，形容大风吹到不同的东西上会形成不同的声音，使它们各自成为它们自己。它们都是展现符合自己本性的东西，发出者是谁重要吗？国外的学者常常不能理解庄子为什么不直接给出答案，而用一个问句来回答这么重要的“天籁”。就像《老子》没有给“自然”填上任何内容一样，庄子也没有给“天籁”任何具体的规定。

发出者是谁呢？这是一个设问句，答案就隐藏在这句话中，庄子故意不直接告诉读者。因为“天籁”本身是什么不重要，重要的是它使每一个个体按照自己的本性自然地去展开、存在，天然地去生存、发展。因此，“天籁”与老子的“自然”是相通的。只是庄子把老子那个抽象的“自然”兑现到了每一个个体生命的天性上。“怒者”就是发出者，每一个个体都是“我”，按照自己的方式去行为，按照自己的天性来发展，至于那个发出者就不是最重要的了。其实这个发出者无非就是“大块”，也就是老子宇宙论意义上的“道”。庄子给“道”加了个括号，存而不论，而重新提出“天籁”，更加生动、浪漫，具有创造性。真正地实现个体的独立的、自由的发展，才是庄子的意旨所在。所以老子的“自然”，到庄子这儿就变成了天然的存在与天性的自由。

关于天性的自由，《养生主》中有一个生动的故事。他说“泽雉十步一啄，百步一饮，不蕲畜乎樊中。神虽王，不善也。”有一种野鸡，走很远才能找到一点吃的、喝的，但它们不希望被关在笼子里面。虽然在笼子里面锦衣玉食，主人把它们喂得饱饱的，但它们没有自由，这是“不善”。被剥夺了自由的天性，所以不好。庄子这句感叹的背后充满了人世沧桑的况味。笼中之鸟就是那个不开心的鸟，泽雉则代表自由的存在者，虽然生存可能很困难，但是自由能带来快乐。生活在笼子里面衣食无忧，但失去了自由就如同行尸走肉。

在《秋水篇》中，庄子也说：“牛马四足，是谓天；络马首，穿牛鼻，是谓人。”牛、马本来就四条腿，它们就应该在地上自由地走，你为什么要控制与奴役它们呢？“络马首，穿牛鼻”，就是在马的头上戴个辔头，在牛的鼻子上穿孔。我小时候见过村子里有钉马掌、穿牛鼻的，小时候就好奇它们会不会觉得疼，会不会不舒服。人的这些不自然的措施，使生物丧失了自由的天性。今天可能很多人都没见过钉马掌、穿牛鼻了，作家莫言在他的小说《生死疲劳》中有一段对“穿牛鼻”的描写：

> 方六大爷让人把一根铁条烧得通红，用钳子夹着递过来。好几个精壮的汉子按着你的头，把你的头上那根独角都按到地里。方六大爷用手指扒开你的鼻孔，找到了你鼻梁间隔处最薄的地方，然后让人把烧红的铁条捅进去。猛地捅进去，搅动着扩大那洞口，一股焦黄的烟冒出来，一股烧糊了皮肉的气味漫出来，你发出哞哧哞哧的沉闷声响……

这让我们直观地感受到什么叫作天性被破坏。人用绳子牵着牛鼻子，就实现了对牛的控制，想让它往哪儿走，它就得往哪儿走。即使劳动是牛的命运，如何劳动，也有符合天性的方式，而不包含被穿鼻子这一点。牛马当然只是个比喻，可见庄子多么珍视人的自由。自由是每一个人的天性，一旦被不自然地对待，就失去了这种天性。庄子这是从具体的个体生存来讲什么是“自然”，可以说，老子偏向整体关怀，而庄子着眼个体关怀，老子讲“自然”，庄子讲自由。老子讲天道，庄子讲人性，这是庄子的一个发挥。

庄子生逢乱世，官场黑暗，他不愿意同流合污，不愿意牺牲自己的天性，束缚自己的天性，所以如司马迁《史记》所记载的："我宁游戏于污渎之中自快，无为有国者所羁，终身不仕，以快吾志焉。"他宁愿不当官，也不愿意像死后被供在庙堂之上的千年乌龟那样，在官场上被束缚而失去了灵性，他选择贫困而自由地活，放弃富贵但违心的仕途。他不愿意被权力束缚，违背天性，所以终生没有出来做官，心里却很快乐，真正做到了"无己、无功、无名"(《逍遥游》)。他选择了做辛苦但精神自由的空中之鸟，而不是笼中之鸟。

这种自由的天性即"真性"，这一观念主要体现在《大宗师》篇。道家注重真性情，这一点在魏晋竹林七贤那达到高峰，其思想根源可以说在庄子。庄子认为"有真人而后有真知"(《大宗师》)，先有天真的人，才有所谓的真理，与西方那种"吾爱吾师，吾更爱真理"的追求正好是相反的。先有真人，你先爱真人，才能谈得上爱真理，有真人才能产生真理，真理只能来源于人，而非外在的知识。那么，真人究竟是什么样子，庄子有生动的描述，《大宗师》曰：

> 古之真人，其寝不梦，其觉无忧，其食不甘，其息深深……古之真人，不知说生，不知恶死。其出不䜣，其入不距；翛然而往，翛然而来而已矣。不以心捐道，不以人助天。凄然似秋，煖然似春，喜怒通四时，与物有宜而莫知其极。

真人睡觉的时候不做梦，醒来的时候没有忧虑，吃东西不觉得特别甘甜，呼吸的时候一气贯通，而不是上气不接下气、呼哧带喘的样子。真人潇潇洒洒地来，潇潇洒洒地去，悠游自在，不以“生”为多快乐，也不厌恶“死”，不觉得活着有多欢喜，也不觉得死亡有多可怕。真人是完全顺乎自然的。他们“真”在哪里？为什么能做到安安静静地生活，内心很安定，连梦都不做？因为他们没有功利的计较，像还不会笑的婴儿，纯任自然。

真人在面容上就与俗人不一样，“凄然似秋，煖然似春，喜怒通四时，与物有宜而莫知其极”，真人的表情都是跟四时相通的。真人的神态是自然的，跟大自然相应和，比如贾宝玉、林黛玉。曹雪芹受道家的影响很大，贾宝玉最喜欢读的书就是《南华真经》（《庄子》）。《红楼梦》中的这两个最重要的角色都有道家式的自然风流态度。我们从对他们俩的相貌描写就能看出，贾宝玉是“面若中秋之月，色如春晓之花”，他的脸像中秋的月亮，中秋的月亮干净皎洁明亮，再自然不过了。他的脸色像春天的花一样含苞待放，完全没有经过世俗的污染，保持干净单纯的状态。“鬓若刀裁，眉如墨画，面如桃瓣，目若秋波”，他的眼神能生动地传情达意。我们今天在地铁里面看很多人的表情是麻木的、疲惫的，目光无神的，当然现在连目光也很难看见了，因为几乎每个人都盯着手机，哪怕最拥挤的时候，手机也会被高高举在空中观看。“秋波”现在你可能想送都送不出来了，终日盯着手机，两眼浑浊，面容憔悴，我们大抵只能从婴幼儿的眼里还能看到这么干净生动的目光。

林黛玉是“两弯似蹙非蹙罥烟眉，一双似喜非喜含情目，态生两靥之愁，娇袭一身之病。泪光点点，娇喘微微。闲静时如娇花照水，行动处似弱柳扶风”。这就是“自然”的面貌，你必须明白那个“娇花照水”是什么样子。胡兰成曾经说张爱玲是“临水照花人”（胡兰成：《今生今世》），大概就是有几分这样的气质。你得能体会到，得亲身去看，河边的花儿开放倒映在水中是什么样，干净、纯洁、美丽，又模模糊糊，行动时像细细的柳树被风吹拂轻轻摇曳的样子，这些都是原生态、自然的人才能展现在我们面前的。你看过这个，体会过这个，才能理解林黛玉，她的长相就是自然的。

他们的面容与天地相合，真实生动，心灵也就错不到哪儿去，所谓“相由心生”，所以他们才能成就这动人的故事。内在性情的真实、自然，体现在贾宝玉、林黛玉的所有行为中，比如说贾宝玉看“龄官画蔷”，可谓“至真近痴”，曹雪芹《红楼梦》第三十回记载：

> 忽一阵凉风过了，唰唰的落下一阵雨来……宝玉想道：“这时下雨，他这个身子，如何禁得骤雨一激！”因此禁不住便说道：“不用写了。你看下大雨，身上都湿了。”那女

孩子听说倒唬了一跳，抬头一看……笑道：“多谢姐姐提醒了我。难道姐姐在外头有什么遮雨的?”一句提醒了宝玉，“哎哟”了一声，才觉得浑身冰凉。低头一看，自己身上也都湿了。

“龄官画蔷”是宝玉情悟的重要事件。龄官是个小戏子，她喜欢贾蔷，贾蔷也喜欢龄官，可是她的身份卑贱，贾家一定不会同意。她爱而不得，于是把思念与爱深藏心中，在地上一笔一笔写这个“蔷”字，大家想象一下，快下雨天，“蔷”字那时还是用繁体字，笔画多，一笔一笔地画，痴心让人感动。贾宝玉看到一个姑娘坐在那儿，就已经知道她心里肯定有说不出的心事，正好这时候就刮风了，哗啦啦下起雨了，宝玉想到的是她有心事，再被雨一浇那不得生病吗，可以看出宝玉这个人心有多细。龄官看他头上戴的、身上穿的，又长得粉嫩，以为是个姐姐，就说姐姐你看你头上有什么遮挡的吗，这时候宝玉才发现自己身上都已经淋湿了。

宝玉可以真诚到忘了自己，内心温润，“真”到极致，真是个痴人。他是贵族公子，龄官是个小戏子，地位相差很大，但是贾宝玉这个真诚就在于他忘掉了身份的差异，给出完全自然的关心，关心她的内心，关心她的情思。这就是自然流露的感情，是装不出来的。第五十七回紫鹃试宝玉也是这样。紫鹃是林黛玉的贴身丫鬟，她去试一试贾宝玉对她家主子是不是真心的，就跟他说，林姑娘大了肯定要送回林家的，还能在你家待一辈子吗，林家人都是要来接她走的。结果宝玉一听，如五雷轰顶，从此以后，他就不敢让姓林的人来了，他说了句很犯浑的话："凭他是谁？除了林妹妹，都不许姓林。"这是不是至真情痴？

《红楼梦》可以说把道家的真纯理想表现得淋漓尽致、登峰造极。宝玉、黛玉都是有道家真性情的人，展现了自然风流态度的价值，这显然不是老子宇宙论意义上的"自然"。庄子继承了老子的自然观，又把它兑现到了人性上，提出对天性的保护，对纯真的捍卫，是真之又真，切之又切。这让我们对老子的"自然"有更深的了解，并且直接影响了魏晋风度乃至整个中国古代文人的气质。

第十七讲 “道”在每个事物的绽放中

我们继续来看老子之“自然”在后世的演变与发展。到了王弼、郭象，“自然”被进一步诠释，提到了很高的位置。王弼的思想同时受到庄子以及汉代严遵的影响，他更加注重每一个个体的自由，个性的合法性。《知北游》中记载了这样一个对话，其曰：

> 东郭子：“所谓道，恶乎在?”庄子曰：“无所不在。”东郭子曰：“期而后可。”庄子曰：“在蝼蚁。”曰：“何其下邪?”曰：“在稊稗。”曰：“何其愈下邪?”曰：“在瓦甓。”曰：“何其愈甚邪?”曰：“在屎溺。”东郭子不应。

从庄子的角度看，一切事物中都有“道”，“道”不是抽象的，“道”在每个事物的自然绽放中。庄子用“道在屎溺”来表达，可谓是淋漓尽致。看似形而上的“道”，并不在人之外。老子只谈到了“道生之，德畜之”，“道”生了万物，又养育万物，那说明“道”的能量一直在万物之中，但老子没有明说。庄子对此做了生动的发挥。如何理解“道在屎溺”？譬如中医看病，我们都知道有“望、闻、问、切”这四个基本的方式，中医首先会问你的是大小便如何，次数、干稀是否正常。一个有病的人大小便往往是不正常的。小孩子尤其如此，几天不大便，就可能会积食发烧，老人说养小孩子要“三分饥和寒”，不要多吃、多穿，这就是健康之“道”。“屎溺”是健康与否的第一信号。庄子当然不是为了讲这个层面，“屎溺”只是用来代指人们认为的最为低贱之物，万物中都有“道”，“道”不是在我们实际生活之外的一个高高在上的真理，而是渗透到所有生活事物中的道理。严遵曰：

一者，道之子，神明之母，太和之宗，天地之祖；于神为无，于道为有，于神为大，于道为小。故，其为物也，虚而实，无而有，圆而不规，方而不矩，绳绳忽忽，无端无绪；不浮不沉，不行不止，为于不为，施于不与，合囊变化，负包分理。（[汉] 严遵著，王德有译注：《老子指归译注》）

他这里讲的“方”“圆”代表事物的个性，它是不被规范、无法切实把握的，每个人、每个事物的个性都不一样，因此“道”也没有一个明确的内涵。“道”模模糊糊，这启发治国者用“无为”的方式去为，尊重万物的个性。“道”自身无方、圆，故能随顺万物之方圆。王弼在此基础上对“自然”有了重要的诠释与发展。

王弼是魏晋玄学的奠基者，23岁的短命天才，他注的《老子》至今依然是所有《老子》注本中最权威的版本。王弼诠释“自然”，认为“道”就应该显现在万物的个性之中，“与自然无所违”。这就是《老子》第八章讲的“上善若水”，它随着万物的特性而变化自己，适应万物。所以王弼与庄子、严遵可谓一脉相承，认为对待事物丰富多样的个性只能尊重不能改变，因此王弼在社会形态上也是主张“自然”的，他主张侯王不要干涉太多，让百姓自治，这个才是符合百姓的天性的。所以说老子的自然直接影响了王弼的治国论。到了西晋郭象这里，更是提出了“天然”的观念，是对“自然”的进一步发挥。

郭象是注《庄子》的大家，至今他的解释也是《庄子》注疏史上最系统最重要的一个。他的注解中尽管有一些是与庄子原意不同的，有自己的创造性发挥，但整体上仍然是把握了《庄子》的真义。郭象的“天然”一词是如何来的？他是在讨论老子的宇宙本源之“道”的时候提出的。当然他回应这个宇宙本源问题时没有直说是在回应老子。对于“道”究竟是“有”还是“无”的问题，其曰：

> 无既无矣，则不能生有。有之未生，又不能为生。然则生生者谁哉？块然而自生耳。自生耳，非我生也。我既不能生物，物亦不能生我，则我自然矣。自己而然谓之天然。（《齐物论注》）

郭象提出，如果是“有”的话，必定是从“无”来的，但是“无”是什么都没有，又如何能生出“有”。所以，他认为这个本源是不合法的，他通过对“道”的消解否定了宇宙本源之道，这就是“0”和“1”的问题。本源是“1”的话，“1”是从哪来的？既然是“0”的话，怎么生出的“1”的呢？有点像鸡生蛋、蛋生鸡的死循环，你说谁在前面都不对，在逻辑上都找不着一个很好的一个论证，所以他说“块然而自生”，块然就是自然而然的样子。

当然这个对宇宙本源问题的质疑，最早来源于庄子。庄子说无之前还有无，无穷尽也，总有个类似 x 的东西是在你所谓的本源之前，所以郭象干脆把本源问题消解了，把“道”取消了，把一切归为自生，而没有一个“道”来生一切。万物自生，因此万物本性上就应该是自由的，自己有自己的规定性，这是他消解宇宙论的目的。由此，郭象提出“天然”这个概念，以保证每一个个体的天性得到肯定，这是他的“独化”论的基础。

当然他又提出“性分”的概念，认为每一个人发挥天性，不等于说无所不能，这种天性的发挥都是在各自的天赋、能力的规定范围内进行的。

“天然”不同于“自然”，它首先意味着天性的“自然”。我的天性从根本上来说是不应该被他人干涉的，我自己如此，别人只能“辅”而不能妄为之。这种“天然”的思想对人格的发展影响非常大，郭象把老子的这个“自然”转变成了“天然”，走上了以“天”来保护人的个性的诠释道路。我们还以《红楼梦》为例，来帮助大家理解“天然”的价值。《红楼梦》第十七回“大观园试才题对额”是一个很好的例证。这一回主要讲的是贾政让宝玉来给刚盖好的大观园里的亭台楼阁题名。其曰：

> 宝玉忙答道：“老爷教训的固是，但古人常云‘天然’二字，不知何意?”……宝玉道：“却又来！此处置一田庄，分明见得人力穿凿扭捏而成。远无邻村，近不负郭，背山山无脉，临水水无源，高无隐寺之塔，下无通市之桥，峭然孤出，似非大观……古人云‘天然图画’四字，正畏非其地而强为地，非其山而强为山，虽百般精而终不相宜。”

贾宝玉其实每次都题得很好，诗句一尘不染，富有灵性，但贾政就是假正经的本性，总是打击宝玉说不行不行，写的什么乱七八糟的，其实曹雪芹正是用贾政的虚伪来衬托宝玉的天然。他们游到了一个农家院风格的地方，有茅舍、稻田、还养着鸡鸭鹅，贾政说到这儿就有了归隐之意，这是后来李纨住的稻香村，宝玉题名“杏帘在望”，“在望”非常有动态感，非常好。但他心里想贾政这官当得好好的，平时没看出有归隐之意，说这话真有点矫情。贾政则说你题的这个不够好，宝玉就跟他说，你教训我就算是对了，但是我看这地方就别扭，这地方本身就是穿凿附会而来的，你可知道“天然”二字，同僚们跟着贾政就说“天然”谁不知道呀？宝玉就说了这段非常经典、非常叛逆的话，一点面子都不给贾政，非常过瘾。

贾宝玉的意思是你这地方弄一个小草棚，弄点鸡鸭在这里养着，这本身就不自然，前面没有村，后边也没有庄，也没有山，也没有水，也没有塔，也没有桥，突然就冒出了一个农家院来，这不是很奇怪吗。所以古代人说的“天然”，最忌讳你们这种在不该置农田的地方置个农田，在不该搭草屋的地方搭个草屋的行为。曹雪芹批判的其实是清王朝的统治，他痛恨当时的权力争夺，曹家就是王权争夺的受害者之一。他其实是用宝玉的这种叛逆精神来略抒胸中一二，表达自己的不满。为元春省亲而盖的豪华园子，为的是讨好圣上，动机就不自然。所以这一段既反皇权，也反父权，“天然”二字的力量就更加明显了。

综上所述，从庄子到王弼、郭象，再到曹雪芹，我们都可以看到老子的“自然”在后世哲学与文学中得到了特别好的发挥。在庄子这里，“自然”是天性上的保护与发展；在王弼这里，“自然”也是尊重万物的个性，并且成就一种自然而然、各自独立的社会理想；在郭象这里，是以“天”来保证每一个人的自然的本性。也只有万物的个性都得到发挥，这个世界才是美好的，多姿多彩的，人生活在其中才是舒服的，整个社会也才是和谐的。任何压抑的、不自然的社会都会危机重重，个人天性在社会中被压抑的话，整个社会也是缺乏创造力的。

当然这个“自然”的观念，我们也还有一些遗留的问题，要在后面的几篇中去讲。第一，老子的“自然”是相对于人的欲望太多而提出的，但是欲望的多少有没有一个标准？多少才叫多？如何对待人的欲望问题？第二，“自然”“天然”是对人的个性的推崇，但是天性中有没有“恶”？如果有“恶”的话，如何制止？这也是一个很重要的问题，老子当然也是有回答的。

无为篇

“道”是对宇宙规律、本原以及人所体会的终极意义的一个概括。“自然”是具体的法则，“无为”是具体的措施，“自然”与“无为”可以看作是对“道”的具体阐释。宇宙本来如此的状态最长久，老子以此为根据，引导侯王去实施“无为”。“无为”不是什么都不做，而是什么都能做好。“无为”是先为，提前洞察与准备，在事情还没有爆发之前“为”，这样就能以最少的代价获得最大的成效。占先机，是智慧。“无为”是时机化的为，达到“无为而无不为”、什么都能做好的境界。我们会在这一篇章中逐步分析与讨论“无为”的文本，“无为”的哲理根据，“无为”的现实针对性与效果，“无为而无不为”的含义，“无为”的发展与当代启示。

第十八讲 “无为”不是躺平

如果说“自然”是人的行为原则，那么“无为”就是具体的行为策略。“自然”是理论层面的，“无为”是实践层面的。“无为”是可以具体实施的。今天人们对道家尤其对《老子》最大的误读应该就是“无为”，以为“无为”是什么都不做，很消极。在翻译时大多数学者都将“无为”译为“nonaction”，就是没有行动，这也容易被西方人误解。其实“无为”是遵循“道”而为。“无为”不是躺平，而是不妄为，不要根据你自己一己的意见、意志、欲望去随便为。“无为”，其实是一种反向的表达，是老子“正言若反”的特殊语言方式的表现。当然儒家也有“无为”，儒家为政的最高境界也是“无为”，垂手而天下治，像尧、舜、禹，他们德行高，以德化人，便是“无为”。道家的

“无为”首先是一种思维方式，它来源于对事物的细心观察。第六十四章曰：

> 其安易持，其未兆易谋，其脆易泮，其微易散。为之于未有，治之于未乱。合抱之木，生于毫末；九层之台，起于累土；千里之行，始于足下。为者败之，执者失之。

老子指出，事物在安静的时候容易持守，还没有发出征兆的时候容易谋划，脆弱的时候才容易破除它，在微小的时候容易驱散它。所以，我们做事情要从小处为，从有一点点征兆的时候就采取行动，不要等坏的东西扩散了，事态严重了再去为，这就是非常经典的概括——“为之于未有，治之于未乱”的意思。“无为”的最基本的含义就是这一句，也就是在一个坏的影响还没产生的时候，就要开始有所作为。当一个人、一个社会、一个国家还没有变坏的时候，你就要去防备它，无论治身还是治国，等乱了再开始治理就已经晚了。这是“先为”的智慧，要“占先机”，抓住时机去为。

中医就是运用的这种思维，治未发之病。中医讲究的是提前预防，在这个病发生之前就要去预防，比如说到秋冬天容易感冒，小孩子出门前要搓一搓脑门，加快血液循环，去适应温差；小孩子在暖气下玩得淌汗了，要等汗干了再到户外；燥热时每天喝点芦根水，清热去火；早上起来要喝一杯淡盐水等等，中医实际上就是以“无为”的方式养生，不用做很多，都是日常生活中的小细节，但可以预防疾病。就算病发了，也要及时治疗，第一时间把它扼杀在摇篮中。河上公注：“欲有所为，当于未有萌芽之时，塞其端也。治身治国，当于未乱之时，豫闭其门也。”也是说当一个坏的事情才刚刚有一点点苗头，还没有完全发生的时候就要加以控制。治身治国也是如此，在你的身心未乱、国家未乱的时候就要开始治理。这是“无为”的第一个层次的含义。

第二个层次是“为者败之”，是说你太过有为的话，就会把事情搞砸了。“执者失之”是说你太执着于它，也会失去它。人需要从细微处着手，从根基处理解事物，日积月累，终有所成，因为很粗的树也是从微不足道的小树苗长起的；再高的台子，也是从扎实的地基开始的；不管多远的路，都是从脚下第一步开始的。不要太有为，而要看万事万物的这些细节，这是老子的谆谆教诲。我们从细节开始“为”，才能达到“无不为”，因此“无为”的第二层次就是要从基础去做起。如果你太过有为，想一口吃成胖子，就“为”不好。太过执着一个东西，就会用力过猛而适得其反，违背了自然规律。德国哲学家韩炳哲说“美是慢箭”（[德] 韩炳哲著，关玉红译：《美的救赎》），讲的也是相似的道理。

第三个层次，就是圣人从中得到了什么道理？《老子》说：“是以圣人无为，故无败；无执，故无失。是以圣人欲不欲，不贵难得之货。学不学，复众人之所过。以辅万物之自然，而不敢为。”前面老子是通过一个实际生活的观察来表达道理，举的都是生活中的例子。后面这一段是讲圣人从中获得了什么启发。圣人做事情慎终如始，善始善终，从细微处开始，并且一直坚持下去。这个值得我们学习，尤其在教育上，家长常常给孩子报很多兴趣班，其实很多课都是三分钟热度，学了一鳞半爪，浅尝辄止。任何事情，你只有坚持，才能把这件事情真正做好，脚踏实地学到东西。没有什么比专注地做好一件事情更让人有所收获了，我有个书法家朋友，他非常喜欢刻章，就天天埋头刻，非常着迷，有一次读黄朴民先生和我合撰的《老子解读》一书，每一个字看得都很认真，提出了很多修改意见，我们就在熙熙攘攘的大街上谈论着《老子》。他不是学者，但比学者还严谨，这就是踏踏实实做事的人。圣人跟普通人不一样之处究竟在哪里呢？就是欲望。圣人“欲不欲，不贵难得之货”，圣人专注的恰是别人看不上眼的东西，别人欲求的东西无非食色与名利，但圣人不感兴趣，圣人一心学道，对淡乎寡味的“道”感兴趣。

“常于几成而败之”是说一般人都是快要成功了，但是没有坚持到底，所以失败了。圣人可以做到坚持，不被纷纷扰扰的外物所诱惑，能保持住对“道”的信念并坚持自己。最后一句话当然是点睛之笔，也是这一章的最重要的一句话，“以辅万物之自然，而不敢为”。我们在讲“自然”的时候讲过，就是辅助万物实现它们自然的天性，而不敢胡乱作为。让万物自行展开，而不要过多干涉。重要的是按照自己的本性，把自己的生命完全展开。

《老子》第四十三章说：“天下之至柔，驰骋天下之至坚，无有入无间，吾是以知无为之有益。不言之教，无为之益，天下希及之。”“驰骋”就是奔跑，引申为控制、驾驭。“无有入无间，吾是以知无为之有益”，是说最柔软的东西方能穿透那个最硬的东西。“无间”就是没有间隙，即坚硬的东西、密度很大的东西。如果你什么都没有的话，是一个“无”，就很容易进入一切事物，能穿透最硬的东西。“无”是没有厚度，比喻没有成心、成见，没有分别心，没有什么矛盾你解决不了，因为这样的心是空灵的，是能承载万物的。庄子的“庖丁解牛”应该就是受启于这一句。《养生主》中庖丁的那个刀用了十九年，还跟新的一样，就是因为“以无厚入有间，恢恢乎其于游刃必有余地矣”，用没有厚度的刀进入有间隙的牛的骨骼，就会觉得那个空间很大。反过来说，如果你过得痛苦，不开心，那一定是因为你还有分别心、得失心。

在庄子这里，刀比喻心。刀没有厚度，是说人的内心没有成心。成心就是你事先已经形成了偏见，自己可能并不知道，带着这些成心和偏见去看世界的话，可能处处都不顺眼，处处都不顺心，到处都是对你的阻碍。所以“以无厚入有间”，是用柔软的方式攻克硬的东西，用一个修出来的没有成见的澄澈的心去面对世界，从而游刃有余，逍遥自在。

《老子》接着说“不言之教，无为之益”，“不言之教”是道家的治理方式，就是不需要太多的声教法令，不需要直接的说教。“不言之教”似春风化雨，它是以柔克刚，言传身教，上行下效的方式。你做好了，就像春风一样去影响身边的人，不是指导他们应该怎么做，而是用你自己的身体力行去引导身边的人，这是“不言之教”。“天下希及之”，就是天下几乎没有什么能比得上，说明“无为”的作用非常大，“无为”的方式能达到最好的效果。儒家的有言之教与法家的赏罚分明，可能都不如道家的“不言之教”效果好。

“强梁者有为”，“有为”反而是成就事情的障碍。范应元解释说天下的人大多数都被物欲所遮蔽了，看似强大，其实是成功的障碍。人们都汲汲以求，去追求这个物欲，最后你就被遮蔽了，它就会成为你的障碍，让你一直想强，以为占有的越多越强，真的遇到问题了，就发现强者往往一夜崩塌，太过追求强的人往往更容易瞬间崩溃。遵循“道”的人会守柔，守弱，悠着点来，慢慢行走，自然而成。追求任何东西，太过执着，其实都是欲望的驱使。

《老子》第四十八章曰：“为学日益，为道日损，损之又损，以至于无为，无为而无不为。”“无为”不是没有行为，而是不妄为，不过分为，因为一旦过度地为，就会破坏了事物原生的状态。比如你对孩子过分地为的话，孩子会渐渐失去天性；你对公司过分地为的话，员工就被你管坏了。治国同样如此，如果瞎折腾，国家就被治理坏了，人民就怨声载道。所以“无为”只是《老子》以“反”的表达方式阐发的一个观念，不是让人不为，而是让人不过度地为。

“无为”是用最少的代价达到一个最大的成效，当然前提是我们首先得知道那个自然之道是什么。庄子在《逍遥游》中说：“乘天地之正而御六气之辩”，你得知道正道是什么才会遵循它。慢慢去认识、了解这个世界，了解外物，是“为学日益”，然后，我们要总结其中的“道”，不断去掉我们身上的欲望、私心等，是“为道日损”。反复做这样的工夫，最后才能达到“无为而无不为”，做什么事都能做成功。

我们要知道“自然”是最高的准则，连“道”都是“法自然”的。所以我们要去效法“自然”，知道万物都有它自然的天性，只能去引导它，协助它，疏导它，顺其自然，顺势而为。所以，顺其自然不是我们平时讲的那样，好像很佛系，不努力的“躺平”。真正的顺其自然是积极的，是智慧的。“无为”不是“躺平”，而是遵“道”而为；逍遥不是“佛系”，而是灵魂自由。道家这方面常常被误解成了消极被动的思想。

所以在政治上“无为”是一个很重要的措施，即无为之治，不刺激百姓的欲望，就是《老子》说的“不尚贤，使民不争；不贵难得之货，使民不为盗”（第三章）。不要去彰显贤能，你在心里可以崇尚，可以任用贤能，但不要大张旗鼓地表现出来。就像现在学校评奖学金一样，从小学到大学的各种奖学金，各种排名，各种荣誉，其实都是在刺激学生，让他们早早地失去单纯的心。大家都去争，在激烈的竞争中人心就乱了，学习的动机就不纯了。本来学生之间差别没有那么大，因为要评奖学金，要计较零点几分的学分绩之差，人为地制造了等级之分。学生学习的自觉性与热情应该是靠老师引导，靠自己发现，不是靠刺激。刺激出来的热情不会持久，自然而然的感情才是生命不断前行的力量。

因此，学生考得好不必过度表扬，考得差也不必过度批评，让学生明白自己的优点和不足才是考试的目的，好的戒骄戒躁，差的继续努力。不必用刺激的方式来让学生竞争。竞争是不自然的成功，会伴随着焦虑、嫉妒、虚荣等等，让人心变得不单纯。每个人的能力与兴趣不同，刺激、竞争其实是让人们去追逐同一个东西，导致目标与评价标准的单一化。用同一个标准，比如考试分数、学分绩来衡量一个人成绩的好坏，本来就不够全面，人们被鼓动着去追求一个并不全面的目标，意义何在？如果都去追逐同一个目标，这不是一种对个性的抹杀吗？老子说的“难得之货”是一些老百姓买不起的东西，用今天的话说就是奢侈品，大家都不去追求，也就没有“难得之货”了。

在消费主义的刺激下，浮华的东西越来越多。如果我们稍不注意养我们的心，修我们的心，原本的天真就失去了。我看过法制节目的一些采访，很多人犯罪就是因为买不起“难得之货”，又不知道如何正确对待自己的欲望。买不起车就去偷，买不起某个品牌的手机就去抢，得不到的东西就去骗，想要的东西超过了自己的能力，于是就有可能走上歪门邪道。庄子提出“物物而不物于物”（《山木》），“凡外重者内拙”（《达生》），都是说的这种太过注重外物而忽视了内心质量的做法。这也是庄子说的“诚忘”，就是不该忘掉的东西——“道”被忘掉了，该忘掉的物欲始终被记住，庄子认为这是真的健忘啊。

综上所述，“无为”是指先为、抓住时机去为。“无为”的前提是懂得万事万物生长的自然之道，抓住事情的关键，做出独立而正确的判断。它的运用有政治上的无为之治，不刺激百姓的欲望，不依赖烦琐政令；也有人生上的以柔克刚，未雨绸缪，善始善终。

“无为”是遵“道”而为，而不是躺平。“躺平”是资本压力下的“内卷”造成的无奈，不再努力，与其参与内卷，不如躺平，多少有点悲壮的味道。但人生不是拿来置气的，不必因为看到了内卷的残酷，就跑到它的对立面去，那同样是跑偏了，最后放弃的是自己。能改变的去改变，不能改变时保持自己的步调就行。不焦虑，不紧张，不放弃，不丧气，才是面对现实的积极态度。不是被动地躺平，而是主动地“无为”。摆脱无力感靠的是用坚强的意志去奋斗，摆脱焦虑感靠的是提高智慧、修养内心。

老、庄其实是“反躺平”的哲学，他们不是消极避世，而是以退为进；他们主动选择避开，而不是被动消极对抗；他们是用反语刺激世人觉醒，而不是说气话。老子猛烈批判虚伪的道德，警示统治者要朴素、廉洁、无为、爱民，庄子主张的是做往高远处飞的大鹏，老子救社会，庄子救个人，都有勇猛精进的力量与以退为进的智慧。

第十九讲　超越二元对立的“善为”

老子提出“无为”，是因为看到“有为”的负面。有为在《老子》里是妄为的意思，而不是普通的作为。妄为，就是不符合“道”的为，它的负面迟早会暴露出来，甚至造成无可挽回的局面。“无为”不是有为的对立面，不是什么也不干，而是遵循“道”而为，这样才能避免负面作用的产生。“无为”的根据在哪里？老子一定不是随口就提出“无为”这个思想的。他是一个史官，针对春秋末年政治上的“有为”带来的社会乱象，提出一个政治上的治国理念，背后隐藏着老子的哲学思考。我认为，这一哲学思考的思维支撑是《老子》第二章，这一章代表了老子的正反思维、阴阳的思维，它避免了只看到事物一方面的狭隘，让人思考有为背后的弊端。第二章曰：

> 天下皆知美之为美，斯恶已；皆知善之为善，斯不善已。故有无相生，难易相成，长短相较，高下相倾，音声相和，前后相随。是以圣人处无为之事，行不言之教，万物作焉而不辞，生而不有，为而不恃，功成而弗居。夫唯弗居，是以不去。

这一章的结构非常有代表性，前一半讲实然的规律，后一半讲应然的做法。前面讲一切都是相反相成的，句句对称，语言优美。后半部分以“是以”为推理的重要标志，讲圣人“因此”有了什么样的做法。前半部分是原因，后半部分是结果，层次清楚。但是，从前半部分是如何推出后面的结论的？为什么说前半部分是后半部分的哲理根据呢？这个“是以”是如何成立的呢？我们具体来看。

第一句的“恶”就是不好、丑的意思；“不善”，是恶、坏的意思。当人们知道了美，也就知道了丑；知道了善，也就知道了恶。老子的意思是大家都知道什么是美了，其实意味着同时知道丑了，否则你怎么会有美的观念呢？因此当我们用美、善去形容人时，情况就已经不好了。就像我们说这是正面，那是因为你知道什么是背面。这就是庄子在《齐物论》中说的“物无非彼，物无非是。彼出于是，是亦因彼”，万物无非就是彼与是（此）这两面相互作用、相互衬托、相互成就出来的，对一面的认识来源于对另一面的认识。所以，当你大肆去谈美、善的时候，其实没有太多的正面意义，这世上有多少美的东西、善的东西，就会有多少丑的东西、恶的东西，虽然数量上无法统计，但原则上是这样的。当然老子的重点不在批判恶上，而在于表达人的善恶心产生了，分别心产生了，这世上也就不可能有纯善了。那我们在推行善的时候也就要把握好度了，否则就会妄为。

比起后面的“无为”，前半部分的善恶论更为精彩。老子没有静态地去规定人性的善恶，更没有刻意去推行善，这与儒家相比是很特别的。道家的立场是你不要总去强调善，太过强调善的那一面，并不能减少恶的发生，相反可能会让人对恶放松警惕，缺乏提防。这一章的阴阳思维启发我们不能只看到事物的一面而忽视它的另一面，如何对待恶？要去正视它，接受它，转化它才行。老子的阴阳思维，决定了其在人性论上不作善恶对立。老子关于人性论的观点是人性本朴，刘笑敢先生曾经称之为“超越善恶的人性论”（刘笑敢：《老子古今：五种对勘与析评引论》），我把它叫作“宽容主义的人性论”（林光华：《老子之道及其当代诠释》）。

一切事物都有阴阳两面，所以“有为”必有它的负面，“不为”也必有它的负面。“有为”的对立面是“不为”，而不是“无为”。“无为”是超越二元对立的“善为”。“善为”就是善于把握时机的“为”，无所不中的“为”。用庄子的话来说就是

“一龙一蛇，与时俱化；一上一下，以和为量”（《山木》），可以是龙，也可以是蛇，根据时机而变化；可以上，也可以下，和谐是重要的考量，这是善为之人的做法。

后来王阳明说“无善无恶心之体”，认为心的本体是无所谓善恶的，这个看法更接近老子。老子认为人性本来是朴的，所以有“复归于朴”这样的思想。人回到它的质朴上，不会做一个大好人，但是也不会做什么坏事儿，朴的状态就是像小孩的状态，小孩不会被称为一个大善人，但是小孩也不会做多大的恶的事情，这样的人性论强调的是保持身上的质朴，善恶是没有办法用来规定人性的。我个人不赞成人性善还是人性恶的定论，因为人性是慢慢形成的，不是天生的，婴儿身上无善无恶。你仔细观察婴儿，他们对谁都会笑，对任何人都没有防备；没有爱也没有恶意，没有荣也没有辱；不知道害羞，也不知道骄傲，真的就是无邪，没有分别心。一个人在婴儿期就是一张白纸，同时具有向善与向恶发展的可能性，善和恶不足以作为对人性的定性，它们是根据行为的结果对行为进行的评价，是后起之物。你会发现好人身上也有恶的东西，只是他们克制了；坏人身上也有好的东西，只是被坏掩盖了。一无是处和完美无缺的人同样不存在。

善恶一定是相依的，我们再联系现实来进一步理解它的意义。有些犯罪的人小时候却是个乖宝宝或学霸，受到了良好的教育，但受环境影响或天性被压抑后，有一天就会报复性地爆发出来。人身上有善有恶，家长在孩子小的时候不要苛责孩子必须做个完美的人，很多家长不接受孩子犯错误，不接受孩子有一点违背常规的行为，这样的乖孩子、学霸，其实压抑了很多东西。因为优秀会被表扬，被羡慕，犯错会被指责，被羞辱，甚至被孤立，不被原谅，这导致了很多中国孩子都不敢犯错误，从小到大都顶着必须优秀的压力。用弗洛伊德的“本我、自我、超我”（见［奥］弗洛伊德著，涂家瑜、李诗曼、李佼娇译：《自我与本我》）理论来说的话，这样的孩子“本我”被压抑了，一直用“超我”活着，直到累到无法忍受甚至走上极端了，身边人都还不知道他们为什么要这么做。要从小把恶释放出去，要让孩子从小用平常心看待犯错，让他们知道每个人都会犯错，教给他们如何去承担错误，避免再犯，而不是把恶藏起来，让他活在压抑的自我、完美的人设中。所有完美的人设都是残忍的道德绑架。

一个人压抑的东西越少，他的心理就越健康。很多现代人的心理疾病跟内心的压抑有关系，是成长过程中被父母、老师“妄为”的结果。人性是动态的，恶是在不自然的对待中产生出来的错误，并不是天生的，也没有办法去给一个人的人性定性，关键在于怎么去疏导和转化那个恶。比如说如何对待小孩的破坏欲，我女儿小的时候特别喜欢把摞在一起的碗打碎，听到碗的碎裂声，她很开心。我的做法是让女儿去学武术，把她过剩的精力通过运动转移了，她就不再去搞破坏了。道理是要讲，让他们知道对错，还要让他们把多余的精力用到有益健康的事情上才能解决问题。

一切都是好坏相依的，我们不要二元对立地看，而应该看到二者之间的相互转化。所有的事物都是两面的，你太强化一面的话就会带来负面的作用。当你有为的时候，一定要知道所有的“为”都会带来副作用，就像吃药似的，吃药固然能治病，但是“是药三分毒”，药总会带有这样或那样的副作用，你吃得过多了，这个副作用累积到一块就非常有害了，人的修身同样如此。所以，圣人“处无为之事，行不言之教”，圣人会用“无为”的方式去治国，谨慎小心，全面看问题、处理问题。

下半部分的“生而不有，为而不恃，功成而弗居”就是一种“无为”的方式，你即使创生了万物也不能去占有，侯王不能把老百姓当作是自己的仆人，不能榨取老百姓的血汗，侯王是为老百姓服务的。让老百姓活得更好，这也是《老子》第四十九章讲的“圣人无常心，以百姓心为心”。今天我们做父母、做老师的人同样如此，孩子、学生不是你的，只是与你缔结了一段暂时的关系而已，借助你而生、而学，完成他们的一个成长阶段。人一旦觉得什么是你的，就容易为所欲为了。做任何事情都不要自认为有功劳，至少不要认为所有的功劳都是你的。

其实做好每一件事都是各种善因善缘成就的结果，所以不要占有，不要控制，不要争夺，功成而弗居，自然会被记住。

老子认为，即使有一天你成就了大的功业，也要功成身退。事情完成了，你能起到的作用就结束了，不要邀功请赏，否则会因为被人嫉妒而招致祸患。能坐到高处，也能重回低处，能人前显贵，也能隐居人后。能当宰相，也能做平民。能创造高光时刻，也能过平凡生活。道家有一个很重要的代表人物范蠡，他帮助越王勾践复国，但他深知勾践这个人可以共患难，不可以共富贵，于是就功成身退了，据说是带着美女西施一块走的。后来做生意也很成功，富甲一方，做得非常好，但他没有认为这些财富是他自己的，他把财富分给了父老乡亲，又去干别的了。这是真的通透，不为物役，体验过了就好。所以道家式的人物是很成功的，道家不是教人不努力，也不是失意时候的心灵鸡汤，而是教给你如何做人，如何真正地成功。范蠡在官场、情场、商场都是赢家，因为他拿得起，放得下，这才是道家，道家不是失败学，道家是更高级的成功学。

把事情做好了，我就隐退了，不要在台前再露面了，这是“无为”，一般人很难做到。“身后有余忘缩手，眼前无路想回头”，道家恰恰懂得给别人留余地，给自己留后路。《老子》第二章让我们看到了善恶相依，祸福相依，采取“无为”不仅是侯王治理国家的需要，也是我们普通人存生、养生所需的智慧。

事情做好了，个人价值就实现了，你的功劳自然也会被人记住，不需要去宣扬什么、彰显什么。

综上所述，老子看到了“有为”的做法表面上看是成功的、有效的，但可能是短暂的，危机四伏的。所以他主张“无为”，从根本上应对复杂的局面与人生的各种问题。对我们今天的启发主要在教育上，即无为的教育。如果太过有为，孩子从小就忙于追求各种名誉，在意外在的评价，这对他们的成长是一件不利的事情。荣誉这些纷纷扰扰的外物，会干扰着那颗清净的心。所以，我们要学习老子的“无为”，一定要知道，你做的任何事情它都是有反面的作用的，吃得太多会生病，做得太多会累心，占有的太多会迷茫，情感太多会伤身，财富太多会焦虑……这些都是生活上的“有为”处境。再好的东西过多了都不好。你做任何事情，过度地为都不可以成功，老子提出“无为”，对侯王以及我们每一个普通人都是有启发的。

第二十讲　高明的“为”不需要喊口号

老子讲“无为”主要是指不依赖名教法术这些外在的东西，而是让百姓保持质朴。老子主张“不尚贤，使民不争”，“不见可欲，使民心不乱”（第三章），因为上面推崇什么，下面就会争相迎合，使人心变得虚伪。一个正常的社会不需要太多的道德教化，而是需要“不言之教”，即在上位者以身作则。这对今人的教育方式有很多启示，比如应尊重孩子们不同的个性、能力、特点与成长节奏，保护孩子的自尊，不过分表扬，不过分提倡竞争，不排名，不歧视，不以应试教育代替人格教育。无论从国家的治理、公司的管理、学校的教育来说，“无为”都是值得学习的古老智慧。

我们已经把“无为”大概的含义和背后的哲理根据进行了

分析，那么“无为”到底是针对什么提出的？在后世又是怎么发展的？我们在本讲中继续分析。“无为”首先还是针对儒家的，《老子》第三十八章说：

> 上德不德，是以有德；下德不失德，是以无德。上德无为而无以为，下德为之而有以为。上仁为之而无以为，上义为之而有以为，上礼为之而莫之应，则攘臂而扔之。

这段话有三个关键句。第一句“上德不德，是以有德；下德不失德，是以无德”，“上德”是最高的“德”，不以“德”为“德”是不自恃有“德”，这才是真的有“德”；“下德”离不开“德”，总是刻意追求“德”，实际上是没有“德”的体现；第二句“上德无为而无以为，下德为之而有以为”，上德“无为”而不借助名号，下德“有为”而需要借助名号；第三句“上礼为之而莫之应，则攘臂而扔之”，这是说百姓对礼没有响应，统治者就拉着他们的胳膊非让他们信不可。这几句话揭示了“为”的五个不同的层次：

1. 上德：无为而无以为（无为且不借助名号）
2. 上仁：为之而无以为（有为但不借助名号）
3. 下德：为之而有以为（有为且借助名号）
4. 上礼：为之而莫之应（有为但无人响应）
5. 下礼：攘臂而扔之（强迫别人的妄为）

老子批评的主要是最后一个层次的“为”——妄为。我们先看这个第一部分，“上德不德”是道家思维的典型体现。“上德”就是“最高的德”，也有人译为“高尚的德”，其实这个“上”就是指“最高的”；“上德不德，是以有德”，真有“德”的人不用总是抱着“德”，彰显“德”，不会过分宣传他的“德”，这是高明的为。高明的“为”不需要喊口号。有德之人不会把这个“德”标榜出来，就像一个谦虚的人不会说“我很谦虚”，一个有学问的人不会说“我很博学”，一个善良的人不会说“我很善良”一样。当人标榜自己的德行时，这德行的真假就值得怀疑了。真正有道德的人不会自夸，他们会通过行为直接地呈现出来。在推行的方式上，真正有德的人不会整天去宣讲道德，而是注重身体力行，言传身教。

“下德不失德，是以无德”是说下等的“德”表现为不敢放下“德”，天天抱着这个“德”，因此这恰是无德的表现。如果有“德”，这个德行会自然而然地展现出来。“上德无为而无以为，下德为之而有以为”，“无以为”就是不假借什么名号的“为”，“有以为”就是打着各种名号的“为”。最高的“德”不会去打着各种名号如仁、义、礼、智，跟你宣讲，无德的人整天喊口号，这种口号就变得虚伪了，这是老子对那个时代的一些虚伪现象的批评。君王可以做很多坏事，但是，他还可以打着仁、义、礼、智的名义，说我很仁爱，我贯彻的是儒家的这一套，老子对这种虚伪形式看得非常透彻。在春秋末年的时候，老子所针对的是那些虚伪化的“德”，被利用的“德”，而不是人的日常生活中的这种德行。他这里是针对他所不能接受的那些君王的做法而讲的。

第三句“上礼为之而莫之应，则攘臂而扔之”特别形象，意思是你讲“德”还行，还要用一些口号来推行，反复地强调也还可以，更过分的是你讲的没人听，没人信，没人行，却硬拉着别人去遵从。这就是“攘臂而扔之”，它针对的是“礼”的推行。“礼”是通过外在的规范来束缚人，从而建构起整个社会稳定的秩序。老子批评的是它的推行、宣讲的方式，而不是“礼”本身。所以，“礼”也好，“德”也好，任何一种思想，你强制地推行或强制别人来信它，都会适得其反。所以河上公注解说“礼华盛实衰，饰伪烦多，动则离道”，外在的礼太多了，就离开了自然之道，比如各种烦琐的祭礼，以至于后来越来越严重的礼教，这些都是违背自然的。

在老子的时代，他就觉得这个“礼”伪饰太多了，周代原本的“礼”被破坏了或走向虚伪了。《老子》第五十三章曰：“朝甚除，田甚芜，仓甚虚，服文綵，带利剑，厌饮食，财货有余，是谓盗夸，非道也哉!”意思是宫殿非常奢侈，农田却很荒芜，仓库非常空虚。他们身穿锦绣华服，佩戴锋利宝剑，享受宴饮而不知满足，财富过多，这叫“盗夸”，这些人多么地无道呀。其对宫殿、穿着的描述，陆建华认为“是指责礼仪中的繁文缛节浪费了大量的钱财，荒废了农业生产，降低了政府的财政收入；礼的等级性，造成了财物分配的不均衡，导致了社会的极不正常的贫富悬殊；礼治使理想的统治者圣王明君质变、异化为掠夺民财的、穷凶极恶的强盗。”（陆建华：《先秦诸子礼学研究》）“礼”讲得太多了，表面上很华美，实际上没有意义。就像小学生见到老师时要行少先队礼，同时说“老师好”并鞠躬，这本是表达对老师的尊敬，但有的同学可能转过脸就开始说老师坏话，并没有在心里真正地尊重老师。“礼”不能保证你的心是真的，所以“礼”越多反而越导致一些虚伪现象的产生，这就是河上公所说的“饰伪烦多，动则离道”。

第三十八章的帛书本《德》篇在前，一开头就是对“德”的一个思考。“无为而无以为”是治理与管理中的最高境界，因为它不借助名号。“无为而无以为”，是说“有为”，但是不用借助名号，不打很多的旗号，这就像学雷锋做好事一样，你做好事悄悄去做事就好，不用大张旗鼓地说“我在学雷锋”。“为之而有以为”，就是你“有为”而且还打着名号去“为”，汲汲以求，最后发现你的目的不是培养你的善心，发扬你身上的善，而是为了应付一个要求，响应一个口号，这就是“形式主义”。最后一个是比较差的统治方式或管理方式，“为之而莫之应，则攘臂而扔之”，人家都不想响应你，你让别人去做，别人不做，你就强迫别人，把他拉过来硬说这样做有多好多好。真正的德行是保养自己的“德”而不外露。真正的“为”是不需要打任何旗号的。

这一章的下半段可以说是整个文明不断堕落的一个概括：“故失道而后德，失德而后仁，失仁而后义，失义而后礼。”老子说“失道而后德”，失去了这个“道”的原本自然的这个礼序，之后才出现了“德”，就是人已经违背自然了，人的机巧智慧太多了，那最后人就只好用道德，原本自然的那种秩序都衰落了，就变成“德”。“德”还是可以通过教化让人接受的，但是“失德而后仁”，“德”没有了之后，就推行“仁”了。“仁”的发端是恻隐之心，人的内心都有恻隐之心，懂得同情别人，但“仁”不能去强行推行。孟子说人“乍见孺子将入于井，皆有怵惕恻隐之心”（《孟子·公孙丑上》，见杨伯峻：《孟子译注》），说的是人突然看到一小孩要掉到井里，都会惊心、担心。这小孩不是你家亲戚，也不是你家邻居，和你没有利害关系，这担心是发自真性。它是随机发出来的，不是道德绑架或制度规定，所以可贵。它具有普遍性，因为人在没有准备的情况下的第一反应，最能见出人性的本来面目。

“失仁而后义”，一旦内在的这个恻隐之心失去的话，就只能靠“义”来维持人与人之间的关系了。“义”原本的意思是“宜也”，就是适合、适宜的意思。人与人之间有“义”，还算不错的社会，我们中国四大名著里面，有两个都是写“义”

的——《忠义水浒传》《三国演义》，甚至《西游记》里面，孙悟空对唐僧也有一个“义”字，不然他早就离开师父了。师父救过他，他不能说走就走，这不仅有师徒的情分，也有朋友的义气。这个“义”在中国传统中是特别重要的。一个人讲义气，才可交，相互信任，才能一起做事。“义”还是能保证道德上的公平的，你为我赴汤蹈火，我就为你两肋插刀，这叫兄弟，所以有情有义是中国人的传统美德。金庸的武侠小说为什么那么多人喜欢？因为武侠精神的内核就在一个“义”。“义”字当先，而非“利”字当先，让人感佩，让人羡慕。“义”是一种江湖精神，也是一个江湖规矩，它是人心上的一个公平原则。

《三国演义》的“桃园三结义”为什么成为了佳话？因为刘备、关羽、张飞三人没有血缘关系，见到了，相互欣赏，目标一致，就结拜了，为了一个“义”字，不求同年同月同日生，但求同年同月同日死，非常感人。对曹操这样“宁可我负天下人，不可叫天下人负我”的狠人，关羽都可以做到“华容道义释曹操”，仅仅因为曹操曾经厚待过他。这就是有气概，有气度，有智慧。中国传统美德的“义”可以说是让人荡气回肠的，也是传统道德容易在民间保存下来的原因之一。“仁”是内在的，不好评判，“礼”是外在的，仪式、仪轨没有了，“礼”就没有了。但“义”既有内在的真情，又有外在的道德监督，一个“无情无义”的人会被唾弃的。“义”的美德不是靠血亲，也不是靠伦理道德，更不是靠刑法来建立的，而是靠人与人之间的信任，靠一个人自身的品格来担当的。“义”的背后有诚实，有责任，有善良，所以说这样的社会还是个不错的社会。

今天的社会在哪个层级呢？不在《老子》讲的“道、德、仁、义、礼”的层级，而在“法”的层级。今天我们是法治社会，不是礼乐社会，也不是仁义社会，也不是道德社会。我们的核心价值观在弘扬这些，这是一个希望、目标、方向，是在法律保证公平的基础上的更高要求。“法”是法家崇尚的，不违法，成了今天做人的最后底线，这离孔子讲的道德社会，老子讲的自然社会都还很远，所以我们需要不断地反思，不断地重温经典，找准今天社会的问题，实现更高的目标，真正让我们的核心价值观变成每一个人的自我要求。

王弼解释《老子》说“仁”是内在的，“礼”是外在的。内在的东西你去“为”，都会有虚伪，更何况是外在的呢？刻意去做出“仁”都虚伪了，刻意去遵循“礼”，不是更虚伪吗？你连内在的“仁”都没有了，“忠”也没有了，“信”也没有了，道德太稀薄了，所以社会就更混乱了。究其原因，“前识者，道之华而愚之始”，人有各种偏见、私心、欲望，所以“道”就被浮华所遮蔽了即后来庄子说的“道隐于小成，言隐于荣华”（《齐物论》）。所以“无为”是针对虚伪的、失去了自然的“礼”。失去道德的要求和公平公正的法则之后，在这样一个战乱、浮华的社会，老子提出这个“无为”是有意义的。

“无为”对虚伪的形式主义的批评是一针见血的，它主要针对的是“慧智出，有大伪”的现象。人的机巧智慧越多，就越容易变得伪。那么我们今天再来看王弼的注释，他除了针对儒家，还针对诸子中的其他家来发论。“故上仁为之而无以为也”，如果爱是没有偏私的话，就不用刻意地去“为”了，也不用打着各种旗号，很张扬地去“为”了。遍施仁爱就可以了，对所有人都好，这是一个侯王应该做的。从这一意义上说，“无为”是用“无心之心”去为，你自然而然地对百姓好，以百姓心为心就行了，这是老子、庄子与王弼共同的政治理想。

第二十一讲　不要扰乱人们的正常生活

老子讲的“无为”对今天的生活有很多启发，尤其对我们今天都关心的教育问题。所以我们这里不妨再引申一下。今天很多家长几乎包揽了孩子所有的事，代替孩子做所有的选择，小到吃什么穿什么，大到上什么兴趣班，考什么专业，选什么学校，甚至成人之后找什么样的工作，爱什么样的人，生几个孩子……这样的结果是很多人根本不知道自己喜欢什么，热爱什么，有选择焦虑症，不懂得如何为自己的选择负责，依赖别人，活成“巨婴”，这究竟是父母之错，还是社会之悲？老子讲“长而不宰”，就是提醒人不要宰制。侯王不宰制百姓，家长不宰制孩子，老师不宰制学生，一切都在正道上。王弼三十八章注曰：

爱之无所偏私，故上仁为之而无以为也。……不能无为而贵博施，不能博施而贵正直，不能正直而贵饰敬，所谓失德而后仁，失仁而后义，失义而后礼也。……夫仁义发于内，为之犹伪，况务外饰而可久乎。故夫礼者，忠信之薄而乱之首也。前识者，前人而识也，即下德之伦也。竭其聪明以为前识，役其智力以营庶事，虽得其情，奸巧弥密，虽丰其誉，愈丧笃实。

王弼同时也说“仁义发乎内，为之犹伪，况务外饰而可久乎”。仁义之心是一个人的内在的表现。恻隐之心、仁爱之心、善良之心，这是一个人最内在的感情，装不出来的。如果你刻意去“为”的话，都容易虚伪。“伪善”的人也就是我们说的伪君子。王弼说，“仁”这么内在的德行尚且难以保证真实，更何况外在的“礼”呢？人在“礼”中就更容易作假了。很多人遵循“礼”，完全是为了功利，为了迎合别人，随波逐流。法国作家勒庞说：“在权力之源不断遭到革命摧毁的残垣之上，似乎这股崛起的群体力量注定不久将把其他力量纳入自身体系。当我们古老的信仰解体消亡时，当古老的社会之柱一根根倾倒时，群体力量是一股势不可挡的力量，且日渐壮大。事实上，我们即将要进入的就是群体时代。”（［法］勒庞著，高山译：《乌合之众：大众心理研究》）今天我们已经身处勒庞说的“群体时代”了，但这个“群体”不能是“乌合之众”，而得是由一个个能独立思考的个体组成的“群体”。

王弼在《老子指略》里面说：“儒者尚乎全爱，而誉以进之。墨者尚乎俭啬，而矫以立之。杂者尚乎众美，而总以行之。夫刑以检物，巧伪必生；名以定物，理恕必失；誉以进物，争尚必起；矫以立物，乖违必作；杂以行物，秽乱必兴。”他认为儒家、墨家、杂家、名家等等都有它的问题，太过强调某一个口号，某一种主张，就会造成人的反感，滋生虚伪之心。因为迎合一个口号是能获得利益的，大家为了利益就变得虚伪了。所以道家认为各家的思想表达出来就行了，不要过分去宣扬。

《老子》第五十七章曰：“以正治国，以奇用兵，以无事取天下。”老子指出，治理国家就要用正道，用兵则要用奇兵，出其不意，出奇制胜。打仗的时候可以用招数，但对老百姓不能用招数，老百姓是侯王服务的对象，不是敌人，只能用真诚，不能用机心。做侯王的目的就是让老百姓过好，而不是剥削老百姓。“以无事取天下”就是不要发动太多的战争，不要去征收苛捐杂税，这样才能够让天下人都活得好，得到天下人的爱戴，这是这一章前面讲的，后面说：“民多利器，国家滋昏；人多伎巧，奇物滋起；法令滋彰，盗贼多有。”这个话说得很严重，很犀利。老百姓手里拿的这些利器，这些稀奇古怪的东西太多了，国家就混乱了；人有很多的技巧和奇物，奇物也就是新奇怪诞之物，这种东西越多，说明人性越乱；法令太多，规定诸多事项不能做，你想单纯以法来规范老百姓肯定是不够的，法令如果规定的太过细枝末节的话，动辄就抓去判刑，那盗贼就会更多，他们反而会变得更坏，这也是我们所谓的“道高一尺，魔高一丈”。王弼《老子指略》说：

> 观其齐同，则谓之法；睹其定真，则谓之名；察其纯爱，则谓之儒；鉴其俭啬，则谓之墨；见其不系，则谓之杂。随其所鉴而正名焉，顺其所好而执意焉。故使有纷纭愦错之论，殊趣辨析之争，盖由斯矣。

王弼认为法家、名家、儒家、墨家的手段不是不可以用，重要的是要用得到位，用到真切处，这是圣人才能做到的。如第五十七章说的“我无为而民自化，我好静而民自正，我无事而民自富，我无欲而民自朴”，这四句话概括力非常强，而且完全是对偶的。“我”指侯王，如果侯王能做到“无为”的话，老百姓就能自我化育；侯王好静的话，老百姓自己就能走正道。侯王如果带头贪的话，还想底下的大臣不贪吗？大臣都贪，还想一个小吏不贪吗？小吏都贪，还想普通的老百姓不贪吗？所以，上层腐败，下面就会更加腐败。作为治理者、管理者，少一些欲望，少一些贪心，老百姓才能正常过日子。

“我无事而民自富”是说我不要用那么多的事来烦扰老百姓，老百姓才能过正常的日子。国家的劳役太多，老百姓的日常生活、生产和正常的生活节奏就被打乱了，这样的话老百姓肯定过得不好。侯王首先要做到的就是不要扰乱老百姓的正常生活。所以老子说“我无欲而民自朴”，侯王的欲望少一点，老百姓自己就会过得比较朴实一点，也能保持住他们自然的天性。所以这四句话虽然侧重点不同，但都是表达了老子的“无为”的观念。其既是针对“有为”的统治者而讲，也是针对儒家、法家、墨家等其他家而讲，各种名号只会扰乱人心。

老子看到了任何事物都有正反的两面，所以在治国观念上非常严谨小心。如果侯王太有为，瞎折腾，老百姓就不会安宁。这种太多干涉的“有为”，在今天的孩子的养育与教育中经常发生。这就是我们说的“爱暴力”的问题。爷爷、奶奶、姥姥、姥爷、爸爸、妈妈六个人伺候一个孩子的话，孩子就可能会被惯成“巨婴”。一个人的选择与承担能力是要靠一步一步一点点积淀的，不是说到十八岁就一下子有能力了，因此从小就要让孩子学会自己的事自己做。我经常看到老人追着孩子喂水果，喂水，孩子不饿，不渴，老人还要拼命喂，这就是网上流行语“有一种冷叫奶奶觉得你冷”，孩子自己的感受常常就被忽略掉了。年轻的父母则让孩子报各种类型的兴趣班，尽管已经“双减”了，但非文化课的兴趣班依旧很多，孩子的时间被填满了，只知道不停地去上课，就像演员跑通告一样，缺少反刍吸收知识的时间，也缺少玩耍与锻炼的时间。这样的孩子，怎么可能身心健康地发展？内心又怎么能快乐？父母太过“有为”，孩子就太过依赖他人，人格的成长就非常艰难。

我曾经给一个大学的本科生做过一场道家讲座，有个学生提问的时候突然哭了，他说他就没有办法做“真实的自己”，因为他的学校、专业都是他爸妈给他选的，父母觉得必须上211、985，专业必须是热门的、好找工作的，结果自己既不热爱，也不擅长。一学期选了十门课，不仅没有时间做热爱的事情，而且这些课的考试想通过都很难。我听了就觉得他们太难了，父母完全想象不到，孩子即使上了大学，在高压下也不过就像上了高四、高五而已，教育上的太过“有为”，导致了孩子不自然地生长，即使他们看起来成功了，其实就如庄子《齐物论》说的“其成也，毁也”。毁掉的是他们成长的机会、成熟的节奏、成人的过程。他们成为了工具，成为了机器，成为了内心不快乐的人。

从教这么多年，也有听完了我的《庄子》课毅然地换专业的同学。他们现在很多都在国外读博士了。他们转专业要多上一年学，付出比别人更多的代价，但他们有勇气选择自己喜欢的专业，后来继续考研、考博，就非常让人欣慰。这样的学生后劲特别足，因为热爱是最好的动力，只有尊重孩子自己的内心的想法、自主的选择，才能看到他们奔向真正属于自己的前程。就《老子》而言，他主要针对的不是个人，不是父母，而是侯王，但道理是一样的，老百姓就是侯王的孩子，侯王的治理就是要“天下皆孩之”，通过“无为”让老百姓保持单纯。任何太过“有为”的做法都不是在帮助别人，而是在扰乱别人正常成长与生活的时序。

《老子》第四十八章曰：“为学日益，为道日损。损之又损，以至于无为。”“无为”的过程与境界一目了然。学习是加法，为道是减法。不断减损掉自己多余的欲望，生活中多余的东西，“断舍离”掉不需要的物品（[日] 山下英子著，王珊译：《断舍离》），就到达“无为”的境界了。这种“无为”带来的效果是“无不为”，而不是做不好。“无不为”，就是做任何事情都能做好。

推荐大家看一个视频短片——《毕加索与公牛》，只有 9 分多钟，它讲的是毕加索画牛的过程。毕加索画了很多稿，一开始比较写实，画的就是我们日常看到的这个牛，有骨骼、肉、四肢、牛角等等。毕加索不停地画，他可能一直在想到底什么是牛呢？如何用画表达出什么是牛呢？他把画上的牛的肉都拿掉，只留下骨架，只有最简单的线条。在最后一幅画里，我们看到的就是最简单的元素，只有几笔简单的线条勾勒出的牛，但是有身体，有牛角，有牛尾巴，有生殖器，这就是牛的全部，看似简单，却什么元素都有了。这就是“大道至简”。他一点点去掉牛的那些不重要的笔墨的过程，就是“为道日损”。

如同短片中所说的，毕加索把牛身上的肉都给店铺的那些家庭主妇们，留下的是牛本身，即牛之为牛的全部要素。因为它简单，所以它可以千变万化，大的牛，小的牛，胖的牛，瘦的牛，棕色的牛，黑色的牛……你能想到的牛都可以从中变化出来。正是这个最简单的牛让他领悟了，原来这是儿童就可以画出来的。毕加索放弃所有技巧与脑子中现成的概念时，他反而画出了自己最想要的牛，简单的东西才能千变万化，这就是“无为而无不为”的道理。

“无为”的人是信奉“黑夜”而非信奉“光明”的人，他们居于幽暗之中观察着“白昼”，用清醒、批判而悲悯的眼光看世界。法国当代作家布朗肖就是一个例子，他一生行事低调，默默无闻，不接受采访与摄影，只留下四张照片，但他的作品影响了整个法国当代思想，对法国许多大哲学家与作家都有影响，如巴塔耶、列维纳斯、萨特、福柯、罗兰·巴特、德里达等。布朗肖《死刑判决》的译者汪海先生说：

> 那些拒绝进入知识的，拒绝袒露秘密的，拒绝被照亮、被看到的，拒绝被命名、被分门别类的，拒绝证明自己价值的，拒绝被使用的，拒绝跟随历史前进车轮的，拒绝融入整体的，拒绝权力的，拒绝行动、拒绝介入的存在，在这个由理性、秩序、工作和行动打造的白昼行世界里是没有位置的……在这一白昼的疯狂里，布朗肖相信，文学作为黑夜与混沌的守护者，作为一切非存在的同路人，站在

> 白昼的边缘，它将语言从世界中抽出来，将语言与一切会把它变成一种权力的东西分离开。([法] 布朗肖著，汪海译：《死刑判决》)

这正是“道”的不起眼处，是“无名”的状态，是“知其白，守其黑”的原因。今天人们太过迷失在人为建造出的“白昼”中，去追求可见的、可数量化的，为了达到一个一个“白昼”所要求的“目标”而费尽心神、竭尽全力，“与物相刃相靡，其行尽如驰而莫之能止”(《庄子·齐物论》)，而忘了“黑夜”才是完整的、混沌的、真实的、二元未分的。“无名”，就是对这种完整性、混沌性的心灵生态的保护。道家哲学与法国当代哲学有这样的偶合之处，非常玄妙，也令人欣慰。

第二十二讲　君无为而臣有为

"无为"要达到的效果是"无不为"。那么，作为侯王，具体如何做到"无为而无不为"呢？侯王应该具备什么样的"德"呢？"道"创生了万物，"德"就是得到"道"，得之于自然。王弼也认为老子的"德"是"得"的意思。因此，这个"得"是一种内心对"道"的领悟，而不是儒家意义上的"德"。道家的"德"是符合天道的行为，也是遵循天道的品性。最高的道德不是仁义礼智，而是效法自然、上善若水、有容乃大。"德"是取法天道，学习圣人，成就一种淡泊、包容、柔和、不争的为人处世的境界。在今天这个讲究利益、效率、实用的时代，非常值得深思。庄子的无为思想继承了老子，庄子后学又发展出了"君无为而臣有为"的治国思想，外杂篇中多处出现：

古之畜天下者，无欲而天下足，无为而万物化，渊静而百姓定。(《天地》)

无为也，则用天下而有余；有为也，则为天下用而不足。(《天道》)

何谓道？有天道，有人道。无为而尊者，天道也；有为而累者，人道也。主者，天道也；臣者，人道也。(《在宥》)

“无为”的思想到庄子后学那里演变为“君无为而臣有为”，《天地》篇曰：“君原于德而成于天”，君王就是领悟“道”的有德之士，最终成于天道自然，即用“自然”的原则、“无为”的方式治理百姓，又曰：“无为而万物化，渊静而百姓定。”君王实施无为，万物自身能自然地演化，君王保持内心的安静，老百姓自己就会安定。作为君王不要做得太多，不必事必躬亲，凡事亲力亲为，而要放权给大臣们去做。君王是主，只需要掌握天道就行，要制定符合自然原则的最高策略，具体的让大臣去实施，这样既是放权，也是给自己虚静养生的机会。

当今世界上很多领导人都奔波于各种繁忙中，主动而不主静，他们要出席各种会议，还有各种参观、访问、交流等等，需要抛头露面，事必躬亲。庄子则认为侯王是运筹帷幄之中，决胜千里之外的，你只需要在策略上做好就行了，不需要具体去做事。今天，电视媒体的发明，使得很多西方国家已经具有

“政治娱乐化”的危险了（[美]尼尔·波兹曼著，章艳、吴燕莛译：《娱乐至死》）。古代君王了解民情可以通过微服私访，听听民歌，看看民俗，今天国家领导的形象世人皆知，所以也无法采取这样秘密的方式进行。如果是事先安排好的考察，地方知道上级要来了，反而不利于了解真实的民情。《诗经》就是在采风中了解到的老百姓的生活状态。老子认为，作为统治者或管理者就要尽量地减少活动，保持好自己的清静之心，运用自己的智慧，制定正确的决策。所以《庄子·天道》篇也讲“上必无为而用天下，下必有为为天下用，此不易之道也”。君王是“主”，“主”就是要用人的，而臣是被用的，君臣分工非常明确。

《庄子》外杂篇是后学写的，夹杂了一些法家、儒家、黄老的思想，但作为内篇的《应帝王》篇已经讲到了“内圣外王”的思想，圣人即理想的统治者，圣人需要做的是修养自己的内心，这样才能治理好国家。庄子提出圣人要“用心若镜”、清静无为，也隐含了让臣子去具体做事的意思。刘笑敢先生说，“君无为，臣有为”就是“对于君主来说可以藏拙掩愚，对于臣下来说必须尽职尽责，对于国家来说意味着限制独裁，君无为而臣有为不失为是政治思想史上一个非常有特色的学说”（刘笑敢：《庄子哲学及其演变》）。君主自称“寡人”“哀家”，就是把自己定位在一个孤独者的角色上，他们掌握了治国之道，制定国家政策，让大臣们去具体做事，从决策者的身份来看，他们确实是孤独的。君王只需要保证自己头脑清醒，掌握正道。君王需要善待自己手中的权力，要能下放给大臣，让大家各尽其能，各尽其职。大臣也要善待自己手中的权力，既实际做事，鞠躬尽瘁，又能监督权力，限制独裁。这样君才能治理好国家，被万民称颂，成就一生功业，被百姓拥戴。

“无为”的观念到了王弼那里，变成了尊“天道”，存“形名”、批“礼教”、倡“自治”的一套完整的思想。其曰：

> 不能无为，而贵博施；不能博施，而贵正直；不能正直，而贵饰敬。……守母以存其子，崇本以举其末，则形名俱有而邪不生，大美配天而华不作。(38 章注)
>
> 甚美之名，生于大恶，所谓美恶同门。六亲，父子、兄弟、夫妇也。若六亲自和，国家自治，则孝慈、忠臣不知其所在矣。(18 章注)
>
> 夫燕雀有匹，鸠鸽有仇；寒乡之民，必知旃裘。自然已足，益之则忧。故续凫之足，何异截鹤之胫；畏誉而进，何异畏刑？(20 章注)
>
> 利器，利国之器也。唯因物之性，不假刑以理物。器不可睹，而物各得其所，则国之利器也。(36 章注)

王弼尊重天道，认为侯王应该顺应天道，才能治理好百官，百官治理好民众。“道”是根本，是母。但是“形名”也不能完全没有，比如君君臣臣、父父子子这样的伦理中的名称还是需要的，只是不能规定为单向的服从关系，像后来讲的“三纲五常”。王弼看到了循名责实的重要性，并不排斥用“名”，但有主次之分，“道”为母，“名”为子；“无”为母，“有”为子；“无为”为母，“礼法”为子。“无为”是关键，是根本，在“无为”的主导方式下，取“礼法”为补充。“无为”是“道”的层次，“礼法”是“术”的层次。“礼法”不能变成礼教、名教，那样就走极端了，就会流于形式。后来魏晋风度就是对礼教的反抗，典型的代表就是嵇康，他提出“越名教而任自然”（《释私论》，见［魏］嵇康撰，戴明扬校注：《嵇康集校注》），形成了中国文化史上道家对儒家异化的最重要的一次反抗，对天性的解放与个体自由的争取有重要意义，一直影响到今人对自己生存处境的思考。

王弼同时提出，好的时代“六亲”一定是和的，“六亲”是家庭关系中的几个重要的伦理维度。“六亲”和了，国家自然就和了，没有必要去刻意作善恶的二元对立，扬善去恶。“无为”在中国历史的很多阶段都得到了采用，并且达到了非常好的效果，比如汉唐。汉代休养生息用的就是道家的“无为”思想，吴兢的《贞观政要》记载唐太宗李世民对边疆少数民族采取“和”而尽量不采取“战”的方式，这也是“无为”。《君道》记载：

> 君人者，诚能见可欲则思知足以自戒……总此十思，弘兹九德，简能而任之，择善而从之，则智者尽其谋，勇者竭其力，仁者播其惠，信者效其忠。文武争驰，君臣无事，可以尽豫游之乐，可以养松、乔之寿，鸣琴垂拱，不言而化。何必劳神苦思，代下司职，役聪明之耳目，亏无为之大道哉！（[唐] 吴兢编著，王贵标点：《贞观政要》）

魏征此言包含了深刻的儒道思想，尤其是道家“无为”的思想。“十思”很高妙，主要来自儒家，《论语·季氏》曰：“君子有九思：视思明，听思聪，色思温，貌思恭，言思忠，事思敬，疑思问，忿思难，见得思义。”孔子对君子之德的阐发，其高妙处不在“思”的内容，而在“思”的方式。“思”不是“思考”“考虑”，而是立刻想到的意思。“思”不是固定的原则，而是极富时机化的做人方法，即在什么情况下、什么处境下就“思”什么。其体现在随时随地、行走坐卧中，与西方的伦理规范十分不同。这样的人洞察天地与社会规律，知道死的规则只会限制人，而不会“成人”，即将人塑造成真正的人。视、听、触、行是一天二十四小时的事情，要时时在意，严格自律，才能达到至高的境界。

见到“可欲”之物就应该立刻想到制止这个欲念，戒之慎之，适可而止，这样才能不乱本心，故曰：“见可欲则思足以自戒”。《老子》第三章曰：“为无为，则无不治。”第三十二章曰：

“知止可以不殆。”魏征则更进一步说：“将有作则思知止以安人。”刚刚要“有为”，就要立刻想到停止，这样百姓才能安生，皇上切不可劳民伤财。《老子》第四章曰：“道冲而用之或不盈。”第十五章曰：“保此道者不欲盈，夫唯不盈，故能蔽不新成。”作为至高的皇帝，当然应该隐藏一下自己的光芒，而不追求小成就，表现用在人事上，即是谦虚为下，不可盈满。故“念高危则思谦冲而自牧”；《老子》第九章曰：“持而盈之，不如其已。揣而棁（锐）之，不可长保。金玉满堂，莫之能守。富贵而骄，自遗其咎。”故“惧满溢则思江海下百川”。自古不乏强大之人，但能放下自己的不多。可见，唐太宗“十思”之思维取法儒家，“无为”玄德得益于道家。当然，道家思想在古代治国上的运用不只唐太宗这一个案例。

总的来说，“道”是自然无为的，“德”是“道”的具体体现，在政治上体现为“君无为而臣有为”。“德”是对“道”的实践运用，“无为”是“德”的重要内容。我们接下来会进入对“德”的进一步阐释。具体包括三个方面的内容，第一是“德”在《老子》中究竟是什么含义；第二是人“修道成德”的过程是什么样的，“得道”之人又是什么样；第三是人与“道”的关系是什么样。

第二十三讲　占有什么，便失去什么

《老子》第六十四章讲“辅万物之自然，而不敢为”，尊重万物自然的本性，不敢胡乱作为，第六十七章曰：“我有三宝，持而保之，一曰慈，二曰俭，三曰不敢为天下先。”可见，“不敢为”是老子最看重的三样品德之一。“不敢为”当然不是能力不够，也不是畏惧什么，而是不能弄不清状况就“为”。要先了解情况，考虑到任何事情的阴阳两面，避免“有为”可能带来的负面影响，这是一种谨慎的“为”、符合“道”的“为”，也是不干涉万物的胸怀与智慧。老子让人先观察，明白事理，洞察规律，再采取行动。任何事情都是变化的，任何事物的存在都有它的合理性，要整体、全面、变动地看，才能做出适当的行为，这是理性的态度，也是对万物的尊重。

我们来具体考察《老子》之“德”的含义。《老子》第三十八章曰：“上德不德，是以有德；下德不失德，是以无德。”这一章前文在讲“无为”的时候讲过，王弼对这一章的注大约有1 200多字，可见他对这一章的看重。王弼说：“德者，得也。常得而无丧，利而无害，故以德为名焉。何以得德？由乎道也。”“德”是“有所得”的意思，牟宗三把它翻译为“vision（眼界）”，即获得、领悟道而具有的眼界、心胸、境界。在《老子》中“道”与“德”处在对等的位置，帛书本上篇为“德”，下篇为“道”，“道”是从天说，“德”是从人说。“德”是“道”在人身上的体现。王弼说：“不德其德，无执无用，故能有德而无不为，不求而得，不为而成，故虽有德而无德名也。”真正有德的人不以“德”为“德”，不自恃有“德”，不刻意追求，自然而然达到道家的“德”，但没有“德”的名。此“德”不需要任何名号。如《老子》第六十五章所说：

> 古之善为道者，非以明民，将以愚之。民之难治，以其智多。故以智治国，国之贼；不以智治国，国之福。知此两者，亦稽式。常知稽式，是谓玄德。玄德深矣，远矣，与物反矣，然后乃至大顺。

很多人认为这一章说的是老子的“愚民”政策。首先，愚民的目的必然是为君王自己的利益服务，但是老子笔下的君王是“以百姓心为心”，是把百姓当孩子一样，而不是为了榨取老百姓，获得利益。其次，治国者的措施保证对老百姓好就可以，不需要全部让老百姓知道，他们知道了可能也理解不了。最后，老子这里的“愚”不是欺骗的意思，而是指不刺激老百姓的欲望，让他们没有机心，保持质朴的意思。古代善用“道”治国的人，不是什么都告诉老百姓，而是让他们保持内心的虚静。宋代林希逸解释说：“聪明道之累也。圣人之教人，常欲使之晦其聪明，不至于自累”（[宋] 林希逸撰，黄曙辉点校：《老子鬳斋口义》），愚就是少一些机心，少一些聪明，保持单纯，圣人如此，教化老百姓也如此。这里讲的是让老百姓去掉机巧智慧，以免聪明反被聪明误，累己累人。清代朱谦之引成玄英疏曰：“外若愚昧，不耀于人，闭智塞聪，韬光晦迹。”意思是善于把握“道”的人不显耀自己，韬光养晦，所以，他们也不会刺激老百姓，让他们明争暗斗、争名夺利，他们隐藏起自己的智慧，希望老百姓也能保持天真。这是韬光之德，不让自己太有锋芒，身心疲惫，而不是蒙骗老百姓。

老子认为统治者如果无德的话，就会用机巧智慧来治国，这是小道。要小聪明只会让国家的“贼”更多，使老百姓过得不好。以“无为”治国，就不会折腾老百姓，不会使他们走歪门邪道，给老百姓做个榜样。“稽式”就是法式、法则的意思，知道这个法则，才是深远的德行。“与物反矣”的“反”就是“反其真也”，和事物一起回到事物本真的样子，而不是去干涉事物。所以，与万物相处得越好，越亲近“道”，你的“德”就越深。

“德”在《老子》中有三种表达：“德”“玄德”“常德”。第三十八章“失道而后德”的“德”，我们刚刚讲过，是“得之于道”的意思。你修得了多少“道”，领会了怎样的“道”，就有怎样的“德”。“德”体现在你是否自然，是否真性，是否做事符合天道，而不是说你是不是做到了忠孝仁义。当你按照天道行事，用自然的感情处事，自然能做到忠孝仁义。道家是从这个角度来谈“德”的。

“玄德”在第五十一章，即“生而不有，为而不恃，长而不宰，是谓玄德”，“玄德”是深远的“德”。“生而不有，为而不恃”，是说即便是你创造的，也不能占为己有；即便是做了有益的事，也不能自持有功。今天“占有式思维”很常见，想尽快拿到资源，尽快看到成效，尽快变现，尽快转化为成果，尽快被人认可……生活中渗透了“占有”的思维而不易察觉。比如去旅游的时候，我们忙于拍照打卡，忙于发朋友圈，尽快刷存在感，尽快“昭告天下”自己的收获，其实那真是收获吗？再美的风景，也只是变成一张张扁平的照片而没有进入内心，这种“占有”可能是自欺欺人的“拥有感”，而不是真的拥有。对大自然的美景不是体验、享受，而是走马观花式地看过。如果一个人在风景优美的地方静静坐一下午，收获可能要比发个朋友圈多得多。试想庄子“濠上观鱼”如果是为了发朋友圈，哪里还有“濠梁之辩”？苏轼《前赤壁赋》说：“唯江上之清风与山间之明月，耳得之而为声，目遇之而成色，取之无尽，用之不竭，是造物者之无尽藏也。”不用花钱买的大自然才是我们取之不尽用之不竭的财富，只要与自然相遇，我们就拥有它了，而不用把它变成照片展现给别人看。

其实，你想占有风景的时候，你已经无法欣赏风景了。你想占有什么，就失去什么。你想要抓住“道”的时候，“道”不在；你想要自然一点的时候已经不自然；你想占有爱，爱就没了；你想占有美，美就远了……人生中能体验到的一切根本性的东西都是非对象化的，都需要你处于没有目的、没有野心的状态。这样本真地领会它，让它占据你的心，而不是占据你的朋友圈。今天我们有了手机，占有更加容易，无用信息远比真理要多，它无时无刻不在占有我们宝贵的时间，甚至污染我们的心灵。我们关注各种公众号，下载各种电子书，看各种网上的文章，浏览五花八门的短视频，但是我们真的拥有它们吗？我们真的留下有价值的东西了吗？很多人觉得我看过了，吃过了，学过了，走过了，打卡过了，就是拥有了。渐渐地人们就习惯了不走心，三分钟热度，活在表面的充实感中。就如一本书的题目“你只是看起来很努力”一样，我们只是看起来很富有，很充实。这种占有，恰恰是失去了对事物真面目的思考与洞察，失去我们经历世事的真正收获。

所以说，老子的“不占有”是一种高级的思维，它是一种德行，也是一种审美的境界，更是一种真正能获得生命意义的智慧。《老子》第六十五章说“玄德深矣，远矣，与物反矣，然后乃至大顺”，这里的“反”是返回的意思，与物返回到物的本性上去，而不是违逆万物的本性，占有与控制万物。返回到物的本性上去，人与物的关系才是顺的。物回到物，人回到人，“乃至大顺”，也就是达到真正的顺畅、和顺。《庄子》中的“濠梁之辩”讲的就是这种“与物反矣”的状态。庄子看到鱼从容不迫地在河里游来游去，为什么快乐？那是因为鱼顺了，人也顺了，鱼活在鱼的天性中，庄子活在庄子的天性中。此时，鱼儿生活在河中，而不是出现在金鱼缸或案板上，人看鱼的时候也没有任何目的。鱼在水里游是鱼的本性，庄子悠闲地在桥上看鱼，是庄子的本性。各自都是自然的状态，所以，庄子觉得快乐。庄子看鱼时，对鱼没有任何功利的想法，各自都在自己的真性之中，所以有“乐”可言。

惠子说“子非鱼，安知鱼之乐”，他想的是人与鱼能否互相感应以及“乐”这个概念的内涵与外延问题。庄子直接怼回去说：“子非我，安知我不知鱼之乐？”你又不是我，你怎么知道我不知道鱼的快乐呢？两个人不在同一个状态，也不是用的同一种思维，惠子其实是庄子与鱼同感共通这一非对象化时刻的破坏者。在庄子的视野中，人与鱼之间可以“物化”而通，人与人之间却因为思维不同而永远有隔阂。在庄子看来，“天地与我并生，万物与我为一”，我与鱼本就是一体的，各自呈现自己的真性，所以能共乐。这段对话看似抬杠，其实是庄子借惠子的形象表达自己的观点。庄子是“无我之境”，与鱼同在，心与鱼游；惠子是“有我之境”，一开始就将我与鱼对立起来，用认知的思维去谈快乐。前者是物我不分的“非对象化”的境界，后者是二元对立的“对象化”的境界。前者是诗性的，后者是理性的。

人顺着鱼的本性才有快乐，由此扩充出去，可见人顺着万物的本性，才是道家主张的德行，也就是“玄德”。所以“玄德”是针对人与外物的关系来说的，对待万物，我们不要去异化它、把它当作敌人去战胜它，而要顺着它的本性，各得其所，才能有益人类。

有一位美国的博士留学生跟我说过一句非常有趣的话：“现代人满眼都是欲望，看到动物就想到吃，看到美女就想到色，看到什么都想占有。”这是对“占有”思维的生动描述，“占有”思维的根本原因就在于欲望。人太贪婪，所以什么都想占有。相反，“不占有”的思维高级在能控制自己的欲望，不作妄想，不是用外物来满足自己的贪欲，而是与外物和谐共处，和谐而快乐。如果不学“道”，欲望是停不下来的，一个满足了，瞬间空虚，另一个欲望随即生起，一个接着一个去满足，耗尽心神，就是《养生主》说的“以有涯随无涯，殆已”。学“道”在行为上的体现就是“德”，最深远的“德”就是“玄德”，即尊重万物本性，不加干涉，不占有，不宰制，不居功自傲。所以，越是富有的人越朴素，越是高贵的人越温和，越是成功的人越是谦卑，越是无求的人越是快乐。

《老子》第二十八章则讲了“常德”。“常”是“恒常”的意思，“常德”就是恒久之“德”。《老子》第一章说“道可道，非常道”，“常德”对应的是“常道”。因此，“常德”在《老子》中处于很高的位置。恒久的“道”体现为圣人的恒久的“德”，那恒久的“德”是什么样呢？《老子》第二十八章说：“知其雄，守其雌，为天下谿。为天下谿，常德不离，复归于婴儿。知其白，守其黑，为天下式。为天下式，常德不忒，复归于无极。知其荣，守其辱，为天下谷。为天下谷，常德乃足，复归于朴。”前三句押韵，并且全是对反的，是老子“阴阳思维”的很好的代表。那什么是恒久之“德”呢？就是你永远不能离身，要常常陪伴身边的这个“德”。这个“德”让人回到婴儿，回到无极，没有穷尽，最终回到朴素的状态。“知其雄，守其雌，知其白，守其黑”，知道阳的一面，要能守住阴的一面。正因为知道阳，所以能更好地守住阴的一面。白，代表白天、太阳、科技、理性、强大等；黑，代表黑夜、月亮、诗意、感性、直觉、柔弱等。我们知道这些强大的东西有同样可怕的负面作用，因而需要守柔。

儒家讲的“有为”，名家讲的“名”，法家讲的“奖罚”，这些都是老子意义上的“白”，是用来强大自身、战胜别人的武器，但老子恰恰要用柔弱的方式，拒绝被照亮，被战胜，这样才能守住素朴的本性。看到“有”的那一面，回归到“无”的深刻中去；看到了白的亮的白天，能身居在黑暗中保持好自我，始终能保持婴儿的那种天真的状态。

这几年网上流行一句话：“出走半生，归来依旧是少年”，从道家的角度看，出走是走到“白”的那一面去，经历世事，看我们能看到的，夺取我们能夺取的；归来是回到“黑”上来，回归到我们年少的天真、单纯。你经历了人间世事，依旧保持少年的纯真，依然保持着清澈的内心。这就是知道白天的光芒，但守住了黑夜的真实，这样的人才是有人情味的，有生命力的，生活才是有滋有味的，因为这样的生命能量是源源不断的，不会耗干。“玄德”不是占有的品德，而是守真的品德。你占有什么，就会失去什么，如沙在手，握得越紧，流失得越快。

因此，老子的“无为”是反着说的，“无为”体现了《老子》的反向思维。在《老子》中有四个关于“反”的思想：第一是“道动则反”；第二是“相反相成”；第三是“正言若反”；第四是“物极必反”。“反”是理解《老子》之“德”的思维层面的需要。《老子》的道德观不同于儒家的道德观，它是建立在思辨之上的，并且正对时弊反着来说的，也可以叫“否定性言说”。我们接下来会从“反”的角度来进一步探究“无为”的思想。

第二十四讲　反向思维的作用

我们讲过“反”有“相反”的意思，也有“返回”的意思。许慎《说文解字》曰：“反，覆也。”段玉裁注：“覆与复义相通，复者，往来也。”“反”是“复”的意思，就是回来、复归。在《老子》第四十章的简本中作“返”，与通行本“反”意思相同。“返”实际上已经蕴含了“反”的意思。这一章的竹简本作“返”，而帛书乙本作“反”。就哲学问题的发生来看，帛书的“反”字表现了更多思辨的作用，走向相反，然后返回，万事万物的发展都有走向“反”面的趋势，也有返回的终极结果。

可以说，在《老子》中充满了“反”的思想，老子的核心观念都是从“反”的角度，以反于常规，反于常人的方式展开的。譬如今天鼓励竞争，老子却提倡“不争”；人都想有为，老子却提倡“无为”；人都慕荣华，老子却提倡“素朴”；人都渴望成熟，老子却提倡“如婴儿”；人都崇尚道德，老子却提出“绝仁弃义”；人都喜欢做圣人，老子却提出“绝圣弃智”；人都喜欢谈论大国，老子却描述了“小国寡民”；人都尚“有”，老子崇“无”；人都希望“察察”，老子却尚“闷闷”；人都想合群，老子却尚孤独；人都追求胜利，老子却“以丧礼处之”；人都喜欢“五色五音”，老子却尚“大音希声”；人都喜欢“服文綵，带利剑”，老子却喜欢“被（披）褐而怀玉”；人都喜欢“财货有余”，老子却崇尚一无所有；人都尚聪明，老子却推“愚人”……我们只有了解《老子》“反”的思维，才不会误读，才能理解这些不合常规的观点背后是怎样的智慧。

《老子》的“反”有多个层面的哲学含义。“反者道之动”的“反”是道的发挥作用的方式；“相反相成”的“反”是事物之间的“反”，即相反的事物相互成就；“正言若反”的“反”是说反话，老子的很多话要反着理解，是一种否定性言说；“物极必反”的“反”，是说事物发展到了某个极点就会走向反面。

我们先来看“道动而反”，这个“反”是从第四十章概括出来的，即“反者道之动”，它的表面意思是返回是“道”的运动方式，即宇宙的运行方式是周行不殆的，它的深层意思是“道”的作用常常以“反”常规的方式显现出来。第二十五章说的“大曰逝，逝曰远，远曰反”，第二十五章的“反”，也是返回的意思。当你说它大的时候，它已经在行逝。当你说它行逝的时候，它已走远。当你说它走远了的时候，它已经返回。这看似是古人的宇宙论，其实还有更深的一层含义，就是“道”的作用总是会以“反”的方式呈现出来，反向思维是洞察“道”的一种重要思维。这也是“道”的玄妙之处。“道”的作用不是直接显现的，而常常是反着来的。“反”，是一种思维方式，《老子》很多的话都是“反”向表达的，反着说，所以听不懂的人就觉得太简单，或很好笑，后来到《庄子》中演变为蜩与学鸠对大鹏的笑。学“道”之人就是鲲鹏展翅之人，他们向往远方，一心飞翔，对那些不怀好意的笑不会理会。

“道”的作用常常从相反的方面、反常的地方表现出来，因此，我们才能从正看到反，从反看到正，从阴看到阳，从阳看到阴。譬如“祸兮福之所倚，福兮祸之所伏”，人遇到祸的时候容易悲伤，因为在当时只看到祸的一面。人遇到福的时候容易高兴，因为当时只看到福的一面。但学“道”的人能同时看到它的反面，祸的背后有福，就看你能否发现；福的背后有祸，就看你能否觉知。2020 年初开始的新型冠状病毒疫情是人类之大祸，很多人不幸丧生，但它也是人类自我反思的一个契机。大的代价也会带来大的反思，正所谓否极泰来，今天的危机正酝酿着未来新的发展模式与生活方式。经济、政治、文化等都将走向新的调整，走向新的格局。人洞察了祸福相依的道理，真正运用到生活中所发生的事情中，就不会被一时的得失所主宰，遇到不顺不会过度悲伤，遇到好事也不会得意忘形，这对培养我们好的心态非常有用。

《老子》第七十八章说："正言若反"，这个"反"是相反的意思，这是一种特殊的策略。正话要反着说，更能达到应有的效果。在先秦讲道的很多，几乎各家都讲道，老子的时代各种思想纷纷扰扰，都是正着说的，尤其儒家。老子就选了一种特殊的言说方式——"反"。

《老子》第四十章曰："反者道之动；弱者道之用"，这句话不容易理解，它的表面意思是"（不断）返回是道的运动方式"，这是宇宙论意义上的，但深层的意思是"反是道的作用方式"，"动"不只是物理意义上的"运动"，更是一种"运作""作用"。因为下一句有"弱者道之用"，老子的目的不在讲宇宙论，而在讲宇宙生生不息的作用方式。"道"的作用取之不尽，用之不竭，却是通过"绵绵若存"的弱的方式进行的。"反者道之动"，从更深层的意义上讲的是"道"的作用方式，体现了老子的反向思维方式。它告诉我们，处理事情的时候常常需要运用"反"来达到目的。阿伦·瓦兹对中国道家这种"柔弱"的思维有生动的揭示：

> 柔顺的柳树比强韧的松树更能够挺过暴风雪的袭击，因为当松树坚硬的枝条因积聚了越来越多的雪而断裂的时

> 候，柳树那富有弹性的树枝却会因落雪的重量弯曲，使雪滑落，然后再次弹回原处。假如游泳的时候你被强大水流困在中间，抵抗就是毁灭性的行为。你必须顺着它游动，慢慢地设法靠岸。若是一个人直挺挺地从高处下坠，他的四肢就会受伤，然而如果他像一只猫那样放松地落下，他就能安全着陆。一座在结构上没有“弹性”的建筑会很容易在风暴或地震中倾塌，少了轮胎和弹簧的缓冲减震，汽车也很快就会在路上解体。（[美]阿伦·瓦兹著，李沁云译：《心之道：致焦虑的年代》）

他认为人的心有完全相同的力量，心有弹性，知道让步，而不是迎面而上，用力去对抗。老子主张“弱”，主张“上善若水”，正是看到了“心”的柔软才能抗压，才能迂回，才能忍受，才能聚集能量。这是“反”的思维在心灵上的应用。

我们再举一些生活中的小例子来说明如何运用“反”。譬如有的小孩不爱洗澡，你用强制或劝说的方式没有用，越让他洗，他越不洗。你如果说一句“你不洗我就洗了”，可能孩子就抢着跳到洗澡盆里了。再比如说中医的针灸，我们按照正常思维想的话，我身体已经很疼了，你还往身上扎针，不是更疼吗？不像西医那样，疼就吃止疼片，非常疼就上麻药，这是堵的方式，而中医是疏导的方式。扎针看上去是疼上加疼，但扎完经络就通了，过一阵缓过来，就会觉得浑身轻松。刮痧、拔罐、放血都是这样疏导、疏通的方法。有些西方人不理解，会以为这不科学，甚至是虐待，比如电影《刮痧》，讲的就是一对华人夫妇在美国给小孩子刮痧，结果被认为是家暴，邻居报警了。这个电影就表达了这种中西方文化的差异。

中医还有一种刺激疗法，也可以说是心理学的疗法。我认识的一位非常好的老中医讲过一个故事：有一天一个五大三粗的男人来看病，一见面就跟他诉苦，说“我觉得我的人生没有什么意义了，就养了一只猫，结果这只猫最近死了，我特别悲伤”。他问中医自己应该怎么办，中医就跟他开玩笑说：“这样吧，你回家挖个坑，跟那猫葬在一起吧。”这个男人听了哈哈大笑，他的思维一下子就开窍了。

孩子叛逆期的教育也是如此，你得反向思维。你越是跟孩子对着干，说你不能这么做，不能那么做，孩子的叛逆心就越强，你顺着他来反而可能更好。我课上有一位旁听的家长，她的孩子当时才小学三年级，很叛逆，不爱学习，坚决要退学。她并没有去训他，也没有强制他在学校学下去，她给儿子办了休学半年的手续。然后带他听各种课，恰巧到了我的课堂，这个孩子听得津津有味，回家跟他妈妈说：“我找到了我厌学的原因了，因为你太有为了。”后来她改变了教育方法，这个孩子回去继续上学了。

所以叛逆期的教育方式应该是倾听、理解、帮助，而不是否定、威胁、强迫。还有一位家长跟我说，他的孩子上初中时有一段时间特别厌学，觉得学习压力大，不快乐，没有休息的时间，更别说玩的时间。他爸爸没有责备他，而是给他请了假，带他去少林寺待了一个月，寺庙里非常清净，没有肉，全素食，没有无线网，手机没信号，吃饭不能言语，自己洗碗、洗衣服，凌晨 4 点起床做早课……这个孩子过了一阵就跑回去上学了，觉得还是上学好。你看，这就是“反者道之动”，是反向思维在日常生活中的运用。

所以，老子的“反者道之动”不只是讲宇宙论的层面，也能用于生活中。你走到某个极点，一定要返回来，否则就过头了，过犹不及，无法把事情做好。该返时返，该止时止。大自然就是不断地返回，才保持无限的生机。春夏秋冬，寒来暑往，阴晴圆缺，这样才能生生不息，如果一成不变，永远只有“阴”的一面或“阳”的一面，就无法创生了。生活也如此，如果只单一地活在一个维度、一个目标中，就无法“生”出新的意义来，类似法兰克福学派的代表马尔库塞说的发达资本主义造成了单向度的人：“单向度的人即所谓的丧失否定、批判和超越能力的人。”（[美] 马尔库塞著，刘继译：《单向度的人》）只有一个目的、一个追求、一种模式，这是资本社会中人的“异化”。

任何事情，我们都需要认识到它的“极点”在哪里，那个该停下来或该转变的节点、临界点在哪里，就像运动员的极限，你到了这个点恰好能赢又不会损伤。很多人做事走极端，譬如为了工作上的成功失去了健康，这就是只追求单向度的“阳”，而没有守住“阴”。“道”是“恍兮惚兮”的，这个该返的点需要自己去体会，去把握。《老子》第三十二章的“知止可以不殆”就是这个意思。人该止时要止，所以善于学“道”的人谨慎小心，始终在探测这个不能逾越的点，时时返回，再次出发。知道适可而止才能保持生机，能量不绝。

《老子》第四十一章曰：“大音希声，大象无形，道隐无名。”这也是用“反”的思维让人更清楚道的特性。“道”这么重要，为什么是“无名”呢？“道”，恰恰就隐藏在“无名”之中，圣人不需要打着“道”的名号去做事。“道”无声、无形，这就是从“反”的思维来讲“道”。“道”不在显耀处，相反，“处众人之所恶，故几于道”（第八章），能处在众人都不喜欢的地方的人才接近“道”。

第二十五讲　阴阳相互成全

我们继续来讲“反”。“反”带给我们最大的启发是从反向入手的智慧。从反向入手去解决问题，往往能迎刃而解。比如《老子》第三十六章说：“将欲歙之，必固张之；将欲弱之，必固强之；将欲废之，必固兴之；将欲夺之，必固与之。”这一段话很多人误认为是“阴谋论”，好像道家城府很深，做事另有目的。我们之前也讲过，其实这就是反着做事的一个方式，老子并没有说达到什么不可告人的目的，这样做不是为了私利，而是为了更好地解决老百姓的生活问题。

直线的思维是你想要一个东西就去取，取不到就变得更强，越强越能达到目的。但是道家不是这样的，道家是反着来的，我想要一个东西，最好的办法是先给予，如同我们常说的要想得到爱，就必须先付出爱。所以，很多事情都不能直线性地去做，否则适得其反，两败俱伤。有一个例子很能说明这个道理。某高校有一位学生，学业非常优秀，追一个女孩子，一直没有追到，他毕业找了很好的工作，回母校来继续追。他想不通的是我这么优秀，你为什么不爱我？他觉得自己够优秀，优秀就能赢得对方的青睐，对方不答应，他就努力变得更优秀，这是很多恋爱中的年轻人的思维方式。结果这个女孩还是当面拒绝了他，他就崩溃跳楼了。他没有换一下思维想问题：你优秀是你的事，别人凭什么爱你？如果他更多地专注于去了解这个女孩，去付出，而不强求别人，以柔克刚，或许有一天这个女孩会被感动，他还多一些机会。即便不能，他也可以反过来想，自己爱过了，便没什么后悔的，别人不爱，也许只是觉得匹配不上他的优秀。这样，他就仍然可以自信地去另寻所爱，而不会钻牛角尖。

《老子》可以说是中国传统的反向思维讲得最好的一本书。我们如果学会从反向去处理事情，就是真的理解了这个“反者道之动”的含义。“反者道之动”除了表面上的宇宙论含义，还有两个更深层也更实用的含义：第一个是“道”的作用往往通过“反”的方式发挥出来，显现出来；第二是从反向入手去解决问题、处理问题的智慧，就像“此时无声胜有声”“四两拨千斤”“空城计”，这些意想不到的方式都是“反向思维”的体现。

“反”的第一个层面的含义启发我们要洞察“道”的作用方式，运用到自己的实际生活中来。我们学过马克思主义哲学，知道事物有正反两面，但日常生活中，我们往往重视正面的作用，而忽略了反面的作用，尤其忽略了这反面的作用是可以用的。《老子》讲正反相成，观察得更为细微。“道”的“反”的作用具体表现在事物的正反相成上。一切事物都是正反两面或阴阳两面相交，才能生出意义来。

这种对阴阳相生相克的关系的洞察，在《老子》第二章最为明显：“天下皆知美之为美，斯恶已，皆知善之为善，斯不善已。”之前我们是从善恶一体的角度讲的，这里我们再单纯从阴阳思维的角度来阐发一下。这一章从两个层面来讲正反的道理，首先是美丑善恶的价值层面，其次是日常生活的现象层面。前面两句说的是美丑本身是合在一起的，因为你知道什么是美的时候已经知道什么是丑了，你知道什么是善的时候已经知道什么是恶了，所以这两句话在价值观的层次已经说明事物的好坏两面都是统一的。就像人体一样，一个健康的身体，体内必然包含细菌。如果把我们身上所有的细菌都清除掉，很多环境我们就适应不了了，人的抵抗力可能不是加强了，而是下降了。我们很难说日常生活中什么东西绝对是恶。

圣人、侯王都是洞察了阴阳相生相克的道理的人。陈鼓应先生说，“有”“无”就是“存在或者不存在”（陈鼓应：《老子注译及评介》)。当我们说这里“有”什么，这个“有”的观念从哪来的，那肯定是从“无”来的。你只有知道“无”是什么状态才知道“有”，这也是存在和不存在相互依存的道理。刘笑敢先生也说，“有无相生是就现象或者经验界来讲的”(刘笑敢：《老子古今：五种对勘与析评引论》)，善恶美丑是就价值层面来讲的，不管从哪一个层面一切东西都包含着阴阳两面，这个在现实中非常值得思考并运用。为了大家更清楚地理解阴阳正反的关系，我们可以再举曹雪芹《红楼梦》第三十一回为例，这是一段史湘云与丫鬟谈论阴阳的经典片段：

> 湘云道：“天地间都赋阴阳二气所生，或正或邪，或奇或怪，千变万化，都是阴阳顺逆。多少一生出来，人罕见的就奇，究竟理还是一样。”翠缕道：“这么说起来，从古至今，开天辟地，都是些阴阳了?”湘云笑道：“糊涂东西，越说越放屁。什么‘都是些阴阳’，难道还有个阴阳不成!‘阴’‘阳’两个字还只是一字，阳尽了就成阴，阴尽了就成阳，不是阴尽了又有个阳生出来，阳尽了又有个阴生出来。”

史湘云捡到了一个金麒麟，丫鬟就问是不是什么东西都是些阴阳，史湘云说阴阳不是个东西，没有一个东西叫“阴阳”，阴阳看似两个字，其实是一个字，因为阴阳是个变化，阴可变成阳，阳可变成阴，没有一个单独的阳，也没有一个单独的阴。丫鬟又问她说，那万事万物也得有公母吧，湘云猜到她是冲着金麒麟说的，所以故意不正面回答她了。这金麒麟与宝玉的麒麟是一对儿，宝玉从道观里拿回来的这个金麒麟丢了，被湘云捡到了，湘云也有一个麒麟，正好一公一母。所以，《红楼梦》说他们是“因麒麟伏白首双星”，按照别的版本，宝玉与湘云最后结婚了，这个地方的捡麒麟是一个伏笔。阴阳互相成全，公母互相寻找成对，《红楼梦》写人情世故都有哲理渗透其中。单单从这阴阳之论来看，这主仆二人都够做哲学博士了。

阴阳在中国人的思维里是特别普遍和重要的，帛书本“有无相生”后有“恒也”二字，更见出阴阳是永恒的道理。“道”是永恒的，“道”含阴阳，阴阳也是永恒的。用我们中国哲学中的一个图表示，就是阴阳图。这个阴阳图，非常高明的地方就是阴阳鱼有眼，阴和阳是相互衬托的，黑的一面可以叫作阴，也可以叫作阳，没有黑的那一面，呈现不出白的那一面。阴阳其实是一个东西的两种呈现。阴阳鱼眼则代表黑中有白，白中有黑，阴中有阳，阳中有阴。比如男女两种性别，其实是人的两种呈现，男性的身上有女性的某些特征，女性的身上有男性的某些特征。

今天有一个词叫“女汉子”，其实这个词也反映了女性身上本身就有一些男性化的东西，只是在一些人身上更为明显，没有被遮蔽而已。无独有偶，还有一个词叫“娘炮”，形容展现出女性化特质的男性。这其实恰恰说明，男性的阳刚之气下也有柔美的气质，像歌手李玉刚反串就非常美，从声音到形象都被大众接受了。我们对与我们自己不同的人的接受，是视野的开阔，也是时代的进步。人的个性多元了，文化才能是多元的，文化多元了，这世界才能是多姿多彩的。

我们中国的阴阳图比较微妙的地方还在于，它表达了阴阳之间一直在运行的状态。儒家同样看重阴阳之间的互动，《周易》已经把“阴阳”观念表达得非常清楚。只有运行着的东西，才能变化，变化才能生成，生成才不会灭绝。人类要想长久地存活在宇宙之中，必须要尊重多元性，只有取长补短、多元发展，才能提升整个人类的生命力。阴阳之间的相生相克还体现在男女之关系上。男女为什么要结合？为什么两性之间会有相互吸引又相互对立，又爱又恨，始终需要“他者”，又改变不了“他者”？这也就是阴阳，是客观的情况。法国哲学家列维纳斯深入探讨了爱情中的“他者”现象，他认为“爱的感情在于一种不能超越的存在的二元性。它是一种与总是闪避的东西的关系。由此，这种关系不是中和相异性而是保护相异性。亲近和距离于是同时存在……爱欲的关系最能体会他者相异性的顽固性。列维纳斯指出，爱不是融合，被爱的并不能真正成为我的，被爱的依旧是他者。”（孙向晨：《面对他者：莱维纳斯哲学思想研究》）男女之间无论如何相爱，都隔着一堵墙，这堵墙不是隔阂，而是个性的保护。人在热恋的时候或许愿意为对方压抑一点自己的个性，但那不是更改，而只是暂时的压抑，通常会在缔结婚姻后重新爆发出来。这个性是自我的独立性，是不能与对方相融的那个部分，所以两性在相互吸引与排斥之间，在爱与恨之间，在相同与不同之间保持恰到好处的距离，爱情与婚姻才能维持下去。好的爱情与婚姻是各自保持个性，不去改变对方，阴阳和合、氤氲化成。慢慢化到一块去，而不是改变对方，不是强的一方胜过另一方。阴阳相互成全，但不代表相互牺牲。

“阴、阳”的繁体是“陰、陽”，“陰”底下有个云字，水之南、山之北叫作“阴”，山之南、水之北叫作“阳”。大家想象一下一座山，太阳照过来，日之所照就叫作阳，照不到的那一面就是阴。太阳每天从东方升起，从西方落下，一天本身就是阴阳互动的一个完整的过程。山是同一座山，太阳是同一个太阳，阴阳的本质是时间的变化，而不是对立。阴阳它只是一个概念的两种表达，当太阳有所移动的时候，产生了阴阳这两个面相，它是同样一个东西的两面，联想第一章的“此两者同出而异名”，阴阳这两种东西合在一块就是玄妙，你只有理解了一些东西的阴阳合一的特点，才能感受到这个世界的神妙。

再比如说感性和理性，西方哲学也经常将其对立起来，但在中国哲学不是对立的。没有绝对的理性，也没有绝对的感性，每个人都是理性与感性融合在一起的，只是每个人呈现出的面向不同。就像海德格尔说的“思者是诗人的近邻，诗人是思者的亲人”（[德] 海德格尔著，孙周兴译：《在通向语言的途中》）。思与诗、理性与感性，也是阴阳的关系。一个伟大的哲学家一定是诗性的人，比如西方的尼采、海德格尔，中国的老子、庄子。相反，一个伟大的艺术家也一定是哲学家，比如西方的荷尔德林、里尔克，中国的陶渊明、苏轼。

生活就是阴阳的协奏曲，可以说生活无处不是阴阳。比如说书法，有黑白、有刚柔、有软硬、有虚实、有字的结构上的起承转合。可以说，中国的琴、棋、书、画、太极拳也是这样。太极拳是虚实的体现，虚实就是一对阴阳，通过借势来发力，它看起来很柔，但是它是可以打人的，如果这个柔的一方往后退，借力打力，对方就会被你打倒，这是与西方人喜欢的拳击项目不同的思路。甚至大到整个人生，也是充满阴阳，如弘一法师所说的“悲欣交集”，人生没有任何一个阶段是纯粹好或纯粹坏的。人生的情感和情绪也是阴阳，人生没有一个是全部快乐，也没有一个是全部痛苦的，因为没有快乐，就不会知道痛苦，没有痛苦，也不会知道快乐是什么。

第二十六讲　外在的东西越少越好

《老子》的反向思维在生活中可以具体运用，对今天仍有很大启发。现代技术非常发达，网络让一切更方便了，技术解放了我们的双手，拓宽了我们的眼界，但并不一定能解放我们的内心。人越来越强大，占有的东西越来越多。现代社会满足了我们的各种需求，又不断刺激我们新的欲望，让我们感觉一直处在匮乏之中，一直不能真正满足。拥有的东西虽然多了，意义却变得薄了。正如木心先生的《从前慢》所感叹的："从前的日色变得慢，车，马，邮件都慢，一生只够爱一个人。"（木心：《木心诗选》）我们占有的东西多了，生活变得太快了，太有为了，反而能留下的记忆少了，真正滋润内心的东西少了。

《老子》第二十二章曰："曲则全，枉则直，洼则盈，敝则新，少则得，多则惑。是以圣人抱一，为天下式。”意思是委曲反而能够保全，委屈反而能够伸直，空洼反而能够充盈，守旧反而能够出新，少有所得，多则迷惑，这也是典型的“反”的思维。我们今天是“多”的时代，物质多，信息多，微信群多，公众号多，电子书多，视频多，影视多，娱乐节目多，玩具多，物品多……进入了老子说的“奇物滋起”的时代，结果人很容易被抛入了无止境的追求中，总感觉不满足，人们疲惫于追求而失去了简单的心。人在追求外物的过程中是被动的，就像你办的各种打折卡，领的各种优惠券一样，它刺激你消费，表面上看消费越多省的越多，实际上消费的越多，你被消耗掉的时间与金钱越多。

所以日本作家山下英子的《断舍离》让很多人有了共鸣。当我们清理掉家里很多不用的东西，面对一个空空的房间，一面空空的墙时，会豁然开朗，非常享受，享受“无”，享受“无物”，这时才能体会到庄子所说的“虚室生白”(《人间世》)。东西少了，内心就空出来了，光也就进来了，人也变得瞬间清醒起来。但是“断舍离”还不够，它是东西已经多了之后如何处理的问题，远不如一开始就不要这些东西。一开始就无为、无欲，我们的家里与心里就都不会堆积很多无用的东西，当我们需要“断舍离”时，已经需要耗费大量心神了。断物欲容易，断情欲难，处理不好会产生各种怨憎，一生都被纠缠、消耗、甚至被摧毁。道家的智慧可以避免这些情况发生，“为之于未有，治之于未乱”，比“断舍离”要高明。

“反”的思维让我们看到人生的祸福相依，从而知道如何对待成败得失。《老子》第五十八章曰：

> 祸兮福之所倚，福兮祸之所伏。孰知其极？其无正？正复为奇，善复为妖。人之迷，其日固久。是以圣人方而不割，廉而不刿，直而不肆，光而不耀。

祸的背后是福，福的背后是祸，正的背后是奇，好的背后是不好的，人们只迷恋事物表面呈现出的样子，就容易困惑，容易走错路。一个国家、一个企业的各种政策里都有这种祸福相依的两面性。因此，人看到这一点，才有可能超越得失，制定出预防的措施，防患于未然。执政者、管理者了解这一点，会慎重颁布政策，不会因一个错误的决策影响几代人。

庄子在《齐物论》中曾经讲过一个丽姬的故事，可以让我们更加了解超越得失的含义。丽姬是丽戎国守门人的女儿，丽戎国被晋国打败了，丽姬就被晋王掳走了。当时她哭得稀里哗啦，但是到了晋国之后，和大王同坐一张小榻上，吃着美味，她就“悔其泣也”，后悔自己当初那么伤心，真是让人哭笑不得。我们常常只看到此一时的困境，而看不到彼一时的转机，所以会因得失之变化而产生情绪上的负累。智慧的人或者说懂得“道”的人，就知道一切事物都有正反两面，也就不会被得失所影响和困扰了。这不只是哲学道理，更是人生的智慧。因此得道的圣人谦虚而谨慎，从容而无忧。他们方正但不生硬，有棱角但不会伤人，正直但不放肆，有光芒但不闪耀。一个人有光芒，但不能刺眼，不能灼伤别人，老子尊重一切事物善恶并存、好坏相依的特点，并用来指导我们的人生。

当然，对这种阴阳思维下的善恶并存观，我们需要澄清两点：

第一，老子强调善恶并存，并不等于在道德上纵容恶。老子重视天道生生之大爱，具备生生之大德的人不会做恶的事情。《老子》第七十九章说："天道无亲，常与善人。"天道不刻意亲近谁，但常常对善于从事"道"的人有益。这里的"善人"不是道德意义上的"善良的人"，而是善于把握"道"的人。"天道"客观公允，"大道"按它的法则运行，无论地震洪水，阴晴圆缺，它本身是无所谓善恶的。但是遵循"道"的人，学"道"、求"道"的人，会知道如何远离祸患，保全自己，如何自然生活，如何长生久视。《老子》第四十九章曰："善者，吾善之；不善者，吾亦善之，德善。"好的人我善待，不好的人我也善待，这才是德行的善。圣人是遍爱万物的，没有偏见。这里的善恶是接近道德意义上的善恶的，善的人，圣人以爱善待；不善的人，圣人以爱感化。因为在圣人眼里，善恶都是后天的，是素朴人性的后天发展的结果。恶是可以感化，可以改变的。

善、恶是以对他人是否造成伤害为标准的，需要改造之，感化之，“镇之以无名之朴”，让这些人重新回到质朴的本性上去。这种超越善恶的观念不是纵容恶，也不是善恶不分，而是更加包容的大爱。

第二，老子的善恶是从“天道”说的，所以我们不能根据一己之好恶，从自身的利益来断定善恶、好坏。老子认为“道法自然”，符合自然的才是好的。人很容易不自觉地从自己的好恶来判断什么是好，什么是坏。譬如天灾，地震、洪水等，我们从人的角度来说，认为这些是恶；但从“天道”的角度来说，这属于自然，这很正常。很多灾难是人破坏了自然或无法应对自然中对人有害的方面而导致的，人没有找到在自然中的生存之道、利用自然而又能与自然和谐相处的方法，才导致了恶。对于人性中的恶——暴力、伤害等等，也是人的天性，从“天道”的角度看也是自然的，因为人身上本就有动物性，这正是需要圣人与侯王需要通过教化改变的地方。

人喜欢占有很多东西，一是因为没有安全感，需要用不断占有的方式来克服焦虑感与恐慌感；二是因为欲望被刺激，控制不住自己，也没有更高的热爱与目标作为引导。一生就这样消耗在对物的占有之中，思维、精神与情感也都随之物化。其实，真正的安全感来源于对“道”的认知，走正道，就不会有危险，遵循“道”，就不会早早衰亡。欲望太多，其实是因为没有对更高、更深刻、更美好的事物的认识与领悟，试想，孔子、孟子、老子、庄子这些先秦哲人会被物欲控制吗？会成为物质的奴隶吗？不会，因为他们被更高的意义所吸引，有使命感，有担当精神，有悲悯情怀，有精神追求。礼乐社会的建立、善的守护、道的回归、自由的启蒙等等，他们从这些事情中获得意义。人穷尽一生，无论占有多少物质财富，物质在你的手里也只是过过手而已，不会留存下来，也不会泽被后世。只有文明、文化、精神财富才会流传下来，为一代又一代人指引方向，让人获得幸福。

追求欲望是人的本性，适当的欲望的满足当然是必须的，是人的快乐感的来源，也是社会发展的需要。但欲望过多而又不加自律，就会永远处于不满足的状态，内心空空荡荡，今天自杀的人很少是因为吃不饱、穿不暖、极度贫穷的，而多是内心空虚、缺少爱、迷茫看不清方向。我们每天看到的新闻，有那么多人选择轻生，且越来越趋向年轻化，现在可能已经不只是中年人默默崩溃的时代，而是年轻人、中学生甚至小学生也会崩溃的时代，焦虑、压力、厌倦、没有意义感、没有希望……只有无穷的焦虑和总是满足不了的渴望，活着的每一天怎么可能有希望呢？《老子》第十二章曰：“五色令人目盲，五音令人耳聋，五味令人口爽，驰骋畋猎令人心发狂，难得之货令人行妨。”这正是对我们这个时代的写照，五色、五音、五味……让人浮躁、恐慌，失去了自己的生命节奏。

从道家看来，恶是欲望太多造成的，朴素的人是不会为恶的，他不需要用恶的手段去占有什么来满足自己，他压根就不想占有什么，只是顺其自然过真实的生活。今天我们面对的一方面是科技、经济的进步，另一方面是物质膨胀，资本至上，信息汹涌带来的众生苦境。欲望的滋生是潜移默化的。人的精神力、意志力、自律能力都在经受着严峻的考验。这是一个特别需要寻找“道”的时代，认真思考人生的意义，重新定位活着的价值，而不是追逐永远无法满足的物欲，在外在追求中迷失了本性，离开了本心。

自律是克制，是一种平衡自我、清醒做人的智慧。自律的人求而不贪，适可而止，能通透地看待得失，谨慎地面对欲望这头猛兽。真正成功的人，没有不自律的。在一个物质发达、商品过剩、信息爆炸的时代，定力就变得尤为重要。一个懂得“无为”的人，是有定力的人，有能量的人，不因他人为而为，不被别人带节奏，不妄为、不占有、不纵欲。一个自律的人，会选择灵魂的滋养与精神的成长为自己“为”的目的，拒绝过多的娱乐与肤浅的快乐，用心侍奉自己的心灵，而不是迷失在物欲的狂欢中。可以说，老子的“反”在今天依然有它的意义，“无为”是反向思维的一个最经典的表达。我们要敢于反着世俗而来，反着一切偏离“道”的行为而活，坚守自己的内心，保持自己的真性。

当代学者对“反”也有很多精彩的诠释。陈鼓应先生肯定了老子“正反统一的思维”（陈鼓应：《老子注译及评介》），指出老子认为事物是在对立关系中形成的。观察事物既要看正面，也要看反面；它提示人们要重视相反对立面的作用，其比正面所显示的作用更大；让人明白事物发展到某种极限的程度时，就转变成它的反面了，要知道如何利用、预防。刘笑敢先生也指出了老子的相反的观念是辩证的关系，并包含了“正反相生、正反相依、正反互转、以反彰正”等丰富的内容（刘笑敢：《老子古今：五种对勘与析评引论》）。牟宗三先生则有更特别的诠释，他认为老子反着讲“道”，因为“道”不是“实有”，而是“境界”（牟宗三：《中国哲学十九讲》）。牟宗三先生对道家的境界维度深有体会，认为道既是宇宙的法则，也是人与天合一时体会出的意义和通过工夫修养出的境界，我很赞同牟先生这种讲法。外在的东西越少越好，因为它们是境界提升的阻碍。

牟宗三先生指出，境界是从主观方面讲的，他说：“凡是对于某一种东西，你心中真正有所了解，有所得，这就变成德（virtue）。某种东西得之于心，进到你的生命里面去，你就得到了，……这个 virtue 的意思不就道德的意义讲，那就是变成你的 essence，或者说变成你的 character。”（牟宗三：《牟宗三先生讲演录（三）》）他认为人的主观上的心境修养到什么程度，所看到的一切东西都在上升，就达到什么程度，这就是境界，这个境界当然很大程度上是主观的意义。类似“见山还是山，见水还是水”，这不是实存，也无道德价值，但与人的生存感受、心境、意义感相关。但他说的境界也并非是完全主观的，牟先生提出“境界形态形上学”更多是为了与西方传统形而上学区别开来，“主观”其实是“大客观”的意思，是更高意义上的主客的融合。他强调此境界并非客观的，亦非主观的，而是超出了主客对立的体系，是“大客观”之境。他说：“大客观是绝对的，是凌虚，是一种超然凌虚的境界。凌虚就是凌驾于主客对立之上。”（牟宗三：《牟宗三先生讲演录（三）》）他用“大客观”这个词来表达对主客对立模式的超越，非常有见地。“大客观”之境是物我两冥、主客双遣的至高境界，是道境或无境。

综上所述，老子的“阴阳对反”思维不仅让我们能很好地超越得失，经营好人生，让执政者慎重做出决策，治理好国家，还让我们能在对反中感受到宇宙人生的意义。没有阴阳正反之间的不断作用，一切都没有意义，包括语言本身。“反”也让我们反二元对立，达到主客融合的境界，成就自己的人生意义。

第二十七讲　正话反说的妙处

我们再来看“反”的最后一层含义——“正言若反”（第七十八章），这涉及老子特殊的说话方式。怎么讲话才能让人更加清楚、明白，让人能记住，发人深省，“反”可以说是非常妙的方法。当然，在《老子》，是因为“反”着说才能更好地显示出“非对象化”之道的含义。《老子》中的几乎所有观念都是成对的，在对反中彰显更全面的意义，这也是契合《老子》阴阳思维的必要的说话方式。这些成对的观念主要包括以下这些：

阴—阳、有—无、正—反、盈—虚、静—动、黑—白、弱—强、巧—拙、益—损、祸—福、彼—此、刚—柔、生—死、曲—直、成—缺、美—信、知—博、奇—正、歙—张、废—兴、柔—坚、远—近、善—妖、有为—

无为、胜人—自胜、天之道—人之道

这远远不是《老子》中的所有观念，而只是有代表性的。仅从形式上看，“反”是《老子》的一种说话的技巧，老子说话就是正反一起说的，有正有反，有阴有阳，有天有地，有道有德……他一对一对地讲出来，就是为了让我们不要孤立地理解这个世界，正反两面都说到了，都想到了，才够全面。我们以“道”为例，为什么老子不正面说“道是什么”，用一种定义的方式去说，而是从一开始就提醒人“道可道，非常道”？因为只要言说，就涉及名言概念了，“道”超出了一切概念的限制。他用“道”“名”并提的方式来说，第二个“道”字是“说”的意思，所以，老子一开始就让我们小心，因为“道”的特殊性，其与其他家讲的对象化的“道”不同，只能用特殊的方式去显示，这就是“反”说的原因。

“道”的特殊性超出了日常思维，体现了老子对宇宙、社会、人生深刻的洞察，它本身就是反常规的。“道”本身不能借助普通的逻辑、概念化的语言去说，而是要用箴言式的、反常规的语言去说，也可以说是用诗性的语言去说。比如《老子》第四十一章说：“上士闻道，勤而行之；中士闻道，若存若亡；下士闻道，大笑之，不笑不足以为道。”有人听到这个“道”哈哈大笑，觉得这么简单的东西怎么能是“道”呢，那就对了，因为“道”听起来确实很平常，没有“真理”“存在”“物自身”

“绝对精神”这样的概念显得深奥，也没有儒家“忠”“孝”“仁”“义”“礼”这样的概念显得神圣，“道”本意就是“道路”，听起来非常平常，但实际上既深奥又神圣。所以，老子反着说，将深刻的东西说得生动，将最重要的东西说得平常，具有实际生活处境的观照，不离人们的人伦日用，《老子》有非常强的接地气的一面和丰富的人生哲学的层面，不是只有宇宙论与形上学。如果我们知道《老子》中这些看似简单的东西都是反着说的，看似极端的思想如“绝仁弃义”也都是反着说的，就不会误读《老子》了。老子说“道”“大音希声，大象无形”，如果把“道”说成是有形有声的，那就有局限了，就不是“道”，而是对象化的东西了。庄子也说过，如果“道”能拿来献给别人，不知道有多少人早已将它献给君王了。

“道”，需要我们自己去走，去体会，才能生成出来。每个人的“道”不同，每个事物的“道”不同，同一个人、同一个事物在不同的时间与情境中都会有不一样的“道”。人有人的生活之道，动物有动物的生存之道，植物有植物的生长之道。同一个人，年轻的时候与老年的时候“道”也不同，在工作与家庭中遵循的“道”也不同，在平常与困顿之际感受的“道”也不同……所以没有办法将它说死了，说成一个实体，一个法则或一个固定的客观的对象。另外，我们一去说它，定义它，就落入二元对立的思维了。语言就是既遮蔽又澄明的双刃剑，很难避免用这些二元对立的概念。这是言说的局限，但更深刻的道又必须通过语言的指引，才能让人去理解，去领悟。如果我们不用What（是什么）的方式发问，而用How（怎么样）的方式发问就好多了，比如问："这杯水怎么样?"回答说"好喝"，这个"好"字，虽然也与"坏"相对，但比说"冷""热"要更能完整地表达这杯水的情况，也比说温度是多少，含有什么矿物质这种科学的描述方式更好理解。所以王弼注第四十一章说"不温则凉，不炎则寒"，这是个洞见，非常准确。温、凉就是二元论的描述，要突破这样的二元论思维，才能见"道"，才能让事物更准确地被描述出来。所以老子要反着说。

道与学，也是一对相反相成的观念。《老子》第四十八章提出了"为学日益，为道日损"的思想。我们一般认为，每日的学问不断增加，最后就达到"道"了。你要不停地学，到处拜师，像寻找武功秘籍一样。老子恰恰相反，他提出学习的知识是每天增加的，是加法，但学"道"是减法，每天减少。第四十八章非常精彩，每一句都是一个修炼层次。"为学日益"是我们必经的过程，没有谁是真正不学而知的。学习的规律正是积累式的，越学越多，从无知到有知，这是第一个阶段；第二个阶段是"为道日损"，就是对你学的东西要加工、消化、升华，掌握这些知识背后的"道"，或者说将知识提炼为"道"，到达大道至简、圣人如婴、化繁为简、一以贯之的圣人境界；"损之又损，以至于无为”是说不停地减少、减少，最后到达“无为”的境界。通过做减法工夫，去掉多余的欲望，去掉私心杂念，去掉不必要的事情、不必要的话、不必要的联系、不必要的宣传、不必要的努力……最后，发现你需要做的很少，但这很少的作为完全符合“道”；最后一个境界就是“无为而无不为”了，看似什么都没有做，却什么都能做好，因为这样的人已经掌握“道”了，不需要为太多，也不会妄为，就能把所有的事情做好了。因此，“学”与“道”不是相互排斥的，而是相反相成的，没有学的积累，就没有“道”上的提升。没有“道”的提升，学的东西就毫无用处。

现代人习惯做加法，很少做减法，也不敢做减法，因为身边的人拼命在增加、积累，造成了集体性的恐慌。《老子》第四十四章说“多藏必厚亡”，人的失败往往在于“多”，而不在于“少”，人毁灭于拥有，而不是匮乏。今天的人总希望做得多一些，说得多一些，占有得多一些，没有满足的时候，以为越多越有安全感。事实上，这是庄子在《养生主》说的“以有涯随无涯，殆矣”。即使你拥有了很多物质财富，这些也都是无常的，总有一天会失去，人最终能留下的也只是思想。老子的“损”是减少，从外到内地减，外不依赖于财富与权力，内不纵容自己的贪心与欲望，所以老子又提出“少私寡欲”。

所以这些看似“反”的表达背后，恰恰传达了老子特别的思考。它是与日常相反的，是反向思考问题，这恰恰戳中了很多时代的要害，当一个时代的人心、欲望、权力等等都变得复杂的时候，道家就用上了，从侯王到百姓都需要“损之又损”。它不是崇尚虚无，而是参透虚无，不是消极避世，而是积极培智。它的目的不是放弃人生，而是让人生更好。

我们来看当代学者张祥龙先生对“反”的诠释。张祥龙先生早期研究现象学，后来做中国哲学与现象学的比较。他不仅重新诠释道家，也诠释了儒家、名家的经典，旨在全面地激活中国哲学古老的思想，彰显它的魅力。他在海德格尔与道家的比较哲学的研究方面可以说是目前学界做得最好的了。他指出，“道”的不确定性恰是“道”的魅力所在。他指出，老子的思维是“二对反、二反连”（张祥龙：《海德格尔思想与中国天道：终极视域的开启与交融》）。他认为老子的“反”，是对根本的无常局面的认识，然后才有适应于这种局面的对策，“反”，意味着绝不可以靠任何现成者，且总是在事情的反面和反复中看出“道”的动向。你能在现实中抓住的存在之物其实都是暂时的，你不知道明天会发生什么，现代人所谓的“明天与意外不知道哪个先到”，尤其是2020年突如其来、不知其因、至今未能完全消灭的新型冠状病毒，更是印证了这样的无常局面。事情总会出现无法预料的情况，所以“反”意味着没有办法去靠任何现成的东西来应对人生根本的局面。

我们往往从事物的反面看才能看出“道”，也往往从反常处才能看出一个人的品性。曹雪芹笔下的贾宝玉，从外表看就是个纨绔子弟，但是你看他对待丫鬟晴雯和小戏子龄官的方式，就会发现他内心的温柔与善良，那是人性的珍贵处，也是最有力量、最能滋生出人性光芒的东西。他敢对抗父权，对抗男权，对抗家长制，尽最大力量呵护黛玉、晴雯这些弱女子。所以张祥龙先生讲的这个“反”的状态，在道家人物身上更能够看出来，这样的人物发乎自然，不需要“人设”。所有的“人设”都会在无常的局面中被打回原形，真的就是真的，假的就是假的。只有把思维中现成的、固定的东西打消掉，把人身上虚伪的人设卸下来，活泼泼的东西才能涌流出来，有深意的东西才能兴现，源源不断的能量才能被汇聚起来，类似庄子说的“葆光”（《齐物论》）。

张祥龙先生认为老子有“二对反”的思维，一切东西都因阴阳两面或相反的两个东西结合才得以创生。类似一个男人和一个女人生出一个孩子。“二反连”，是说两个相反的东西是连在一起的，氤氲造化，阴阳一体，相互吸引，相互成就。孤阳不立，孤阴不生。他说：“弱，柔，虚，静，冲等等是老子用来表示道的一组无形大象，它们透出的妙义是在一切具体法则的终结处并没有更高级的存在者和法则，而只能是一种柔弱到再无一丝一毫现成性可循的纯势态。”（张祥龙：《海德格尔思想与中国天道：终极视域的开启与交融》）那么老子为什么强调这些方面呢？这些是阴性的，在先秦哲学中很少有注重阴性特质的学说。我最近几年一直在关注现代女性问题，我一直认为道家是先秦所有思想中最关心阴性力量，最具有女性气质的。相对于先秦那些强调“阳”性的文化，这样的思想很珍贵。当然《老子》的目的并不是要讲女性，要支持女性，他只是看到了阴阳之间的深刻关联和雌柔的重要意义。

张祥龙先生的意思是，你把一切法则、固定的内核都打消掉，柔弱到不能再柔弱，没有一丝一毫现成的东西，就进入到一个纯态势，意义就能发生了，一切就有创造性了，事物就活起来了。比如说我们坐到一块儿，都抛却成见，才能彼此增益，开发出新的思想境界，而不是在个人成见的狭隘世界里自说自话。也只有去掉这些硬核，人变得柔软起来，人与人才能发生一个交流和对话，如果你我都带着偏见，坐在一块能量永远不能对流。所以你把一切现成的东西全部打消掉，一件事的意义才能发生出来，张祥龙先生是从这个角度去说的。

最后，我们对这几个层面的“反”做一个总结。首先，“反”的最重要的意义是语言策略，我们如果不了解“反”的说话方式的话，是很难读懂《老子》的。“无为”是为了“有为”，不争而天下莫能与之争，是为了达“道”，这是更高的境界。所以说老子的语言策略让我们感受到反向思维，这根植于老子对人性、对宇宙的深刻的洞察。

老子提出这个“反”的思维对我们来说有四个意义：第一，它揭示了这些弱小的、黑暗的、看起来反面的东西所具有的正面的价值；第二，它揭示了万事万物物极必反的规律，从而让我们洞察规律，提前做准备；第三，它显示出老子的否定性言说的机制，这种智慧就是用一种特殊的言说方式，让人更好地理解自己独特的思想；第四，它显示了老子反向的思维，当我们无法正面解决问题的时候，一定要反着去思考，另辟蹊径，才能柳暗花明。

第二十八讲 “无为”的能量

我把老子“正言若反”的方式叫作“否定式言说”，它是一种特殊的表达方式，《老子》短短五千言道出了文字背后与众不同的思想。正是通过“反”，我们看到“无为”这样反向表达的妙处，也更能发现“无为”相对于“有为”具有的更大的能量和更高的智慧。这种“否定式言说”又可以继续细分为以下几种，我们逐一进行讨论。

第一，先肯定，再否定，从而突出他的观念不是一般人所理解的那样，一出口看似在肯定，其实是在否定，这一类可以称为“正言否定”，如第一章的“道可道，非常道”；第二，以否定的形式表达肯定的内容，从而突出达到目的的方式恰恰是先放下目的。一出口看似在否定，其实在肯定。这一类可以称为“反言否定”，如第三十八章的“上德不德，是以有德”；第三，直接用否定词“无”“不”“绝”“损”等作为修饰语来表达某个价值观念，实际上是要肯定否定词后面的内容。这一类可以称为“假言否定”，如第四十八章的“无为”；第四，接连否定掉两种相反的性质，以彰显相反性质之间的融合的需要。这一类可以称为“连言否定”，如第八十一章的“信言不美，美言不信”。以上所有的否定性道说方式，都是为了创造一种灵活的表达。

我们先看第一种情况，“正言否定”。其代表性的文本有：

> 道可道，非常道。名可名，非常名。（第一章）
>
> 天下皆知美之为美，斯恶已；皆知善之为善，斯不善已。（第二章）
>
> 金玉满堂，莫之能守。富贵而骄，自遗其咎。（第九章）
>
> 正复为奇，善复为妖。（第五十八章）

第一章、第二章我们之前都分析过了，不再赘述。第九章的“金玉满堂、富贵而骄”也是人之常态，一般人心目中肯定的东西，老子陈述出来，随即否定掉了，这同样是反向思维之体现。如果不知道持守富贵之道，富贵也是可以走向反面的。第五十八章的“正”与“善”也是如此，它们毫无疑问都是一般人所肯定与追求的，但老子提醒人们，“正”也可能是“奇”，“善”也可能是“妖”，如果单向度地利用“正”，不可能达到最高目的。“奇正相生”，有正有奇，时正时奇是一种更高的智慧，无论在治国、打仗还是管理上都是需要的。同样，如果只看到“善”的一面，而看不到“妖”，这“善”也是不能长久的。老子从正入反，看似肯定，实际上是否定的言说方法，像是先立一个靶子，别人看不出这靶子正是老子要瞄准的对象，因此当子弹射过去时，感受会更加强烈。

我们再来看第二种否定言说——“反言否定”。代表性的文本有：

> 天地不仁，以万物为刍狗；圣人不仁，以百姓为刍狗。（第五章）
>
> 上德不德，是以有德；下德不失德，是以无德。（第三十八章）
>
> 是以圣人后其身而身先，外其身而身存。（第七章）
>
> 曲则全，枉则直，洼则盈，敝则新，少则得，多则惑。（第二十二章）

第五章的“不仁”看似否定，其实是表达肯定的含义。“不”是否定性的说话方式，这里指的是天地不做仁与不仁的区分，不刻意施仁，不标榜仁。天地无所谓仁爱不仁爱，它自然而然地生之、畜之、长之、育之、亭之、毒之、养之、覆之。施仁就有偏私，不如自然而然对待万物更加公正公平。圣人也是如此，自然而然对待百姓。《老子》第二十七章又说：“是以圣人常善救人，故无弃人；常善救物，故无弃物。”圣人的目的当然是救人、救物，但老子强调的是他们不这么自我标榜，以此说明他对奋力推行仁义这一做法的批评。同样，第三十八章中的“不德”，不是不注重“德”的意思，而是“不以德高标榜自己”，这样才是真正的“有德”，且是最高的“德”。

第七章的“后其身”“外其身”不是真的不重视身，而是不过分地考虑自己的身体，最后反而保存了自身，不把身对象化，否则身就成了负担，成了生活的障碍，这也是老子说的“及吾无身，吾有何患”（第十三章）。第二十二章的“曲、枉、洼、敝、少”也都是表明一种方式方法，而不是目的，这些词看似否定，其实恰恰是老子要肯定的方式。通过曲达到全，通过枉达到直，通过少达到得，这同样根植于老子的反向思维。越是盯着一个目标直线地走去，往往越难到达，因为思维、视野会被目标限住。没有目标就是最高的目标。自然而然走到的地方，才是你心中所往。直线型地把握一件事情，就会形成一套死板的应对措施，在一个层面上经验积累得多，而留下的应变的余地不足。被目标禁锢住了，无法灵活应变，无法感知更微妙更长远的东西，也无法知道自己生命的诸多可能性。心被塞满了，就动不起来了。

我们再来看第三种否定言说——“假言否定”。代表性的文本有：

道常无为而无不为。（第三十七章）

夫唯不争，故无尤。（第八章）

绝圣弃智，民利百倍；绝仁弃义，民复孝慈；绝巧弃利，盗贼无有。（第十九章）

为学日益，为道日损。损之又损，以至于无为，无为而无不为。（第四十八章）

这里的“无、不、绝、损”四个字是假言否定的标志，本身是否定词，但目的是肯定它们之后的宾语或潜藏的宾语。“无为”，表面上看是否定“为”，其实是假意，“无”不是“不”的意思，而是个提示词，提示背后的肯定含义，即要用特殊的方式“为”。“无为”的目的是“无不为”，之前我们讲过了。同样，“不争”看起来是反对“争”，其实是提示一种达到“不争而胜”的途径，那就是不以“争”本身为目的，却达到了各种“争”所达不到的效果，也就是第二十二章所说的“夫唯不争，故天下莫能与之争。”“不争”是不针对某个具体的小目标，而是针对“道”这个大目标而去的。“道常无名，朴虽小，天下莫能臣也”（第三十二章），争不来的是“道”，无人可比的仍然是“道”，所以，以“道”为最高目的去“为”，就胜过了一切眼下的计较与竞争。

第十九章的“绝”的宾语有“圣智”“仁义”“巧利”，这不是老子真正要反对的。如果是真的圣智、仁义以及商业行为中必然带有的巧利，老子应该是不反对的。老子反对的主要是“伪”。《老子》第十八章曰：“大道废，有仁义；慧智出，有大伪；六亲不和，有孝慈；国家昏乱，有忠臣。”“道”的沦陷导致了圣智、仁义、巧利被大肆宣扬，而越是宣扬这些观念，越会造成人心不朴，离真正的圣智、仁义与正常的巧利会越远。因此，“绝”的终极目的是破伪存真。第四十八章的“损”，是接着“学”而来，其潜藏的宾语就是“所学”，把所学的东西再损去，留下关键，只留下本质性的东西，这样无论学多少，都不会固执，学的东西才能真正被利用上。损掉所学的东西，不等于不学，相反，老子要提倡的恰恰是学，但不是死学，而是“学不学”。所以“为道”要用减法，要将学的东西消化了，变厚为薄，变复杂为简单。因此，这些否定词都是表面的，是假意，真意是要肯定这些东西，但这些东西必须是真实的、有用的、本质性的。

最后，我们再来看第四种否定言说——“连言否定”。代表性的文本有：

> 知者不言，言者不知。（第五十六章）
>
> 信言不美，美言不信。善者不辩，辩者不善。知者不博，博者不知。（第八十一章）

这种表述是接二连三地否定，让我们一时不知道是言还是不言，辩还是不辩，博学还是不博学好。事实上，老子正是要在这两个矛盾性质的张力中找到二者的平衡，这种平衡又不是简单地综合，而是火候，是度的把握。对于第五十六章的“知者不言”，王弼注：“因自然也。”言还是不言，取决于你的言是否合乎自然。知者不可能真的不言，因为不言就无法将其知传达给别人，但是一经说出，就显得不那么智慧了。因此，其实老子要说的不是言或不言这非此即彼的选择。真正的知者需要用巧妙的方式去言，说一点，留一点。不能直说，要间接地说。老子本人就是这样的知者，他说了，但又没有把“道”说得清清楚楚，因为“道”本就不是个清清楚楚的存在。情境性的东西只能放在情境中被把握。理解了这一点，“信言不美，美言不信。善者不辩，辩者不善。知者不博，博者不知”也就好理解了。“信言”固然真实可信，但又免不了淡乎寡味。语言华美，但又常常让人感到不可信。对于“善者不辩，辩者不善”，河上公注：“善者，以道修身也……辩者，谓巧言也。”河上公的注更接近老子，善于修道的人不会花言巧语。善于修道的人不会去辩说或辩论。智慧的人不够广博，广博的人不够智慧。

老子的否定式道说无疑是高妙的，这也是为什么理解《老子》五千言很困难。他要打破我们现成化、固定化的思维，同时也超越语言本身的牢笼，突破语言常规的语义空间，避免将“道”现成化、对象化、概念化。这种思维可以概括为“中空”的思维，“中”不是中间的意思，而是不落两边的意思。中空是不带有任何成见看问题、看世界、看人生、看一切现象的思维方式。这点在《齐物论》中以“方生方死，方死方生”的举例更加淋漓尽致地表达出来了。《老子》第五章曰：“天地之间，其犹橐籥乎？虚而不屈，动而愈出。多言数穷，不若守中。”中空的思维需要“守中”的工夫，即守住心灵的虚静。

天地之间万物流行，生机勃发，没有枯竭，其机理何在？老子想到“橐籥”这个器物。河上公注：“橐籥中空虚，故能有声气。”王弼注：“橐籥之中空洞，无情无为，故虚而不得穷屈，动而不可竭尽也。”“橐籥”是风箱，里面是空的，有把手可以拉动。一推就有风，越动风越多，风即声气之流行。本来是空，故时时可有，经久不息，此即“虚而不屈，动而愈出”，天地之间如此运作。林希逸曰：“橐籥用而风生焉。其体虽虚，而用之不屈，动则风生，愈出愈有。”这一运作机制的关键在“愈出愈有”上，不断清空，才能不断储有。“有”是有限的，总有穷尽时，“无”是无限的，可以被不断充满。其体不变，其用无穷，风箱没有动，而风不断生。天地并没有刻意施为，而是保持虚空的状态，万物互动而生生不息，“气来则通，气生则不积”，不需要太多人为的推动。因此，虚而能动，虚即空也。

焦竑引王纯甫注曰：“中也，虚也，无也。”（[明]焦竑撰，黄曙辉点校：《老子翼》）老子主张的守中即守其空虚，让内心空下来。老子上文说明天地运作的方式，下文落到人事上说明治理国家的方式，这是比较基本的从天道到人事的推演模式，但谈不上思维方法。守其空虚，才能无为，即守住虚静之心，元神之气，不为外物所扰，如元代吴澄所注："人而多言，则其气耗损，是速其匮竭也，不如虚心固守其所，使外物不入，内神不出，则其虚也无涯，而所生之气亦无涯矣。"这是典型的工夫论。

从思维方式的角度说，"守中"是一种"中空"的思维，即去除一切思维定式，全面地、变动地看待事物，超越两端而得其"中"。这需要与《老子》第十一章联系起来了。"虚"的理性表述是"无"，"虚"是从心灵上讲的，"无"是从事物的普遍作用去讲的。第十一章曰："三十辐共一毂，当其无，有车之用。埏埴以为器，当其无，有器之用。凿户牖以为室，当其无，有室之用。故有之以为利，无之以为用。"物有其材料、形状，由各种简单或复杂的部件组成，这是"有"。但使其发挥作用的是物之中的虚空处，陶器因有虚空处而能盛放东西，车子因有虚空处而能灵活转动，房屋因有虚空处而能让人出入，其皆"无"之作用的体现。有无相生，物之材料、形状可以不同，但是其用都在空处，因此老子不是要否定"有"，而是看到了"有"之多样，而"无"之唯一；"有"之殊异，而"无"之相同。"无"与"有"共同构成了一事物之为一事物的原因，但事物之更好发挥作用的枢纽在"无"。

王弼强调“以无为用”，突出“无”的重要性，但并没有将“虚”“无”并论。到了宋代，“虚”与“无”才融贯起来。如朱熹所说：“无，是毂中空处，惟其中空，故能受轴，而运转不穷。”（严灵峰辑：《老子宋注丛残》）刘骥说：“圣人知变化之枢机”。（严灵峰辑：《老子宋注丛残》）这些都是从虚能容纳万物，在虚空中能应对变化的角度来说的。陈景元则直接将老子的“反”与“无”统一起来理解，其曰：“反者，复也，变也。虚静者，物之本；物之将生，先反复虚静之原，及其变也，出虚静而动之，是先反而后动。”（[宋] 陈景元：《老子注》，见蒙文通：《道书辑校十种》）他认为，事物必须不断地返回到“虚”，才能不断地动起来，能“反”才能动。结合老子说的“天地之间，其犹橐籥乎？虚而不屈，动而愈出”来看，天地就是一个大虚空，其因虚空而能绵绵不绝地产生新的意义。

空与弱是“道”起作用的关键所在，空与弱的东西才更具有变化的可能。如徐冯曰：“事者应变而动，变生于时，故知时者无常行。”（《淮南子·道应训》，见［汉］淮南子著，何宁撰：《淮南子集释》）“无”才能“变”，“无”是“万有”。“变”的根源在“时”，“时”的本质就是变化，唯“变”才能生物。因此，老子“守中”所守的是“中空”或“空虚”，这“中”因为是空的，所以是“无”，因为“无”，所以可变为“万有”。老子的“守中”守的不是“不变”，而是“变化”。因此“守中”是注重时变、不落两边的思维方式。

综上所述，正话反说，是为了更好地呈现他所理解的“道”。这些特殊的“反”的言说方式背后是特殊的“守中思维”。“守中”是工夫上的致虚守静，更是思维上的不落两端，二者对于领悟“道”都是至关重要的。

今天这个时代的问题可能主要是不守静，不守中，不守柔，不守弱，太有为了，太恃强了。在越来越内卷的环境下，强者追求更强，人与人比着强，痛苦来源于觉得自己不够强，而不是不够好。最后人就很容易丧失本有的温柔、细腻、温润与同情。人真正想要的可能不是战胜别人，而是享受自己的一生。人们的焦虑多来自内卷的环境，其根本原因是自己的定力或能力不够。如果一个人不跟风，所有人不跟风，就不会出现内卷。内卷是跟风的结果，跟风只能带来更严重的焦虑。人与人互相比较，互相碾压，形成鄙视链，结果建成的是一个人人都很强大，但人人都活得不舒服的现代社会。人与人互相比强大，从某种意义上说，也是在互相比冷漠，甚至是互相比冷酷，比残忍。老子恰恰相反，他主张弱，而不是强；主张柔，而不是刚。人的本心难道不就是柔弱动人的吗？

至此，我们可以对无为篇做一总结：“无为”不是不“为”，而是遵“道”而行的“为”；“无为”不是躺平，而是有效行动的“为”。今天我们讲科技的力量、资本的力量，这都是属于

“白天”的力量，属于看得见的力量、强硬的力量；老子的“无为”则是一种特殊的力量，它是属于“黑夜”的能量、看不见的能量。“无为”的能量是一种定力，能让人在任何环境中保持自己的步调与真性；“无为”的能量是一种柔力，能让人在绵长的坚持中以柔克刚、以弱胜强，它是一种不以牺牲真性为代价的成功，是庄子说的“大成”，而不是“道隐于小成，言隐于荣华”的“小成”；“无为”的能量是一种雌性力量，是“慈故能勇”的爱的能力，是不为私利的大爱之为，而这一切都是通过“否定式”的言说方法而得以深入人心。

素朴篇

“道”“自然”“无为”是《老子》最重要的三个观念，其对当代人的生活有很多启发。这三个观念又是以人性论为基础的。老子的人性论是“人性本朴”。“朴”首先是“道”的“朴”、侯王的“朴”，老子希望侯王学习圣人，没有贪欲，朴素地治理国家，给老百姓做榜样。侯王能“朴”，老百姓才能自化。其次才是人性论意义上的“朴”。这是“德”的又一个重要内容。但如何保持这“朴”?“朴”的德行呈现出来是什么样子?如何做工夫才能重新回到“朴”?“朴”是否是不做恶的保证?诸多问题，我们将在这一篇中逐一分析。

第二十九讲　元气满满的生命状态

我们之前讲了“玄德”和“常德”。“玄德”是尊重万物本性，任其自然发展，不加干涉的“无为之德”，不占有、不自恃、不主宰、不居功自傲；“常德”是恒久之“德”，与“常道”匹配，是人不被外物改变的真实本性。那么，在老子的眼中，究竟哪些人具备这样的“德”，哪些人可以作为代表人物？“修道成德”都要经过怎样的修炼过程，不同阶段是什么状态、什么境界，我们在这几讲先来探讨。《老子》第五十五章说：

> 含德之厚，比于赤子。蜂虿虺蛇不螫，猛兽不据，攫鸟不搏。骨弱筋柔而握固，未知牝牡之合而全作，精之至也。终日号而不嗄，和之至也。知和曰常，知常曰明，益生曰祥，心使气曰强。物壮则老，谓之不道，不道早已。

“玄德”的代表是赤子，赤子就是婴儿，笼统说就是小孩子。婴儿生而至柔，元气满满，吃饱了睡，睡饱了玩，吃饱了就不吃了，不会因为好吃就多吃，与我们成人的欲望状态非常不同。他们保存着我们最柔弱、最天真、最无欲无求的样子。婴儿快一岁的时候，开始到处爬，学走路，到处走，显示出了无穷的精力，活动量比大人还多，似乎不知道累，如老子说的：“骨弱筋柔而握固，未知牝牡之合而全作，精之至也。终日号而不嗄，和之至也。”他们的手抓东西非常有劲儿，天然无邪，精力充沛，因为他们的身心处在合一的状态，具有和顺之气。当然，婴儿是个象征，如果长大了依然保持这样的元气，同样是“玄德”的代表，比如一些道行高的人、气功境界高的人或精神境界高的人，即使老了也是“老顽童”，如婴儿一样充满活力与生趣。

小孩元气特别足，整个身体是一气贯通的，身心是未分离的。庄子后来在《大宗师》说：“真人之息以踵，众人之息以喉。”真人是从脚后跟呼吸的，刚出生的婴儿则是腹式呼吸，肚子一鼓一鼓的，有节奏地起伏，元气非常足，处于最接近真人的状态。说真人是用脚后跟在呼吸，是形容他的气息深。婴儿的精力是最旺盛的，在吃饱穿暖睡足的情况下，他们一天到晚都在不停地动，所以带孩子的大人会觉得很累，但孩子跑了一天却不觉得。婴儿让我们看到了人最初元气满满的生命状态。

孩子一般在三岁上幼儿园之前，这种原发性的气都很强，因为不受约束，没有进入秩序，没有被驯服，自由自在，为所欲为。很多孩子不是有多动症，只是精力太过旺盛而已。

孩子进入学校的时间越长，年级越高，这种活泼泼的生命力往往越弱，因为被驯化了。不像我这一代很多是放养长大的，今天的孩子早早就进入了理性的、现实的、竞争的世界，学校、家庭给予的有形或无形的压力都很大，所以他们确实在很多方面更优秀，但也容易变得不愿意与家长交流，变得死气沉沉。当然，高考之后或许还有一个复苏期，有机会重新觉察自己的天性。作为大学生，可能很多也是在继续应对体制、害怕不优秀。他们的生活就像高四、高五一样，选很多课，准备很多考试，争夺各种奖学金，操心作业、论文、考研、实习、工作、荣誉……所以能遵循道家的人很不容易。这样的状态少了很多乐趣，读研、读博、工作后可能还是同一种思维，同一种生活方式，直到把元气耗尽。

所以，今天的很多问题的根本原因不是社会变了，而是我们自己变了，变成另一个自己，被驯化、守成规、无趣、无味、无乐、暮气沉沉、死气沉沉，也可以用前几年流行的词形容，就是很“丧”。尽管在别人眼里可能很强。学“道”，就是要始终保持这种婴儿的元气与天机，这是人不能离开的“玄德”。

这一章还有一个比喻，说婴儿充满元气，凶猛的动物都伤害不了他，他柔弱但是很坚强。这其实是描述练气功的境界，练到精气饱满的时候，连动物都伤害不到。当然老子的目的不在讲气功，而是比喻。比喻有“德”的人与身边的一切都是和的，与自己也是和的，他的所有行为都自然而然地符合“道”，因此就不会遭遇危险。用前几年网络流行的话说，就是“不作死就不会死”，虽然话说得粗糙了点，但意思是对的。早早消耗掉生命的人，可能是由于自己违背了“道”，违背了“自然”，利欲熏心或急于求成。这一章的最后说：“物壮则老，谓之不道，不道早已。”这是全章的点睛之笔。物太强了就会衰亡，如果你不保留那个柔弱之气，一开始就使气很强，就像王熙凤那样，一直都很好强、逞强，身体很快就垮了。王熙凤特别遭人嫉恨，就是因为她太强了，连她的丈夫贾琏都恨得咬牙切齿，她不仅能力强，而且心气强，不服输，也看不惯男人的权势，不想屈从于男尊女卑的现实，她不甘示弱，心狠手辣，所以人人都怕她、恨她，最后自己反误了卿卿性命，当然，这也是那个时代造成的。

我们今天很多人在年轻的时候就想一下子达到很高的目标，拼命努力，打了鸡血一样。结果身体搞垮了，赚的钱也只够买套房子而已。他们实现了 40 岁退休的梦想，那 40 岁以后呢？忙着花钱和享受吗？那真的是自己想要的生活吗？年轻时其实要保持自己的精力、元气，而不是提前耗干，带着病痛去面对余生。人生的问题不会一劳永逸地解决，成功也不是一蹴而就的。这是“物壮则老”给我们的启示。

不要年轻时把自己用得太狠了，余生用吃药来维系，年老生病时身上插满管子不能自主，太过追求强大，过分消耗自己，很快就有危险了，用庄子的感慨就是“殆已”（《养生主》）。一味求强求胜，生命很快就耗完了，这就是“不道早已”，个人如此，国家也如此，秦始皇的统治就是太强硬了，他的政策，他的思路，一点松动的余地都没有，秦两世而亡，就是太过控制而不能持久的例子。不符合“道”，生命早早就结束了。反过来说，你可以做不符合“道”的事，这是你的自由，但由此所带来的危害你也要承担，这就是“不道早已”。

要达到这样的“德”或修成道家式的圣人，需要什么样的过程呢？我把它分为三个层次：“为道”“体道”与“得道”。“为道”是学习“道”的阶段，对“道”有模模糊糊的体验，但又很难描述清楚。感觉到“道”的奥妙，小心翼翼，又似乎对一切都不十分笃定。代表性的文本是《老子》第十五章，其曰：

> 古之善为士者，微妙玄通，深不可识……豫焉若冬涉川，犹兮若畏四邻，俨兮其若容，涣兮若冰之将释，敦兮其若朴，旷兮其若谷，混兮其若浊。孰能浊以静之徐清？孰能安以久动之徐生？保此道者不欲盈，夫唯不盈，故能蔽不新成。

这一章非常形象，“为道”之人的状态如立眼前，非常精彩。一个善于“为道”的人是什么样的精神状态，给别人的印象是什么呢?“为道”就是去“从事道”，努力去学“道”的意思。“古之善为士者”，帛书本作“古之善为道者”，“学道”之人和别人不一样，底下是一个散文式的具体描述。从事于“道”的人犹犹豫豫，像冬天跋涉冰川。在冰川跋涉，你当然不能用力很猛，而是要小心翼翼，因为随时可能遇到危险。“犹”是很警觉的样子，在山川中行走，像畏惧四面的邻居一样，很警觉。“俨兮其若容”，“容”也有版本作“客”，是说很拘谨，像客人一样。“涣兮若冰之将释”，是说他的面容很可亲，像冰慢慢融化的感觉。他有温和的面容，做事犹犹豫豫的，这不是说他不知道如何做事，而是说他做事总是慎重考虑。“敦兮其若朴”是说他敦厚朴实的样子。他心胸开阔，就像山谷一样。他混混沌沌，像没有开化的样子。可见，“为道”之人有着单纯的相貌，天真可亲，看起来有几分愚拙，那其实是有海德格尔意义上的非对象化的“畏”(［德］海德格尔著，陈嘉映、王庆节译:《存在与时间》)，不知道在畏惧什么，这种“畏”是朝向未来的，是未发生的一切的先行到来。

《老子》第六十七章说:“我有三宝，持而保之。一曰慈，二曰俭，三曰不敢为天下先。”老子认为，他有三个法宝，一是要慈爱，二是要节俭，三是不随便作为。其实第十五章这里的戒慎恐惧的样子就是“不敢为天下先”。圣人在没有了解情况的时候是不会随便行动的。《老子》第七章说：“是的圣人后其身而身先，外其身而身存”，你看起来在后边，其实你是在前边的，看起来不考虑自身，自身反而得以保存。看起来是退一步，其实是进一步。老子这个“不敢”不是没有勇气，而是洞察事态，见机而为。他让人做事不要贸然行动，而要了解全局，了解天时与人性，谨言慎行。

这一章的第二个层次说：“孰能浊以静之徐清？孰能安以久动之徐生？”谁能够在浑浊中使它慢慢静下来而变得清澈？谁能够安静下来慢慢让动态的东西活泼泼地绽现？意思是你只有保持内心的清静，才能使浑浊的世界变得清澈，一切意义得以生发。庄子说：“其耆欲深者，其天机浅”（《大宗师》），欲望太重的人，天然的智慧就少。人的天机一发动，整个生命的状态就对了，只有天机发动，才能生发出生命的意义来。我们每天都在奔波，其实很多情况下是在失去生命的时间和意义。克里希那穆提指出，你忙于去参加会议，忙于搞活动，忙于出著作，甚至忙于去教堂礼拜，忙于去拜佛等等，这些忙碌其实是一种逃避，是在逃避真正的问题，“爱是解决我们的问题的唯一的方法”。（[印] 克里希那穆提著，罗若蘋译：《爱与寂寞》）只有心灵澄澈安宁的时候，爱才得以可能。

当我们安静的时候，反而真正拥有了时间。你越慢，生命的时间越多，所以《老子》说“知止可以不殆”（第三十二章），这样的人赢得的是时间，是生命，而不是金钱，不是俗世所认为的成功。如果你一直是追着这个时间在跑的话，反而成了时间的奴隶，没有享受你的生命。生命的本质是时间，生命就是在一段有限的时间内演化的身心结合体。很多哲人都是从时间这个角度来考察生命的意义，这个意义只能来源于对时间的拥有与享受，而不是对外物的追逐。今天我们的生活又被形容为“盒子生活”，人能看见的天不多，能看天的时间不多，想看天的时候也不多。想象一下李白的《将进酒》、苏轼的《前赤壁赋》，不看天，不看黄河，不看月亮，待在屋子里怎么能写出来，怎么能有开阔的胸襟呢？

克里希那穆提说我们为什么把生活弄成了问题？工作、性、赚钱、思考、感觉……本来没有问题的，今天都成了问题。他说因为我们的心灵出了问题，“心灵的产物包括嫉妒、羡慕、野心、成名的欲望和追求成功。这些思想充满你的心，然后你说你爱；但是当你有这些令人困惑的因素时，如何能爱？”（[印]克里希纳穆提著，罗若蘋译：《爱与寂寞》）有求必苦，无欲则刚。无欲更不是不思进取，而是知道自己真正需要什么，想要什么，能要什么，这样的一个状态才是清净安宁的。

“保此道者不欲盈，夫唯不盈，故能蔽不新成”，“蔽不新成”是说守旧而不求新。很多人质疑说，老子这不是退步吗，我们今天强调的不是求新吗？是的，今天什么都讲创新，人们反而更加怀旧，这不正是老子的阴阳吗？人的本性只是求新吗？我们是被迫求新，还是主动求新的？我们从日新月异的生活中真的找到了心灵的安放吗？旧与新不交叉吗？关于新，有很多问题需要严肃地思考。其实人所追求和体会到的人生意义并不取决于它是新的还是旧的。从老子的角度来说，旧的东西本身就蕴含着新的意义，纯粹新的事物没有时间的积淀，它的意义很难说。旧物里储存的是时间，时间如酒，慢慢酝酿才能散发出芬芳，这也是“美”产生的条件，如德国哲学家韩炳哲说的：“停留（Verweilen）征服了时间。……今天，美的危机恰恰在于，美被囿于它的固有状态之下，变得只存在于其使用性和消费性之中。消费摧毁了他者。艺术美是对消费的反抗。”（［德］韩炳哲著，关玉红译：《美的救赎》）我们今天需要慢慢走，回味着旧，让新的东西从中到来，而不是一味求新。

我们今天这个时代一边在飞速发展一边在凶猛怀旧。每年都会有大量的怀旧的影视作品出现，无论是致青春的校园剧，还是致英雄的战争片，都是在用怀旧的方式自我安放。新的东西上面没有时间积淀也不带有感情，新物带来的更多是新鲜感，是刺激，而不是归属感。刺激感是短暂的，需要不断被更新的东西代替，但旧的东西不需要。老子的“蔽不新成”就是让古老的东西散发新的意义，而不是一味求新。周代的礼乐也要在

“道法自然”的理念下重新焕发它的魅力，在“道”的统摄下达到对人的熏陶与感化，这样才能为今天所用。《老子》这一章的思想不是退步，而是创新。最时尚的东西就潜藏在最古老的东西里面，最古老的东西最有可能焕发新的意义。“为道”之人如婴儿般单纯、安静，身居于时间的深处，在古今的对视中深知意义的来源与安放，他们守旧但不排斥新的东西，而是在旧物中不断开出新的东西，这是“修道成德”的第一个层次。

第三十讲　与热闹的时代保持距离

上一讲我们讲了“修道成德”的第一个层次“为道”，这一讲我们再来看“体道”和“得道”。“为道”是说我知道有这个“道”，听闻这个“道”就去学着做。那么“体道”之人境界又更高一些，因为一旦体会到这个“道”了，就完全入心了，也就与周围的人不同了。体会到“道”的人又是什么样子呢？《老子》第二十章给出了生动的描述：

> 众人熙熙，如享太牢，如春登台。我独泊兮其未兆，如婴儿之未孩。儽儽兮若无所归。众人皆有余，而我独若遗。我愚人之心也哉！沌沌兮！俗人昭昭，我独昏昏；俗人察察，我独闷闷。澹兮其若海，飘兮若无止。众人皆有以，而我独顽似鄙。我独异于人，而贵食母。

这一章我们之前也讲到过，也是笔者最喜欢的一章。本章通过“体道”之人与众人、俗人的对比，凸显了“体道”之人的诸多特质，如天真、淳朴、孤独、沉默、平静、漂泊、看似拙笨与鄙陋。众人也叫俗人，“众人熙熙，如享太牢，如春登台”，众人熙熙攘攘，欲望很多，高兴的样子像享受美味，像春天登上高台。“我独泊兮其未兆”，体道之人则独自漂泊，像没有目标的样子，“如婴儿之未孩，儽儽兮若无所归”，像婴儿还不会笑一样，像没有确定的归宿。这是更深的体会“道境”，不慕繁华，不随众人。众人不了解“道”，日常的物质、欲望的满足，足以让自己活得兴高采烈，他们不去追求那个淡乎寡味的“道”。“众人皆有余，而我独若遗”，众人好像都拥有很多东西，而我却像是失去了什么。因为众人是用占有的思维生活，他们拥有很多东西，就像今天很多人可能有房有车、有高学历、高工资、高颜值……表面上看起来很幸福，很有优越感，但是内心依旧不满足，常感空虚。“体道”之人则两手空空，一无所有，但内心非常富有。他并不以在这个世间拥有什么为快乐，也不觉得在这个世间一定要拥有那么多的东西才能活好，财富与名利在道家看来都是外物。

老子又说“我愚人之心也哉”，我是不是很愚蠢啊？这个“愚”字与“拙”一样，是很高的境界。“俗人昭昭，我独昏昏”，“俗人”很清醒的样子，“我”则浑浑噩噩，看起来没有目标，是不是内心愚笨，没有“俗人”那样精明、善于拥有呢？“俗人察察，我独闷闷”，“察察”是精明的样子，别人都很精明，孜孜以求，“我”却很苦闷的样子，好像什么也不懂。“澹兮其若海，飘兮若无止”，“我”就像是漂泊无所归的人。“众人”都有所凭借，“我”却像不需要依靠什么。用今天的话说，就是“众人”凭借权力、资源、美貌等等而活，“我”却不需要凭借什么外在的就可以活，因为“我”拥有的是“道”，活在与天道合一的境界，内心自由而满足。

“众人”与“我”是两种不同的人格，“众人”孜孜以求，拥有很多东西，兴高采烈，“我”则无欲无求无所归，像没开化的样子。与“众人”不同是孤独的，但孤独的人离“道”最近，因为他们追求真宰而不流于表面，顺应自然而不强求功名，保持自我而不随波逐流。孤独，不是他们的心灵之井，而是他们的智慧之源。一个人孤独地走自己的路，会发现只要顺从本心，走哪条路都是对的，哪个方向都无所谓，他们不需要与人比较，因此没有恐惧，更没有焦虑。他们不在意别人的看法，因此不需要借助外在的肯定来获得自信。这就是具备了“玄德”“常德”的道家人格。

孤独之人因为有赤子之心，与很多人不一样。崔健 1986 年在北京工人体育馆舞台上第一次唱响了《一无所有》，震撼了一代人，他们发现一无所有的人非常真实，在努力活着，心存理想。那些一夜暴富的人拥有很多，却活得并不一定真实。海子的《答复》说："你不能说我一无所有/你不能说我两手空空"（西川编：《海子诗全集》），这都是与众不同、超越世俗的孤独者。这与孤独的"体道"者有相似之处，他们不以赚取功名利禄为成功，也不以世俗的快乐为自己一生的追求。"众人皆有以，而我独顽似鄙"，我好像很顽固鄙陋的样子，好像不合时宜，别人都在汲汲以求，而我总像一无所有。"我独异于人，而贵食母"，"食母"就是伺候母亲，"母"比喻"道"，我伺候"道"，而不是伺候我的欲望，这就是"体道"之人与一般人的不同，他体会到"道"，就会按照这个"道"的方式自然地生活，不用占有那么多东西，不用去追求世俗的那种浮华的东西。他们心中有"道"，无论这"道"是"天道"，还是真理，都不同于众人所追求的外物。海德格尔在《存在与时间》里面也讲到"常人"（Das Man），他们处在一种"平均状态"，而不是本真状态。在整个《老子》中这种本真性都是如婴儿一般赤诚。如庄子在《渔父》篇说的"真者，精诚之至"，最本真的人才足够真实，动人。

最后一个是"得道"的境界。"得道"了是什么样呢？《老子》第二十三章说"道者同于道，德者同于德，失者同于失。同于道者，道亦乐得之；同于德者，德亦乐得之；同于失者，失亦乐得之"。"求道"之人与"道"同在，"求德"之人与

“德”同在，“失道”的人只能与“失道”的状态同在。与“道”同在的人，“道”也乐意与你同在，追求“德”也是同样的情况。这个说法很生动，你爱好“道”，“道”也爱好你，你喜欢“道”，“道”也喜欢你。如果你具备了道家的德行，那么这个德行也很青睐你，所以人和“道”、人和“德”融为一体，相互应和，成就了一种少私寡欲的人格。这个可以看作是人“修道成德”的最后一个境界。

“为道”“体道”“得道”可以看作是一个从对象化到非对象化的过程，什么意思呢？一开始还把“道”作为一个规则，我就照着做，去学，慢慢地就跟“道”一起了，不用刻意去学“道”，但无不中“道”，即没有什么事情不符合“道”的。“道”就不再是你的想要遵循的一个法则，而与你融为一体。做任何事情都符合自然，这就是道家的最高的境界。

中国历史上的很多大诗人、大学者、大思想家，都保持了这样道家的纯真与跟众人不一样的、不迷失于外在功名利禄的品格。对他们来说，孤独是一种贞节，是主动的选择。保持这样的孤独是创造力的源泉，是保护本真性的需要。孤独不但不需要逃避，而且需要保护。在众人的喧哗中，是没有创造的力量的，历史上留下的伟大的哲学与宗教，其创始者都是孤独的，孔子如丧家之犬，老子骑牛出关，庄子隐居陋巷，苏格拉底为正义而死……哪个伟大的人不是忍受了常人不能忍受的孤独？

这种境界如果用庄子的思想来表达的话，就是先有现实中孤独的“安命”，才有精神的“逍遥”。到“无已无功无名”，你就跟“道”在一起了，因为你不受外在的这些功名利禄的牵制了，比如庄子笔下的许由，拒绝了尧让给他的天下，完全不把功名放在自己的生命当中来考虑，这就是圣人；藐姑射神人，“其神凝，使目不疵疠而年谷熟”（《逍遥游》），她凝神注视万物，就能让万物成熟，且不把这个作为功劳自诩，这就是神人；南郭子綦形神皆忘，通乎天籁，宋荣子“举世誉之而不加劝，举世非之而不加沮”（《逍遥游》），知乎内外，辩荣辱，这就是至人。这三种人都不是神仙，而是孤独守道之人。

忘掉自己，当然不是说没有自我，而是说忘掉自己的成心，忘掉外在强加的衡量你的各种尺子，把自己交回宇宙，像一朵花一样自在开放，像一棵树一样自由生长，这才是与“道”合一。当然这需要一定的工夫来达到，《老子》的修道工夫主要有三个：第一是“致虚守静”（第十六章），第二是“少私寡欲”（第十九章），第三是“见素抱朴”（第十九章）。当然到了庄子，“致虚守静”的工夫发展为“心斋”（《人间世》）、“坐忘”（《大宗师》），庄子概括得更为精炼。做到这三点，才能修到最高的“玄德”境界。“致虚守静”是让自己的心空虚下来、安静下来，与宇宙重新接通消息，把碎片化的生活整合起来；“少私寡欲”是减少私心与欲望，抵制外在的刺激与诱惑，保持内心的简单与澄澈；“见素抱朴”是让人回到素朴的天性，无善无恶，顺其自然地生活。这三点是相互关联的，虚静是条件，寡欲是关键，复朴是根本。

因此，孤独在道家看来是具有正面意义的，是保持清醒，保持创造力，是守住“黑夜”的那种看不见的力量。孤独是不能被破坏的。庄子笔下的大鹏，扶摇直上九万里，是孤独的，因为它不能在与小鸟为舞的热闹中获得真正的满足。法国哲学家罗兰·巴特就曾引用过《老子》第二十章来讲述“孤独”，他说：“我，作为恋人，既不斗争，也不抗议；我只是不对话，不与权力机构、管理机构、思想界、科技界等等进行对话；我并不一定就是‘不问政治’的。我的古怪之处就在于不‘被人煽动’……我只是被某种无意义、不言自明的旨意高高挂起，使我好似与世隔绝、远离了人间烟火，我挨不进任何档次，无家可归。”（［法］罗兰·巴特著，汪耀进、武佩荣译：《恋人絮语》）这种孤独也是法国后现代思想家身上，孤独的魅力。道家式的人在俗世间是孤独的，但这种孤独是一种必要，是一种享受，是庄子“独与天地精神相往来”（《天下》）的意义上的孤独。道家的孤独，是为了与热闹的时代保持距离，让人在边缘的独处中保持思考力与灵魂的纯粹。

第三十一讲　谁战胜了欲望，谁就战胜了自己

“致虚守静”，见于《老子》第十六章，其曰：“致虚极，守静笃，万物并作，吾以观复。夫物芸芸，各复归其根。归根曰静，是谓复命。复命曰常，知常曰明，不知常，妄作，凶。”它的意思是达到空虚是万物的极致，回归寂静是天地的本性。万物一起兴发，我静观它们的复归。万物纷繁复杂，但最后都各自回归到它的本源。回归到本原叫“静”，这就是所谓的“复命”。“复命”也就是“恒常”，能认识“恒常”的道理叫“明”。不能认识“恒常”的道理而轻举妄动，就必然会带来不利。老子认为内心保持空虚，守住安静，才能体悟到万物的生发与意义。这一章与《老子》第一章的“无欲，以观其妙；有欲，以

观其徼”吻合，在无欲的状态，能洞察万物的美；在有欲、有目的的状态下，能看到万物的回归。虚静是几乎没有什么欲求的状态，这时候能看到万物的“兴作”，每一个事物、每一个人都有自己的本性、自己的根，回到这个根上便是得了“正命”，否则盲目行动就有灾祸发生。如果我们偏离了自己的本性，如庄子在《人间世》中说的“坐驰”，任何事情都做不好。

宋代苏轼《送参寥师》说：“静故了群动，空故纳万境。”（[宋] 苏轼：《苏东坡全集》）苏轼与参寥子有非常深的法缘，这对他的“悟道”有很大帮助，这里说的是静让所有的动自然而然地止歇，而有所了悟；空，才能容纳所有的人生境遇。苏轼这种禅境与《老子》本章完全一致，亦如《吉祥经》说的“八风不动心”。不管外面产生多大的变化，你的心不随它摇荡，这就是定力。静下来，才能定下来。在今天，尤其需要这样抵制外在诱惑与干扰的定力。面对外在世界的纷纷扰扰、相互比较、相互带节奏，我们需要有定力才能避免焦虑。人如果没有定力，就会沉浸于泡沫剧、游戏、抖音等娱乐中，慢慢就移其性，离其根，偏其“道”了。这样的人身心不会健康，生命也不会长久。

“归根曰静”就是归到自己的命上，而不是去任由自己的心意到处驰骋。第十六章接着说：“知常容，容乃公，公乃王，王乃天，天乃道，道乃久。没身不殆。”你对“常道”一旦有所了解，就能够公平公正地对待天下万物，这样的人是“得道”了，能够长久，所以他的一生不会有危害。在今天这样一个躁动的时代，生活节奏特别快，我们要静下来，让心空下来。禅修是个很好的方式，禅修打坐的时候，个体就跟宇宙打通了，只能感到身上的气在游走，一张一翕，一来一去，一进一退，像与远方潮汐的节奏相应和。身体的虚静会带来内心的宁静与欢愉，身上气流涌动，像自己拥抱自己，瞬间能感到宇宙赋予我们的能量。自己是自己唯一的能量源，我们每一个生命原本就是圆满自足的，是欲望让我们感到匮乏，总想到外面去寻找力量，寻找依靠。人只有虚静下来，才能与宇宙接通，碎片化的生活会在虚静的瞬间聚合到一起。这个时候内心便去掉了一切芜杂纷乱。如果我们每天都能打坐哪怕半个钟头，生命的状态都会很不一样。

现在我们处于信息时代，消费主义盛行，每天我们面临的刺激与诱惑都非常多。如果不能打坐，至少每天要留出一两个小时完整的时间，放下手机，静静清理自己大脑中的东西，把碎片的生活整合起来，把自身的能量聚集起来，否则身心劳顿，内心焦躁，什么事都做不好。以色列学者赫拉利说，我们一出生就与“现代性”签订了一个契约，这就是追求更高、更快、更强，现代性就是让人去追求更多、求得更多的满足，这是一件很容易的事，“因为人类很容易贪婪”（[以] 赫拉利著，林俊宏译：《未来简史：从智人到神人》）。这是我们现代人总是停不下来的原因。

“修道成德”的第二个工夫是“少私寡欲”，这也切中了现代人的生存处境。《老子》第五十三章曰：“服文綵，带利剑，厌饮食，财货有余，是谓盗夸。非道也哉！”老子所批评的就是这样的浮躁、骄矜之人。今天很多公众人物在巅峰时遭遇滑铁卢，瞬间舆论哗然。这可能是因为他们被欲望驱使而无法停止，享受成功的快感而为所欲为，最后欲望就不知不觉会超出自己的控制能力，让人变得骄矜、狂躁，没有是非观念，这也是拥有资本而又缺乏自律能力的人的险境。谁战胜了欲望，谁就战胜了自己。谁被欲望牵着走，谁就不会获得真正的幸福。不断滋长的欲望不能得到及时的满足，就会导致各种心理问题。越平静无求的人，越会得到岁月丰富的馈赠，因为自然而然凭努力得来的东西谁也夺不走。

所以《老子》提出的“少私寡欲”在今天仍然很重要。如果人类的欲望少一点，是不会去破坏大自然的；如果个人的欲望少一点，是不会把自己吃出病来、玩出病来、忙出病来的。《老子》第十九章曰：“绝圣弃智，民利百倍；绝仁弃义，民复孝慈；绝巧弃利，盗贼无有。此三者，以为文不足，故令有所属，见素抱朴，少私寡欲。”虽然竹简本“绝圣弃智”写为“绝智弃辩”，“绝仁弃义”写作“绝伪弃诈”，但是我们还是能从中看到老子对当时的虚伪道德的批判。如果侯王减少欲望，就不会用这些外在的名誉来规范自己。“巧”和“利”也是这样，如果你不加限制的话，盗贼、强盗就会更多，所以要“少私寡欲”。欲望是个双刃剑，人生的意义很大程度上来源于欲望的满足，哪怕最基本的食色，但是欲望一旦多到超出了人的基本需要，又会走向负面，影响人的生命意义的建构，越贪图享受，反而越感到意义匮乏。所以，欲望要控制得刚刚好才行。欲望有不同的层次，人只有超越食色的层次，在精神与情感上追求更深刻的满足，才能从中获得幸福感。

《老子》第十二章曰：“五色令人目盲，五音令人耳聋，五味令人口爽，驰骋畋猎令人心发狂，难得之货令人行妨。”“五”是代表多，“五音”“五色”“五味”这些刺激欲望的东西，会破坏我们的耳朵、眼睛和心灵。你天天听过于狂躁激烈的音乐，天天吃各种刺激肠胃的食物，天天看各种刺激你欲望的视频……最后的结果是什么呢？“驰骋畋猎令人心发狂，难得之货令人行妨”，得不到的东西影响了我们的德行，成为“修道成德”过程中的障碍。如果每天追着欲望到处跑，心也就跟着跑了，面对欲望一定得掌握一定的分寸，一定的尺度。

人的欲望其实不是天生的，而是不断被刺激出来的。我们小的时候其实没有那么多欲望，婴儿吃饱了睡，睡饱了吃。再大一点呢，欲望就多了。有一个例子很有意思。我女儿一岁多的时候，我带她到我们学校玩，遇到我的两个学生，她们手里拿着很多零食。她们看到我女儿后，给她左手一个棒棒糖，给她右手一个面包，我女儿左看看，右看看，觉得很为难，这对一个不到一岁的孩子来说似乎是件很棘手的事情，她纠结了半天，最后把那个面包还给了姐姐，只要一个棒棒糖，很开心地走了。再大点了就不一样了，三岁以后，你给多少，她就要多少，多多益善，来者不拒，人的欲望就是这样慢慢变多的，贪心是慢慢滋长出来的。

“得道”之人与普通人的区别就在于他们“欲不欲”，他们想要的东西是很多人不想要的，比如“道”。他们所具有的是道欲，不是俗欲，是对“道”的追求，而不是对外物无尽的追求与占有。人与人的差别就在于对待欲望的态度。纵欲之人只能得到一时的快感，得不到深层的满足。自律之人必是有更高远的追求。克里希那穆提说：“凡有意欲所为，都不能达到真正的解放。”（[印] 克里希那穆提著，李赫楠译：《唤醒能量》）人是特别容易“有为”的动物，只要大脑还在运行，就总想做这做那，欲望没有一刻是静止的，甚至包括睡着的时候。克里希那穆提说：“当你真的闭上眼睛和耳朵，在内部和外部都没有任何运动，没有寻求满足的欲望及其所有的挫折；当那发生的时候，就有完全的寂静。而你使用‘探究’一词的时候，就已经暗示了二元性。”不只是人的欲望，只要人想要去探究什么，就已经开始启动各种感官了。即便对“道”的探究也不能太执着，否则就被欲望控制了。

所以，从有意去追寻“道”（“为道”），到慢慢去体会“道”（“体道”），到最后领悟“道”（“得道”），可以看作一个循序渐进的历程。河上公认为，“为道”之人也是“体道”之君，也没有错，“为道”之人在“为”的过程中已经在体会“道”了，而最终“得道”的也必是善于“为道”的人。这个过程中，“道”从一个对象化的存在转化为非对象化的存在，也就是从认识的对象变成了内化于心、与人一体的内在事物。

第三十二讲　回到没有被雕刻的样子

我们再来讲“修道成德”的第三个工夫：“返朴归真”。老子在人性论上提出人性本朴，我们之前讲过，“朴”在《说文解字》中是“木素”的意思，就是木头还没有被雕刻的样子。老子以木喻人，认为人性本来也是素朴的，未经后来的社会塑造、道德教化与生活环境的污染。如何回到没有被雕刻的样子？为什么要回到？是否可能回到？这是些值得思考的问题。“朴”也是人少私寡欲的原初状态，满足温饱、恬然自得，对应的社会状况是贫富差距小，人的欲望没有被过度地刺激，这样的社会自然运行，自给自足，社会上没有恶魔，也没有太多英雄。回到质朴，不是历史的倒退，而是人性的回归，是让社会重回自然秩序的途径。在《老子》中，“朴”可分为三个层次：

第一层是“道”的“朴”。《老子》第三十二章曰：“道常无名，朴虽小，天下莫能臣也。侯王若能守之，万物将自宾。”第二十八章曰：“朴散则为器，圣人用之则为官长。故大制不割。”这里的“朴”都是代表“道”。王弼注：“真散则百行出，殊类生，若器也。”范应元注：“纯朴不散，则非器也。”器是物的层面，官长即百官之首长，即君王。《说文解字》曰：“制，裁也。”割是割裂、支离的意思。释德清曰：“不割者，不分彼此界限之意。”（[明] 释德清撰，黄曙辉点校：《道德经解》）蒋锡昌曰：“‘大制’犹云大治，‘无割’犹云无治。盖无治，可以使朴散以后之天下复归于朴，正乃圣人之大治也。”（蒋锡昌：《老子校诂》）因此，“大制不割”的意思是好的政治制度不会割裂“道”，也就是说不会支离破碎。圣人把“朴”落实为具体的治国方案，完整地运用“道”，不去破坏百姓的淳朴本性，而不是用一些雕虫小技来管理。

第二个层次是侯王的“朴”。侯王的“朴”就体现在守住这个“道”，让万物自己发育生长，顺其自然。侯王首先要做到的是自律，节制欲望，做民众的榜样。上行下效，形成好的社会风气。《老子》第二十八章曰：“常德乃足，复归于朴。”恒久之德如果具备了，社会与人性就都能回归到朴上；《老子》第三十七章曰：“道常无为而无不为，侯王若能守之，万物将自化。化而欲作，吾将镇之以无名之朴。无名之朴，夫亦将无欲。不欲以静，天下将自定。”自化是自生自长、自我化育。河上公注：“镇抚以道德也。”镇是制止、镇抚的意思。“欲作”，高明解释为“贪欲之复起也”（高明：《帛书老子校注》），如果老百姓的欲望不断增长，侯王要让人们回归质朴。侯王用“朴”的方式来抚镇他们，教化他们，而不是依靠严刑酷法。

第三个层次是指社会的“朴”。《老子》第三十二章说“道常无名，朴虽小，天下莫能臣也。”“天下”从狭义上说就是指社会。老子说“道”虽看起来微不足道，但天下没有能使它臣服的，也就是说天下都要尊崇它。这样的“道”说出来是淡乎寡味的，是朴素的，但它可以主导人类的生活，具体表现在社会生活层面，就是自给自足、甘美安乐的生活状态，也即《老子》第八十章说的“甘其食，美其服，安其居，乐其俗”，大国若能让百姓达到这样的生活状态，就是成功。治大国与治小国在原理上是一样的，一个国家有各种武器，但没有派上用场的时候，只是为了预防与震慑；老百姓都觉得自己过得很好，安土重迁，没有背井离乡，没有异国乡愁，耕读持家，乐在乡土；天下没有战争，社会充满和谐，这就是“朴”的社会。

老子主张“小国寡民”，但不反对有先进的生产力和武器，武器不是为了攻打别的国家和掠夺财富，而只是为了不时之需，保护家国的安全。我们今天并没有完全达到老子提出的“甘美安乐”的生活，吃的东西很多是转基因、打了农药的，食品安全一直都是问题，更不用说“甘”的味道了；今天的穿衣风格追求的更多是外在美，而不是以宽大舒服为主；安居就更难了，一线城市的房价高，普通工薪阶层买了房子，房贷是很大的压力；传统风俗在城市几乎没有了，节日是风俗的重要体现，但今天真正意义上的过节更少，端午节、中秋节基本上都变成了“购物节”，人们更多的过的是消费主义的伪节日，如“双十一”等。这几年因为疫情，连春节假期都受到了影响，回家过年都成了一种奢望。渐渐地大家为了安全，也能接受甚至习惯春节不回老家过年了。综上所说，“甘美安乐”的社会生活是人心质朴、社会健康的体现，不是历史的倒退，反而是幸福指数极高的社会。

中国四大名著中对文化生活描述得最雅致的是曹雪芹的《红楼梦》。为什么《红楼梦》经久不衰，至今还有很多红迷？我个人觉得，是因为《红楼梦》是中国传统文化生活的最后一抹夕阳红，它的伟大就在于记录下来了传统中国的文化生活，尤其是贵族的物质生活与情感世界，即大观园里的琴棋书画、节日风俗、喝酒吟诗、猜拳行令、婚礼祭礼……他们把传统文化过给我们看。文化不是故纸堆里记载的礼俗，不是文物，不是摆设，也不是专门用来赚钱的产业，文化是一种生活方式，如果我们不这么生活了，文化就死了，没有过着这样生活的一个群体，文化也就进博物馆了。文化中很重要的一个东西就是风俗，《红楼梦》中的人过上祀节、中元节、春节、元宵节等等都非常讲究，人在其中会亲身体会文化的美感，文化的含义，慎终追远也好，普天同庆也好，喜怒通四时，人的精神得到慰藉与安顿，那就是我们中国人的文化生活与情感生活。文化生活中有我们中国人独特的情感方式与价值观。我们今天的节日基本上都是被消费主义利用的日子，没有情感，也没有价值观，只有物质的狂欢，在刷卡的瞬间有极其短暂的快乐，稍纵即逝，剩下一堆可能完全用不上的物品。

因此，返“朴”归真是人性上回到单纯的如婴儿的状态，是从圣人、侯王到每一个普通的民众所构成的美好社会的前提。只有个人保持朴素，整个社会风气才能是淳朴、和谐的。作为个体，“修道成德”不仅是为了个人心灵与情绪的安顿，更是为了整个社会的美好与文化生活的建构。《老子》虽然是春秋末年的作品，但他看到了那个时代的混乱的原因，所以提出了这些观念。我们今天同样也有回归质朴的良好愿景。

第三十三讲　超越善恶二分的“朴”

“朴”，也是道家反向表达的观念之一。人们慕浮华，而老子独爱“朴”。我们讲过道家的人性论与众不同，不就人性是善还是恶立论，而是提出人性本朴、复归于朴。一个过度追求善或恶的人同样都会被自己的某种欲望控制。从道家看来，真正的善良是不需要教化的，一个内心质朴的人会自然而然地流溢出善来。一个朴素的人，他的善根一直保存着，这是一个人的生命之根，处事之本，也是快乐之源。人的快乐就来源于人性中的素朴与单纯，或者说，素朴人性中的快乐是一个人内在的快乐，是不被外物会影响的，是什么都剥夺不去的，就像婴儿、儿童总是能自己玩得很开心一样，他们感受到的是天然的快乐。

那么，人如何保持善根，不因欲望的驱使而作恶？老子的人性论可以帮助我们回答这个问题。《老子》第二十八章曰：

知其雄，守其雌。为天下溪，常德不离，复归于婴儿。知其白，守其黑。为天下式。为天下式，常德不忒，复归于无极。知其荣，守其辱，为天下谷。为天下谷，常德乃足，复归于朴。

老子提倡“复归婴儿”“复归无极”“复归于朴”。既然能复归到那个“朴”上，就说明原本人就有“朴”的天性，我们需要不停地反思人性，回到原初。《老子》第十六章也讲：“各复归其根。归根曰静，是谓复命。”万物纷繁复杂，都要各自回到自己的根源处，才是静。人回到静的状态，是不离本心，不离本性，得了正命，这样的人生才不会有害处。一个人身体躁动，内心疯狂，什么都想要，就静不下来，停不下来，最后可能不择手段，这就是作恶的开端。

老子认为人性本来是质朴的。《老子》第二章说：“天下皆知美之为美，斯恶已；皆知善之为善，斯不善已。”我们之前也分析过，当你去说人性善的时候，已经有人性恶了。这样的二分就意味着善恶对立起来了。刘笑敢先生认为，老子讲的是“人性本贵论”（刘笑敢：《老子古今：五种对勘与析评引论》），人性是人只要存在就具有的特质，是最自然的东西，本身是尊贵的。老子认为天然的本性是尊贵的，道法自然，包括尊重人性的自然。他认为保护自己的天性和本性，这是第一位的，其次才涉及道德、价值、社会地位的层面。每个人都需要认识自己的真面目，即自己本来是什么样子的，才能谈得上要如何做人。

婴儿时期是人生的最初阶段，婴儿本身是无所谓善、恶的。因为还没有经历善、恶的教化，这个时候自然流露出来的情感更为珍贵。还是给大家举生活中的例子：有一次，我的一个老同学来我们家做客，我女儿当时 6 岁，她不认识这位阿姨。进屋后，我换了一双粉色的很漂亮的拖鞋，而给同学一双不好看的旧拖鞋。我女儿立刻就问："妈妈，你怎么不给阿姨也找一双漂亮的拖鞋?"一个小孩子心中就有一杆秤，她觉得凭什么妈妈穿的拖鞋要比给客人的漂亮。这是一种毫无功利的公平意识，这就是我们本来心底所存的善。善是自然而然流露出来的朴素的情感，既不是客气，也没有功利，既非道德，也非习俗。

孩子有这样的一个心灵上的感受，她传达给你，她是没有什么善恶的意识的，就像我说之前举的例子，小孩捏死了小虫子，不是恶，他只是好奇，用手来体验世界；小孩子挥舞着手打人，也不是恶，而是用手来探索与别人沟通的方式。这种未经雕刻的素朴状态是珍贵的，而善恶是后天的不自然的东西。太善或太恶，对人生都不是好事。当人们知道了如何为善，也就知道了如何作恶。一个淳朴的人却没有作恶的念头，一个学"道"的人更不会违背"道"去作恶。朴素的东西能给人带来真正的快乐，因为它足够自然与真实。很多明星有钱有名有貌，为什么还会得抑郁症，还会自杀？因为他们的形象在别人看来光鲜亮丽，但很多时候是不得不迎合观众、粉丝而做出来的，不是自己真实的内心，也不是自己真正想要的。人慢慢就被这些外在的东西绑架了，成为一心要取悦别人、取悦众人的人，养成了“讨好型人格”，时间久了，自然就会出问题，不及时纠正，就会变成恶。

庄子在《养生主》篇提出“为善无近名，为恶无近刑，缘督以为经”，就是这个原因。你做善事，不用做到名满天下，更不能为了名而做。所有人都知道你是个大好人就麻烦了，道德绑架就来了。同时，善也容易被利用，这是我们从小看《农夫与蛇》《东郭先生和狼》这些寓言故事就知道的道理。所以，善良要讲究方法，善良的人往往容易成为作恶者的攻击目标，要用对自己的善良与同情心，否则善良带来的是负面的效果。“为恶无近刑”则是说作恶不能做到触犯刑法，否则就伤身害性。他不认为人性就是善，而是认为人性中有善的和恶的可能，但是善和恶又不能一刀切。我们并不是只要善，不要恶，而是说尽可能保持质朴就好，这样表现出来的善与恶也不会伤己或伤人。人小的时候不懂事，有时会做点坏事的，慢慢长大了就知道这样会对别人不好，自然会改正。我们不能上纲上线地说，小时候做过错事的这个人就是个坏人。所以从庄子的角度看，适当的小恶是可以接受的，而不可能或不必要把一个人身上的恶完全去除掉，只要“缘督以为经”，符合中道，人的行为就不会有祸害。庄子的这个人性观其实就是从《老子》来的。

我们再延伸一下，一味做好人或善人为什么不好呢？因为做好人总会有压抑的部分、不真实的部分，你总是为别人好，说话、做事总是考虑别人是否舒服，结果真实的自我受到了压抑。这就是武志红说的“中国式好人”的问题，他举例子说，一个男人在家是个好丈夫，在公司里是个好领导、好同事，在父母面前是个好儿子，在孩子面前是个好父亲，所有的角色都是为了把做到一个“好”字，多累都要默不作声地扛着。武志红说这样的好人同时有这些特点：“只付出，不索取；总给予，难接受；封闭，感觉麻木；理性或许发达，但感性一般不发达；他们的好，像绵羊，而缺乏力量；他们没有欲求，也难以发出自己的声音，……他们也就是王小波说的，沉默的大多数。”长期做个好人而忽略了自己，被道德的高标要求，被身边的所有人肯定，但是没有获得内心的快乐，这样的群体何来创造力？这种“好”是以消解自己、忽略自己甚至牺牲自己为代价的，这样的人不仅自己不会真正地快乐与幸福，也无法用热情来影响别人，他们就是温吞的水，内心泛不起任何涟漪，这是个沉默的群体，也是个随时有可能崩溃的群体。

当然这不是主张人不去做善事，而是说善也要控制好度。

道家反对为了“名”而行善，如果真的有一颗善心，想要做好人好事，为什么一定要让别人知道呢？如果你的善良做得让很多人都知道了，还可能产生另一个问题，就是会遭到道德绑架。这个人穷了你给了点钱资助，如果他再来找你要钱，你给不给？这里会有很多隐形的道德绑架。比如对贫困地区只给予金钱上的资助，而不是教给他们挣钱的方式，这种善良就会滋长懒惰。这就是电视剧《山海情》里的一个情节——政府资助给贫困地区一些鸡，让他们养起来致富，结果鸡都被吃光了。善良要讲方法，否则很容易带来负面的结果。

不是简单地对弱者行善就可以的。刘瑜教授在她书中写过关于如何“保护弱势群体”的事，她认为从道德的制高点来说这句话没有问题，但现实很复杂。她以美国的“2007 年联邦最低工资法案”为例说明，虽然民主党占多数席位的众议院很快就于 2007 年 1 月通过了提高最低工资的法案，“似乎底层劳工的利益得到了保护”，“但是绝大多数的经济学实证研究都一再表明最低工资法会增加失业率，尤其是年轻的、非熟练工的失业率……最低工资上升 10%，会导致年轻非熟练工失业率增加 1%到 3%。这个研究结论令人悲哀之处就在于，最低工资法旨在保护弱势群体，最后伤害的，恰恰是弱势群体。”（刘瑜：《民主的细节》）所以，一味施善，并不能真正解决问题，反而有负面的问题随之产生。即便施善，类似要改变弱者处境，也要讲究方法，理性操作，多做调查，长远考虑。

还有一个关于施舍的故事，说美国有一个绅士，他看到一个流浪汉小伙子，想帮助他，他不是直接给流浪汉钱，而是跟小伙子说他有一个屋子要拆，给工钱让小伙子去拆。拆完了，他又说我还需要盖一个房子，你再帮我们盖房子，这些材料还都能用上，又给他一部分工钱，小伙子很高兴，因为是他的劳动换来的，不是直接的施舍，而是让他从自己的劳动中获得财富，这样他得到帮助的方式才是有尊严的，这叫真的善。所以行善是个很复杂的事，需要方法，需要智慧。

道家认为，“朴”本身就是一种善。朴素才能保证善的自然。为善不应该变成一种规定，一种口号，甚至变成一种手段。人性本来素朴，只有这种“朴”，能保证善的真实，而在为善的过程中也有个方法的问题，要没有私心，要没有功利目的，行于所当行，止于所当止，不能走极端。如果离开了“朴”，所有的善都是伪善，都会适得其反。

第三十四讲　无名是最高的质朴

《老子》第三十二章说：“道常无名，朴虽小，天下莫能臣也。侯王若能守之，万物将自宾。天地相合以降甘露，民莫之令而自均。始制有名，名亦既有，夫亦将知止。知止可以不殆。”老子提出“朴”的角度非常特别，“道”恒“无名”，“无名”才是真正的“朴”、最高的“朴”。为什么是“无名”的？《老子》第二十五章说得很清楚：“吾不知其名，字之曰道，强为之名曰大。”原本就存在这样一个宇宙的法则，我没有办法知道它的名字，就人为地给它一个名称，叫作“道”，又叫作“大”。所以“道”本来是没有名称的。圣人或有智慧的人给它一个名称，是为了引导人去理解它背后的意思。

“始制有名”是说从命名“道”开始，对各种东西都陆续有了命名。人们就开始用“名”了，我们之前也讲过，百官就开始用了，用了之后“名”就越来越多。比如说儒家的尊卑之名——“尊尊、亲亲、父父、子子”，后来演变出“三纲五常”，再后来到魏晋南北朝的时候，自然与名教之间产生了激烈的争论，各种融合的进路也运用而生。老子认为“名”可以用，但是“夫亦将知止，知止可以不殆”。用名言概念要知道适可而止。后来庄子批评惠施“形与影竞走也，悲夫”（《天下》）就是批评执着于名言概念的名家的做法。庄子提出“天地一指也，万物一马也”（《齐物论》）就是针对“名”的过度使用。在治理国家的时候，“名”用多了，老百姓就会被束缚住，且对执政者不信任。

“名”的运用在儒家主要体现在人伦关系中，比如说亲子关系、夫妻关系、君臣关系，发展为后来的“三纲”——君为臣纲，父为子纲，夫为妻纲，这是对“名”的利用。在用“名”的过程中，人伦关系逐渐被规范为单向服从的关系，这是孔子原本的思想在后世诠释中的异化。从道家的角度看，那种原生态的发生性的感情就很难抑制。比如说父亲跟孩子，如果让孩子必须听父亲的，孩子肯定不服气，现在小孩的自主意识就很强了，你不能再讲儒家那一套“父为子纲”的家长制了。在家庭伦理关系中，如果说有一个是主宰者，规定妻子和孩子必须做什么，这样的家庭关系是不可能和谐的。按照真实的感情来的话，父母爱孩子，孩子自然就会尊重他们、爱他们，长大了会回报他们以爱。只有通过自然的感情来建构一个家庭的和睦的氛围，互相尊重，在家庭成员的不同习惯、喜好、观点与分工之间获得平衡，所有成员平等，才能共同走向幸福。

人与人之间是不能靠强制性管制的。我们提倡父母跟孩子是朋友的关系，至多父母是孩子的情感港湾与精神支柱，在他们需要的时候给他们一些建议，没有强制的权力。现在孩子的自我意识非常强，有一次我 4 岁的侄女和奶奶一起过马路，奶奶要牵她的手，她说："手是我的，你不能牵。"奶奶说要打她的话，她说："屁股是我的，你不能打。"还有一件小事也让我亲身体会到现在孩子的自我意识，我女儿 6 岁的时候，她的幼儿园老师出书需要用一下她在幼儿园时的一张照片，于是给我发了一个授权书，让我签字，我就签了。我给女儿说了这件事，女儿说："你让老师直接找我啊，照片是我的，为什么要让你签。"现在的孩子这么小，自我意识和权利意识就很强了，所以在一个正常的家庭中，不能建立起绝对服从的关系，否则就会造成很多冲突。

你不能借"父亲""母亲"之"名"来管制孩子，这个"名"本身不具有权力和权威，只能靠朋友一样的信任和无私的爱来让孩子也信任你，爱你，在信任你、爱你的前提下才能接受你的教导。所以"名"在伦理关系中要慎用，现代的父、子、夫、妻，不是权力的不同，只是角色的不同。虽然今天中国社会没有三纲五常了，女性的觉醒与崛起也不容忽视，但在很多的家庭关系中，误读权力或滥用权力的现象仍然很多。“名”，只是为了管理的需要而定的身份，代表不同的分工，一切“名”的背后是人格的平等。不能因为你是父母、丈夫、领导、老师、教授、老板、房东等等就可以压榨别人，人为地制造不平等，用金钱、地位、资本来打造自我优越感，再带着这种优越感去侵犯、欺凌弱者，这不只是道家反对的，儒家也不主张这样的思想。

自然的人际关系有被异化的危险，所以用“名”一定要知道停止，无论是在人际关系上，还是在逻辑推理上，“名”的滥用都是有危害的。庄子老是批评惠子，他俩明明是难得可以对话的好朋友，批评中有同情和惋惜，意思是你追逐的“名”是没有止境的，像人的身体和自己的影子比赛谁走得快一样，这无异于西西弗斯推大石头，永远没有胜利可言。像公孙龙追逐的“白马非马”，庄子很反感，提出“天地一指也，万物一马也”“天地与我并生，而万物与我为一”（《齐物论》），哪有那么多“名”上的分判？“名”越多，越是对完整之“大道”的偏离与破坏。要回到实际生活世界中来理解“道”，所以老子接着说“道之在天下，犹川谷之于江海”，“道”虽然朴素无名，淡乎寡味，但是它就像是大江大海一样，所有的小河流都要归向于它。

“道”靠什么来统治万物？恰恰靠“无名”，而不是“有名”。《老子》只有五千言，本身就接近“无名”了，但它却奠定了“无名”之“道”在中国哲学与文化中经久不衰的地位。

在《老子》中，做到“无名”的是“上士”，老子将人分作上士、中士、下士三个不同的层次，越高的层次越能领会“道”，领会无名之道的人才具有无名之德。上士的状态在《老子》中体现在以下几章：

> 我独泊兮其未兆，如婴儿之未孩，儽儽兮若无所归……俗人昭昭，我独昏昏；俗人察察，我独闷闷。（第二十章）

> 古之善为士者，微妙玄通，深不可识。……涣兮若冰之将释，敦兮其若朴，旷兮其若谷，混兮其若浊。（第十五章）

> 知其雄，守其雌，为天下溪。为天下溪，常德不离，复归于婴儿。……知其荣，守其辱，为天下谷。为天下谷，常德乃足，复归于朴。（第二十八章）

第二十章中的众人或俗人是“下士”，在智慧层次上是最低的，王弼注：“众人迷于美进，惑于荣利，欲进心竞，……众人无不有怀有志，盈溢胸心。”众人汲汲功名，孜孜以求，追求虚荣与名利，满怀野心；俗人“耀其光”，高调张扬，光芒刺眼，而《老子》主张的是“光而不耀”（第五十八章）。众人或俗人具有的是功利心，显然并没有理解与体会到老子的“道”；第二个层次是“中士”，他们听说了“道”，怀疑它，但还是有可能走向对“道”的理解与践行的，只是需要一个过程，过程的长短当然因人而异。

“无名”是“道”的特点，《老子》第一章曰：“无名天地之始；有名万物之母。”第三十二章曰：“道常无名”。“无名”首先是对“道”的描述。“无名”是不去的“常名”，因为“无名”，所以长久。“道”字只是个勉强的命名，《老子》主张人层层相法，最后法“道”，“道法自然”，自己如此，本无需用“名”。“无名”，是最自然、最理想的万物的状态。“无名”是老子认为的最理想的治理方式，但是老子也看到在现实中，最高的“道”需要分解来实现，“名”又是不可避免的。

《老子》第二十八章曰：“朴散则为器，圣人用之则为官长。故大制不割。”王弼注：“朴，真也。真散则百行出，殊类生，若器也。圣人因其分散，故为之立官长。”“真”是完整的“道”，分散到万物上位“百行”，不同类别的事物有不同的“道”。圣人为了这些事物能得到很好的管理，“立天子，置三公”（第六十二章），在天子之下，确立百官之名，再由百官管理老百姓。但《老子》强调“大制不割”，虽立官长，但要向“大制”的方向努力靠近。王弼注：“大制者，以天下之心为心，故无割也。”楼宇烈先生解释说：“‘大’，即二十五章所说：‘强为之名曰大’之‘大’，指道、朴。”对道的最高的运用是顺着万物的天性而来，加以治理。圣人无名，官长用名。

《老子》对“名”的态度非常清楚，需要用“名”，但要知止，不可死板地用、固执地用，也不可用得太多、用得过度。王弼注：“始制，谓朴散始为官长之时也。始制官长，不可不立名分以定尊卑，故始制有名也。……遂任名以号物，则失治之母也。”国家需要官长来从各个方面进行管理，有管理就有尊卑，因此需要名分。楼宇烈先生解释说：“遂，竟。此句意为，如果竟自用名字来称呼物，则物将离真、朴而陷于形器、名分，而失其无为之治之本了。”可见，《老子》反对的是任意用“名”，反对对形器、名分过度强化，本末倒置。“名”只是个方便法门，一个国家不能完全靠“名”来统治。

“无名”是“不言之教”，即不用道德的名义与烦琐的法令，“无名”完全符合“无为”的原则，是“无为”的内容之一，“无为”还包括无私、无欲、不争等。“无名”的方式具体如何操作，还需要根据具体的情况来定，但原则是清楚的，不能多用、不能滥用、不能僵化地用，否则天下的“恶”只会更多。《老子》提出这样的思想是有针对性的。《老子》第五十七章曰：

> 天下多忌讳，而民弥贫；民多利器，国家滋昏。人多伎巧，奇物滋起；法令滋彰，盗贼多有。故圣人云，我无为而民自化，我好静而民自正，我无事而民自富，我无欲

而民自朴。

王弼注：“利器，凡所以利己之器也。民强则国家弱。民多智慧，则巧伪生；巧伪生，则邪事起。……利器欲以强国者也，而国愈昏弱，皆舍本以治末，故以致此也。”老子看到天下的法令很多，但并没有给老百姓带来富裕的生活，没有给国家带来和谐安宁，反而导致人心败坏、取巧虚伪。如果掌握立法权力的人制定了太多的法令，反而导致盗贼增多。因此，从《老子》的角度来看，法家的法不能用得太多。《老子》没有从正面说明应该如何做，但通过“无名”的原则彰显了儒家、法家、名家等容易带来的弊端，以便于其防范。

王弼认为其他家都是“术”而道家是“道”，其他家是“末”而道家是“本”，这些都是治理者自己的修身决定的。《老子》认为用刑法来检查万物，机巧与伪诈就会产生。因为刑法的根本是监督与处罚，而不是改良与教化。人心会投机取巧，会伪饰欺瞒，这些都不能从根本上净化人心。儒家崇尚尊贤，会导致众人争相表现、争名夺利，也会带来更多的纷争，使得人心滋生计较、嫉妒等不好的东西，这些都只会带来更多的恶。因此《老子》主张引导人心走向淳朴，使民无知无欲。无知无欲不是让人变成傻子，而是说让人减少俗知、俗欲，减少争名夺利、机巧伪诈之心。

治内的根本不是对人心实施教化，而是不去刺激它，使之保持质朴。这个思想对儒家、法家来说，有利于在其运用过度时进行解构与矫正。不依赖“名”的内治方法，最终表现为“小国寡民”（第八十章）的自给自足的社会，并且对侯王提出了非常高的要求，下一讲我们具体来看侯王应该具备的德行。

第三十五讲　以百姓心为心

之前我们着重讲了“道”的“朴”、人性的“朴”。这一讲我们再来看侯王如何用“朴”来治理国家、管理百姓。《老子》第三十七章曰：“道常无为而无不为，侯王若能守之，万物将自化。化而欲作，吾将镇之以无名之朴。无名之朴，夫亦将无欲。不欲以静，天下将自定。”“自化”就是自生自长、自我化育。“欲作”就是贪欲发作的意思。“镇”是制止、镇抚的意思。高明注：“谓贪欲之复起也。”（高明：《帛书老子校注》）“朴”是指“道”，河上公注：“无名之朴，道也。”“不欲以静”就是说无欲而处静，“自定”是自我安宁。可见，侯王最重要的武器是“朴”，是“道”。

《老子》的“道”首先是讲给侯王听的，而不是讲给所有人听，更不是讲给当时的普通老百姓。他希望能启迪侯王，期望侯王能把国家治理好，老百姓过得好，这是老子的问题意识，或者说是《老子》这本书的主要关切。其次才是对我们普通人进行教化，启蒙大家不要做“俗人”“众人”，而要做“好道”之人、“有道”之人，修身养性，过有“道”的生活。老子的理想主要寄托在侯王身上，而不是个体的觉醒上，这也是《老子》与《庄子》的不同之处。老子相信“上行下效”，认为上面的人做好了，下面的人就自然好了。在老子的时代，普通老百姓没有土地，没有受教育权，当然也没有参政的能力，因此，他们只能依靠有土地、有文化的当权者好好治理、管理。《老子》说“以百姓心为心”，“圣人皆孩之”（第四十九章），就是说统治者要顺着老百姓的心，把他们当孩子，这是最能代表侯王的角色与使命的一句话。

侯王如果能用“道”来治理国家的话，他就会让万物自然而然地演化、自我化育。人类之所以出现战争和各种冲突，都是违反自然、违背本心、违背质朴的结果，也就是置“道”于不顾所带来的自毁现象。对历史上每一次破坏文明的集体行为的反思，都是为了重新回到正道。所以侯王如果能用“道”的话，万物就将自我化育，不是你去强制老百姓要遵循什么，而是老百姓向侯王学习，找到属于自己的生活之道，也是我们之前分析的《老子》第六十四章所讲的“辅万物之自然，而不敢为”，侯王不能一意孤行，为所欲为。如果人的贪欲要起来了，就“镇之以无名之朴”（第三十七章），让他们回归质朴。

所以，侯王在《老子》中非常重要。《老子》第二十五章曰：“域中有四大，而王居其一焉。”在“四大”中，老子将“王”特别提出来，可见“王”的重要性。许慎《说文解字》曰：“王，天下所归往也。董仲舒曰：‘古之造文者，三画而连其中谓之王。三者，天地人也，而参通之者，王也。’孔子曰：‘一贯三为王’。”可见，“王”是能打通天、地、人的人中之杰，是政治理想的承载者。老子认为侯王应该向圣人学习，守住“道”而实施“无为”，使国家长久，百姓安乐。这主要体现第三十二章、三十七章与三十九章。《老子》第三十二章曰：

> 道常无名，朴虽小，天下莫能臣也。侯王若能守之，万物将自宾。天地相合以降甘露，民莫之令而自均。始制有名，名亦既有，夫亦将知止。知止可以不殆。譬道之在天下，犹川谷之于江海。

侯王用尊卑之“名”是不可避免的，但要知道什么时候该停下来，自然的统治才能让万民归往。侯王之“守”，守的是“道”。“道”的特质是“朴”，朴素到连名字都没有。因此，守“道”也就是守“朴”。“朴”，意味着以“道”治国，它是不靠武力的，也不是可以拿来直接操作的教条或法令，而是需要根据人的特点而用，顺着万物的特点来行动。王弼注：“朴之为物，以无为心也，亦无名。故将得道，莫若守朴。夫智者，可以能臣也；勇者，可以武使也；巧者，可以事役也；力者，可以重任也。朴之为物，愦然不偏，近于无有。”可见，老子对“朴”实际上没有给出任何具体的规定，而是需要侯王根据当时的实际情况，对不同的人采取不同的“用”，故“以无为心”，心里没有任何成见与教条，这是向圣人学习的结果。《老子》第四十九章曰：“圣人无常心，以百姓心为心。”圣人没有固定的心，因此，侯王也不应该有，而应考虑百姓之所需，根据百姓的特点与诉求实施有针对性的措施。

冯振引第三十四章“常无欲，可名于小”认为“‘无欲’即‘朴’之义”（冯振撰，刘桂秋点校：《老子通证》），“无欲”不是没有任何欲望，而是没有过多的欲望，即第十九章所说的“少私寡欲”。“无”字系列不过是老子表达思想的特殊手法，而不是彻底否定的意思。侯王要成为百姓的榜样，首先做到“无欲”。侯王“无欲”，才能镇得住百姓之“欲”。侯王守住“道”，也就是掌握了“无为”的方法，其达到的效果是万物自行生长演化。人与动物、植物不同，人不仅有欲望，而且欲望很容易不断膨胀。“朴”首先要求侯王要无私无欲、清静无为，这样才能上行下效。老子不主张用严刑酷法制止百姓的多欲，而是先从侯王自身入手，主张“不言之教”。河上公注：“侯王镇抚以道德，民亦将不欲，故当以清静导化之也。”无为、不言之教的核心都是“清静”。清静才能正天下，化万民。具体来说，侯王应该具备以下素养：

一是节俭爱民。《老子》第五十三章曰：“朝甚除，田甚芜，仓甚虚。服文綵，带利剑，厌饮食，财货有余，是谓盗夸。非道也哉！”我们之前分析过这一章，这一章非常犀利地描述了侯王淫奢靡乱的生活，并且提出了批判性极强的“盗夸”这一反面形象，这样的人用的是老百姓的血汗钱，劳民伤财，显然是反面教材。一个好的侯王一定要节俭爱民，而不是成为民众心目中的强盗。

二是谦逊自知。《老子》第二十四章曰：“企者不立，跨者不行，自见者不明，自是者不彰，自伐者无功，自矜者不长。”意思是踮起脚希望站得高，结果反而站立不稳；迈开大步希望走得快，结果反而快不了。自我表现反而不能显露自己，自以为是反而不能判别是非，自我标榜反而不能建立功绩，自高自大反而不能出人头地。老子认为，只有不自我张扬、不自我夸饰的侯王才能获得百姓的信任与尊敬。侯王要让百姓感到侯王做的事不是为自己的，这就需要谦逊自知的美德。

三是有节有度。《老子》第二十九章曰：“是以圣人去甚，去奢，去泰。”意思是圣人会去掉那些过分的、奢侈的东西。这里也是用圣人作为侯王的榜样，让侯王做到不奢侈、不极端、不骄纵，不为所欲为。

总的来说，侯王要得“道”才行。《老子》第三十九章曰：“昔之得一者，天得一以清，地得一以宁，神得一以灵，谷得一以盈，万物得一以生，侯王得一以为天下贞。其致之。天无以清将恐裂，地无以宁将恐发（按：废），神无以灵将恐歇，谷无以盈将恐竭，万物无以生将恐灭，侯王无以贵高将恐蹶。故贵以贱为本，高以下为基。是以侯王自谓孤寡不谷。”侯王不是最高的，不应该高高在上，万物都需得“一”才能生发、运转，侯王也不例外。侯王得“一”，才能使天下走上正道。何为“一”？何为“得一”？王弼注：“一，数之始而物之极也。各是一物之生，所以为主也。物皆各得此一以成。”王弼认为，“一”是数字的开始，事物的极致，是一物之为一物的关键，也即“主”。苏辙注：“一，道也。物之所以得为物者，皆道也。”这是直接将“一”解释为“道”，与第四十二章的“道生一”是否矛盾呢？根据本书对第四十二章的解读，此句的“道”是指不可说的“常道”，“一”是指可说的“道”，而不是指一个东西或某个东西，也不是在阴气、阳气之前的元气，所以并不矛盾。“得一”就是指“得道”。如果“一”是元气，第三十九章的“神得一以灵”以及“得一以为天下贞”都很难解释。“得道”就是得到了“主”，范应元注“物有万殊，道惟一本”，得到了“主”也就是得到了“本”，得到了一事物的关键。

侯王得“道”而自谓“孤寡不谷”，是自谦、谨慎、少欲的表征。老子把这些侯王应该具备的素养说得非常清楚，也可以看出老子对侯王之德行寄予的希望。整个《老子》的政治关怀都更多地寄托在侯王的身上。因为圣人是理想化的，是人格榜样，老百姓是被动的、无知的、被治理的对象。普通老百姓没有这个能力自律。所以，只有侯王是有学“道”的智慧又掌握权力的人，他作为圣人与普通人的中间媒介来上学下达，统合天地，学“人道”而用于人事。这是那个时代的政治格局决定的。

侯王没有多余的欲望，不贪的话，老百姓也不敢贪，也不会贪。你让老百姓不要产生过多的欲望，前提是你自己不要有贪欲，这是要求侯王“朴”的原因。《老子》第五十七章曰：“我无为而民自化，我好静而民自正，我无事而民自富，我无欲而民自朴。”我们多次讲到这几句话，因为它们非常重要。作为侯王，如果你能够“无为”，老百姓就会自我化育；如果你喜欢静，老百姓就能走正道；如果你没有多少事，老百姓就会富裕；如果你没有欲望，老百姓自然质朴。作为侯王，不能颁布太多政策，更不能劳民伤财，你让老百姓有太多苦役的话，他们就变得贫穷，没时间生产。如果侯王学习朴素，变得少私寡欲，那么老百姓也会很少有贪欲。

《老子》第十五章说“保此道者不欲盈。夫唯不盈，故能蔽不新成”，侯王要保住身上美好的品质，这种品质它可能求旧不求新，但它是治理好百姓的最好的“纲纪”。这几十年中国经济与科技突飞猛进，但同时价值观越来越多元，让人迷茫。你到底要守住心中的什么？这是个真切的问题。老子告诉我们，我们要做智慧的“上士”，至少要做勤学的“中士”，守住质朴之心。

《老子》说的“蔽不新成”，其实不是守旧，而是守住过去那个真实的自己，正所谓“不忘初心”。你的价值观如果是对的，就不要怕别人嘲笑，更不要被别人改变。人群的力量就在于它是一种潮流，潮流就有把人冲走的危险。我们主张的是“无为”的能量，而非潮流的力量，在潮流中，你是中流砥柱，就不会被冲走。这中流砥柱就是要知道“无为而无不为”，什么该做，什么不该做。用庄子的话说，就是“举世而誉之而不加劝，举世而非之而不加沮”（《逍遥游》），我们要守住内心的尺子，哪怕它看起来是旧的、过时的，只要符合“道”、有价值，就值得坚守。

安乐篇

《老子》偏重对宇宙整体、人类整体、国家整体的关怀，再在此基础上谈个人的修身问题。《庄子》则偏重对个体的关怀，在此基础上谈对社会的理解。《老子》中虽然讨论了很多大国的问题，这与最后讲的“小国寡民”并不矛盾，大国、小国，在治理思维上是相通的。“小国寡民”不是强调规模上的小，而是强调质朴、“无为”的操作模式或管理模式，实现“甘、美、安、乐”的幸福生活，这也是个人修身与奋斗的目标。老子同时提倡发自真心的仁爱、慈爱，这是个人能获得幸福的根基，也是整个社会的温暖所在。所以，我们先从容易被忽视的“仁”的观念讲起。

第三十六讲　标榜的仁爱容易虚伪

老子的“仁”观包含四个不同层面：“大仁”“上仁”“慈仁”“伪仁”。“大仁”以“道”为原则，是天地公允之大德；“上仁”以“无为”为原则，是仁心自发之保证；“慈仁”以不争为原则，是施不求报的处事之道；“伪仁”是老子所反对的虚伪的仁爱，是道德沦丧、智巧涌出的产物，标榜的仁爱容易虚伪，是老子所反对的。“大仁”是“天道”，“上仁”是理想，“慈仁”是修养，“伪仁”是时弊，这四个层面从高到低，自成系统。其中最有争议的“绝仁弃义”是以正言若反的方式对“伪仁”提出的批评。但“仁”如何能不伪，仅寄托于人性向“朴”的复归是不够的。

儒家谈“仁”为人熟知，其实道家关于“仁”的思想也非常丰富，但常被忽略。《老子》中明确提到“仁”的有五章，其中“绝仁弃义”的观点尤为后世诟病，被认为是对儒家仁义思想的批评并导致了伦理道德上的虚无主义。老子“仁”观在不同语境中有不同的含义，需要逐一厘清，才能真正对其深入了解。

《老子》中明确提到“仁”的分别是第五章、第八章、第十八章、第十九章、第三十八章，根据其含义的不同可分为：“大仁”“上仁”“慈仁”“伪仁”。“大仁”奠定了“仁”之基础，如同“无”为“有”之根本；“上仁”是不露痕迹、自然而然、普惠万物的德行，这是老子的道德理想；“慈仁”是与人为善、施不求报、不与人争、柔弱如水的上善修为，这是对普通人的道德期望；“伪仁”则是动用智巧、有意为之而失其真诚的虚伪之德，是老子批评的对象。这四个层面几乎概括了人之德性选择的全部可能。

第一，“大仁”。王弼注：“天地任自然，无为无造，万物自相治理，故不仁也。”老子的“不仁”是从“道”的高度来说的，也就是老子说的“天道无亲，常与善人”（第七十九章）。“不仁”之仁，其主语不是普通人，而是“道”、圣人，老子之所以没有用“天地无为”或“天地自然”，而用了“天地不仁”，是针对当时的倡“仁”主流，强调不需要具体施为、烦琐礼制、纲目道德就能使万物自仁，从而提示侯王要学习圣人、效法天道，尊重万物的本性。圣人是法“天道”者，不用推行“仁”而能使万物自相治理。如第五十七章所言：“我无为而民自化。”“不仁”没有任何具体的规定而具有形上意味，但它有一个规定就是“自然”。

“不仁”是为了公允，此可以称为“大仁”。河上公注为“天施地化，不以仁恩”，“仁”是施恩、爱人、爱物。但老子以天地为例，说明天地的造化是公允的，对待万物一视同仁，没有偏私。王弼注：“造立施化，则物失其真。有恩有为，则物不具存。”一旦天地有偏私，万物就因得到的仁爱多少不同而变得参差不齐、离失本性，有的生物更会因为其他生物的“得宠”而消亡。引申到人文世界，既有“仁”，就必有“不仁”，既刻意施“仁”，就必有不周。如王弼《老子指略》所说：“既知不仁为不仁，未知仁之为不仁也。”不以“仁”为“仁”，才能得全“仁”。以“仁”为“仁”，则“仁”必有厚此薄彼之嫌。所以，“不仁”不是“仁”的反义词，而是“仁”的根基。“不仁”不是没有仁爱之心，而是没有偏爱之心的意思。这是老子眼中的“仁”之最高境界。

《齐物论》曰：“夫大道不称，大辩不言，大仁不仁。”庄子的“大仁”契合了老子之“不仁之仁”，故借用庄子的“大仁”来描述老子之“仁”的第一层。“大仁”与“大道”一样，都是没有偏私的形上规范。郭象注：“常爱必不周”，也是看到了

“大仁”周遍万物、不偏不倚之特性。老子之“不仁”以否定的形式确立了“仁”之最高规范，正如以“自然”给“道”定性。所以，“不仁”不是不仁爱，也不是反对仁爱，而是使“仁”公允无偏、公正无私。它是没有法则的法则，没有规范的规范，没有道德的道德，其实是以“道”为法则、规范的最高道德。“天地不仁”之“天地”超出了主客对照的关系，归根结底是先天的自然法则，而不是人为的仁爱道德。丁原植认为，“天地不仁”即“天地，或自然的运作，并不涉及到人所标显的价值”，“‘圣人’之为人，是要复返于人文创造之始源的自然运作之中，以映照‘天地’之自然。”（丁原植：《郭店竹简老子释析与研究》）

第二，“上仁”。《老子》第三十八章是全书的关键，揭示了老子的道德序列，曰：“上仁为之而无以为，上义为之而有以为，上礼为之而莫之应，则攘臂而扔之。故失道而后德，失德而后仁，失仁而后义，失义而后礼。”与“大仁”的纯任自然相比，“上仁”是“有为”的，只是“为”得高明而显得无所“为”。在“道、德、仁、义、礼”的序列中，“仁”在“道”“德”之后，是道德沦丧的产物，也是老子批评的对象。春秋末年，“仁”的观念已经流行，但老子看到，“仁”的大肆推行容易导致“仁”本身的虚伪。《老子》第二章曰：“天下皆知美之为美，斯恶已。”从这一辩证思维出发，我们可以理解老子为什么反对推行“仁”，即当侯王推行“仁”时，已经意味着“仁”的堕落。王弼注：“不能无为，而贵博施；不能博施，而贵正直；不能正直，而贵饰敬。”可见，第三十八章的“仁”是“博施”的意思，而不是以孔孟为代表的原始儒家所提倡的发乎本心、起于恻隐、体于孝慈的“仁”，因此不能简单地说老子是针对原始儒家提出批评。事实上，老子更关注的是“道”的秩序层层堕落及其回归的可能。“仁”只是这个道德序列的中间环节而已。丁原植也认为，第三十八章只是说明“在人文建构发展中，由始源根基所发生的递减衰落程序。因此，它们并非如道家后学一些学派中对‘仁义’的激烈批判。”（丁原植：《郭店竹简老子释析与研究》）

老子这个道德序列建立在宇宙论的基础上，后来庄子有类似的描述，即“有以为未始有物者，至矣，尽矣，不可以加矣！其次以为有物矣，而未始有封也。其次以为有封焉，而未始有是非也。是非之彰也，道之所以亏也。道之所以亏，爱之所以成。”（《齐物论》）郭象注：“道亏则情有所偏而爱有所成。”“仁”是社会渐渐失“道”的产物，在老子看来其本为救世，实为扰世。老子提出“上仁”是希望回归到大道未亏、玄德未离的淳朴之世。

第三，“慈仁”。《老子》第八章曰：“居善地，心善渊，与善仁，言善信，正善治，事善能，动善时。”其中“与善仁”帛书本作“予善天”，高明认为，“‘予善天’，犹言水施惠万物而功遂身退好如天。……‘渊’‘天’‘信’皆真部字，谐韵。”意思上其实有些牵强，这七个短语中其他六个都涉及居处动作等具体事务，而“天”是“天道”形上层面，与上下文语境有些不合。再者，高明认为应从帛书本作“天”，主要根据在于“仁”是“儒家崇尚的行为，而道家视‘仁’乃有为之表现，故甚藐视”（高明：《帛书老子校注》）。这可能是受通行本《老子》第十九章“绝仁弃义”的影响。其实他没有厘清老子“绝仁弃义”的内容与目的，没有从老子的思想系统出发厘定一个概念的含义。况且，同一个语词在不同语境中的含义是不同的。

王弼、河上公作“仁”，傅奕本作“人”，“人”与“仁”古通。不能因为帛书本的出现就否认流传多年的通行本，如果“与善仁”与“绝仁弃义”真的矛盾，以王弼的思辨能力，他不会发现不了。通行本“与善仁”有两种解释，一是以王弼、河上公、苏辙与范应元为代表，将其与其他六个短语都看作上善若水之品德的表现，如河上公注：“万物得水以生，与虚不与盈也。”苏辙注：“利泽万物，施而不求报。”范应元注：“称物平施”；二是以吴澄为代表，认为“七者之善皆择取众人之所好者为善，可谓之善而非上善也。”即“与善仁”不是上善之人的不争之德，而是“众人”的普通德行。这一说法并不准确，因为根据上下文语境及老子的行文习惯，如果主语要切换为“众人”，“居善地”前会直接添加主语或至少暗示隐藏的主语。“众人”“俗人”在第二十章都用过，但这里没有用，说明主语更有可能承上而为上善之人。更重要的是，七个短语之后，老子又言“夫唯不争，故无尤”，显然是对不争的七个具体表现进行总结并说明其好处。

综上所述，本书取“与善仁”之版本与王弼、河上公、苏辙及范应元之解释。“与善仁”是“上善”之德的一个具体表现，即施爱不求回报。这里的“仁”是在普通意义上使用。许慎《说文解字》曰：“仁，亲也，从人二。古文仁，从千心作。”“与善仁”取该字本意，也就是与人亲和，这种亲和没有任何功利目的，相当于《老子》提倡的“三宝”中的“慈”。慈仁的最终根据仍在“道”。《老子》第五十一章指出“道”的尊贵在于“生而不有，为而不恃，长而不宰”之“玄德”，“玄德”在人身上的表现即“慈仁”。因此，这里将“与善仁”的“仁”称为“慈仁”。这是老子“仁”观的重要层面之一，但常被认为与“绝仁弃义”矛盾而被忽视。

第四，“伪仁”。《老子》第十八章曰：“大道废，有仁义；慧智出，有大伪；六亲不和，有孝慈；国家昏乱，有忠臣。”仁义是失“道”后的产物，伪是智巧的产物。该章揭示了当时的社会背景，伦理混乱，家不家，国不国，所以忠孝观念才产生。由此推知，仁义也必伴随着智巧的运用而伪。第十九章通行本曰："绝圣弃智，民利百倍；绝仁弃义，民复孝慈。"上文批评圣人与巧智，那么，下文"绝仁弃义"所绝的也应该是假仁假义，其目的是要回到"道"。

郭店简本第十九章"绝仁弃义"写作"绝伪弃诈"。陈鼓应认为这可能是"受到庄子后学激烈批评派思想影响所致"（陈鼓应：《老子注译及评介》），如庄子在《祛箧》有"攘弃仁义"之说。简本固然能说明老子并没有激烈的反仁义的言论，但我们也要看到王弼通行本的"绝仁弃义"的批评。王弼并没有惊讶于这句话，也没有认为这句是针对儒家的，他的注解客观而理性，曰："圣智，才之善也；仁义，人之善也；巧利，用之善也。……属之于素朴寡欲。"他既没有刻意为老子辩护，也没有对老子进行批判，而是阐发老子对"多欲"的批评。这也同时暗示仁义也是人心不古、欲望过多的产物。提倡素朴寡欲，目的是回到"上仁"和"大仁"的公允之道。

由此可见，"大仁"是"天道"，是"大德"，是最高的"仁"，它的主语是天地、圣人。老子主张"人法地，地法天，天法道，道法自然"，天地之德体现"天道自然"的法则，不是具体的德目，而是让人效法的无形之法。其践行者圣人是侯王及普通人效法的对象，这个对象是虚拟的，但具有榜样的作用。"上仁"是理想，是"无为"之"德"，它的主语主要是侯王。侯王效法圣人而懂得"无为"，"无为而无不为"。在"仁"的践行上表现为不刻意做出仁爱的举动、不标举仁爱的大旗，而是遵循万物的本性，辅助万物的成长，即《老子》第六十四章所说的“以辅万物之自然，而不敢为”，对万物而言是真正的“仁”。“慈仁”是修养，是施不求报、柔弱不争之德，其主语是普通人、众人。如果侯王能够做到“上仁”，将圣人遵循“天道”的“无为”精神在现实中加以贯彻，则最终会“使民无知无欲，使夫智者不敢为也”（第三章）。智者不敢“为”，也就没有“大伪”出现了。这里的“慈仁”是发自内心的处事原则，柔弱如水又充满韧性，自己的心灵平和与对他人的施恩都是自然而然的。“伪仁”是时弊，是有修饰的、伪饰甚至虚伪的“仁”，它的主语是境界不高甚至不道德的当权者或伪君子。这些是春秋末年礼乐崩坏、道德堕落不同程度的表现，也是老子要批评的。

老子提出的雌柔与慈仁是不同于儒家，而又至关重要、感人至深的德行。人因为慈爱，所以能生出勇气来。勇气的来源、行为的动力，归根到底只能是爱。凡有勇气为国家，为社会，为他人努力付出的人，都是心中有大爱的人。当个体生命遇到危机与苦难时，能坚忍不拔地去应对，这同样也是一种大爱，这种勇气也一定来源于心中有所爱，爱家、爱孩子、爱自然、爱艺术、爱生命本身、爱生活中的点点滴滴，这样才能有勇气去面对外部的环境、命运的苦难与内心的各种问题。所以道家与儒家在“仁爱”上并不矛盾，只是推行方式上不同。道家主张“不言之教”，从“天道”到“人道”，法地、法天、法自然，尊重百姓，成就无己境界；儒家则主要通过正面的教化，从亲亲关系入手，推己及人，养成君子厚德。这两者都是大爱。所以，老子的“无为”不仅是一种积极的“为”，还是一种有大爱的“为”。

第三十七讲 “绝仁弃义”才有真仁义

在老子“仁”观中，“绝仁弃义”的思想历来遭受的批评最多，尤其有儒学背景的学者可能对之深恶痛绝，简本出土后因为没有这四个字，道家学者纷纷为此辩护，如陈鼓应先生就根据简本对通行本经文做了更改，直接改为“绝伪弃诈”（陈鼓应：《老子注译及评介》）。上文梳理“伪仁”时做了文献上的论证，这里需要从思想上对“绝仁”的合理性再辩护。事实上，如果我们能认清老子所批评的“仁义”是伪仁义，并且理解老子“正言若反”的一贯言说方式，对“绝仁弃义”就不会产生误解。尽管简本说明，“绝仁弃义”可能不属于《老子》原始材料而是后学所添加，但也不能说明老子就是不反对虚伪仁义，不同的只是程度而非立场。真正的问题在于老子要“绝仁”的原因，以及如何回应对“绝仁”的批评，如何防止“仁”的伪化。在老子看来，“绝仁弃义”才有真仁义。

首先，我们来看“绝仁弃义”在《老子》通行本的系统中是否有其合理性。《老子》第十八章曰：“六亲不和，有孝慈。”“六亲”指父、母、兄、弟、妻、子，“不和”指不和睦，也就是说最亲密的人之间产生了隔阂、矛盾，最基本的人伦纲常不能正常运行。“六亲”中最重要的人伦关系是亲子，维系亲子之情的关键在孝，孝是“仁”的最根本体现。“六亲不和”是“孝”的缺失，“仁”的变质，六亲之间只具有表面的仁义，实际上父不仁母不慈，子陷父母于不义的“不和”现象比比皆是，因此才有“孝慈”主张的提出。“绝仁弃义”是要弃绝表面的或虚伪的仁义而回归以慈孝为根基的真仁义。这在老子的思想系统和时代背景中是可以理解的。

其次，老子的否定性言说是贯穿整个经文的言说策略。单说“绝”字系列，除了简本第十九章的“绝智弃辩”“绝巧绝利”与“绝伪弃诈”，还有《老子》第二十章的“绝学无忧”。关于“学”，《老子》第六十四章曰：“学不学，复众人之所过”，按字面逻辑来说，“绝学”与“学不学”也是矛盾的，别人的不学之学同样包含在“学”的内容之内，因此也是“绝”的对象。但事实上，“绝学”与“学不学”的前一个“学”字含义完全不同，前者指“为学日益”的一般学问，后者指别人不学的

“道”。同一个语词在不同的语境中表达的含义是不同的。因此，即便遵循通行本《老子》，也不必在内涵上将“绝仁弃义”和“与善仁”对立起来，不必被其字面上的矛盾干扰，而应看到这两个“仁”是不同层面的。前者是指破坏人伦关系的“伪仁”，是从人伦纲常的角度说的；后者是指施不求报、柔弱不争的“慈仁”，是从处世修为的角度说的。前者是反复批评的对象；后者是轻描淡写的列举，在《老子》中的地位显然不同。

最后，从老子“反”的思维方式来看，“绝仁弃义”是为了引起人的特别关注所做的矫枉过正的表达，背后是其相反相成的辩证思维。老子的思维方式是好坏同时、正反相依。任何好的事情、主张都有其不好的一面，因此老子不主张大肆提倡伦理道德意义上的“仁”，而代之以倡导“无为”。《老子》第七十八章曰：“正言若反。”从反面的言说来暗示正面，如第四十八章的“无为而无不为”。“绝仁弃义”就属于这种，表面上“绝”，是为了纯任自然地发挥出真正的仁义。看似反对仁义，其实是对真正仁义的诉求与肯定。它虽然在《老子》的价值观中是低于“道”与“德”的，但仍然是其所肯定的价值之一。

与“仁”相关的另外两个概念是“慈”与“善”。这两个概念恰恰可以从正面说明老子赞成“仁”，以及其对众生有深切的同情、仁爱与关怀。第十九章的“绝仁弃义”是为了“民复孝慈”，让人回到父慈子孝的天然伦理关系中去，孝慈是“仁”的根本表现。第六十七章曰："慈，故能勇。"也可以看作仁者无忧、仁者无敌的另一种表达。"慈"的核心内容与"仁"一样，即慈爱、乐施。老子既言"慈"，也一定不反对"仁"。再来看"善"，一是作名词的"善"，如第四十九章曰："善者，吾善之；不善者，吾亦善之，德善。"其中"德善"即"得善"，得到"善"这一美德，体现为对待万物一视同"仁"，此乃公允之仁、遍爱万物之"大仁"；二是作动词的"善"，如第二十七章曰："是以圣人常善救人，故无弃人；常善救物，故无弃物，是谓袭明。"圣人作为"道"的人格化代表，不仅对人一视同仁，对物同样如此。这种善于救助万物的德行可谓"大仁"。

因此，"绝仁弃义"这样的否定性、过激性提法只是老子表达"仁"观的方便之门，而不是真要弃绝仁义的宣言。但后世多因不理解或受庄子后学的批评言论所影响，对老子"绝仁弃义"之说多有批评。这些批评在方法论上常常是有缺陷的，最常见的是囿于字面的意思而忽视不同语境下的概念厘定。例如高明认为第八章通行本的"予善仁"的"仁"是"儒家崇尚的行为"，为老子所藐视，如第十八章云"大道废，有仁义"，第十九章云"绝仁弃义"，"足见'仁'同《老子》道旨是抵牾的。"（高明：《帛书老子校注》）他其实没有重视老子的"仁"在不同语境中有不同含义这一点。第十八章、第十九章的"仁"与"义"一起使用时，很有可能是针对儒家，因为"仁、义、礼、智”是儒家推行的最重要的四个德目，而“仁义”又是四个中最重要的。“仁”作为与人为善、柔弱不争的这一层意思，在《老子》中是可以存在的，这是在一般意义上使用“仁”，而不是特指儒家的德目之“仁”。

东晋玄学家孙盛已经感觉到“绝仁弃义”之“仁”与“与善仁”的“仁”可能意思不同，其《老子疑问反讯》曰：“‘绝仁弃义，民复孝慈。’若如此谈，仁义不绝，则不孝不慈也。复云：‘居善地，与善仁。’不审‘与善仁’之仁，是向所云欲绝者，非耶，如其是也，则不宜复称述矣。如其非也，则未详二仁之义，一仁宜绝，一仁宜明，此又所未达也。”（见周大兴：《自然·名教·因果：东晋玄学论集》）《老子》中何止“二仁”？在本文看来，至少是四“仁”，其含义均有细微区别。老子自身确实没有厘定清楚，这是老子那个时代的言说习惯所造成的，也给我们理解《老子》造成困难，孙盛的责怪有其道理。

老子所“绝”的是“伪仁”。“伪仁”有程度之分，老子的态度也有别，我们可以根据老子的整体思想推测出如下三种：

第一，对于修身之“仁”，老子是不反对的。上文所讲的施不求报、与世无争的“慈仁”，当然是修身的结果，是与道家修身工夫联系在一起的，即当人做到“少私寡欲”（第十九章）、“致虚极，守静笃”（第十六章），自然就变得慈柔了。《老子》

第五十四章曰："修之于身，其德乃真。"尽管这里的"之"是指"道"，可以从这一主张看出老子是主张修身的，只有真正将美德化入生命中，才是真"德"。"道"是修身的根本内容，慈仁是与"俭""不敢为天下先"之"德"并列的修身内容。

第二，对于作为德目而被提出的"仁"，老子是无奈的。因为"大道废，有仁义"（第十八章），仁义是次一级的产物，是"有为"的体现。第五十七章曰："我无为而民自化，我好静而民自正，我无事而民自富，我无欲而民自朴。"老子认为人心素朴比具有仁德重要得多，幸福得多，所以圣人只"虚其心，实其腹；弱其志，强其骨"（第三章）。老子之所以要强调仁义、孝慈、忠是道德堕落、社会混乱的产物，旨在说明提出这些主张并不能从根本上解决问题，而不是简单地对一种美德的提倡进行反对。

第三，对于被利用的、虚伪之"仁"，老子是反对的。"慧智出，有大伪"（第十八章），"仁"也容易变伪，成为获得名利的工具。第五十三章曰："大道甚夷，而民好径。朝甚除，田甚芜，仓甚虚。服文綵，带利剑，厌饮食，财货有余，是谓盗夸。"道德堕落体现为真正的"道"无人愿意践行，人们更愿意寻求捷径，在表面上做文章，老子批评其为"盗夸"。以此思维推下去，真正的"仁"也没有人愿意去践行，而是窃取"仁"之名去获得美德之外的东西。回到老子文本，我们不得不思考这样的现实问题：“仁”是根植于“人”而存在的，是“人”的一种特征、一种能力。大自然很容易不伪，譬如一棵树不会假装发芽，一只猫不会假装快乐，而一旦进入“人”的世界，“伪”就产生了。

所以，“仁”如何能不伪？老子提倡的“朴”能保证“仁”之不伪吗？这是我们最后要讨论的问题。老子主张回到素朴本性，如婴儿般纯任自然，这样就无伪可言了。“朴”，不仅是“仁”的保证，也是老子提出的“自然”“无为”之“德”得以发挥出来的保证。之前我们讲过《老子》中“朴”的三个层面，这里不再赘述。总的来说，“朴”承载了老子对宇宙天道的观察、对侯王的希望和对百姓的劝归这三个方面的意义，这是第二十八章说的“复归于婴儿”的重要意义。

尽管这里的“婴儿”只是一个隐喻，类似一个意象，并不是从时间的意义上让人回到婴儿期，但这个隐喻仍然是有局限的。仅就婴儿这个喻体来说，随着婴儿的长大，这种虚静致柔的状态就会逐渐改变，婴儿出了襁褓就开始好动，年岁愈增，要求越多，伪饰乃至虚伪之心会应运而生，慢慢滋长。婴儿所代表的素朴的人性状态很容易随着生命的成长、社会的污染而改变，只是被改变的程度不同而已。这种不断失“朴”的人生历程恰是符合“天道”的自然表现。可以说，人远离“朴”，是一个自然而然的成长过程。这个道理老子并不是不懂，他是用对“朴”的价值的肯定来防止人的伪化。但问题是，如何“效法”天道之“大仁”？没有现成的人格范型可以模仿，也没有具体的道德规范用来遵循，“人法地，地法天，天法道，道法自然”的“法”就只能是一种观念上的指引，这对于一个物欲横流的社会里的每一个人来说都不是件容易的事。

老子提出的作为天地之“道”、圣人之“德”的“大仁”，要真正能被侯王所法，通过侯王被百姓所法，还需要中间环节，就是从人与人之间的“慈仁”推演出去，类似于儒家从“亲亲为大”的孝慈之仁推到宇宙之仁。老子的“大仁”与宋明儒学家提出的万物一体之仁有相似之处，如王阳明曰：“夫圣人之心，以天地万物为一体，其视天下之人，无外内远近，凡有血气，皆其昆弟赤子之亲，莫不欲安全而教养之，以遂其万物一体之念。”所同在于这种“仁”都是没有亲疏之别、没有偏私的公允大德，且都是作为圣人效法的对象被提出。不同在于老子不从“心”上做文章，而是认为“圣人无常心，以百姓心为心”(第四十九章)，“心”与欲望、意欲、意志都靠得很近，一旦用“心”就容易干涉百姓，失其自然。因此，也就没有儒家尤其宋明理学重视向内心寻“仁”的脉向。但老子又走上了另一个极端，其提倡的“无心”“无为”“自然”“素朴”本身，仅靠虚静不足以将人生而具有的私心消除掉，更不足以应对复杂的社会现实。

与老子不同，孔子对人之易伪的一面是直面的，故提倡从“亲亲”之仁开始，以“爱人”（《论语·颜渊》）为基本原则，经过一套有为的伦理道德规范，如“居处恭，执事敬，与人忠”（《论语·子路》）、“己所不欲，勿施于人”（《论语·颜渊》）、“克己复礼”（《论语·颜渊》），最终扩充到宇宙之大仁，其根基正在于人心。老子在“仁”观上与孔子的真正不同是如何看待人性、人心上的不同，老子贵人性之“朴”，而孔子贵人心之“仁”。孔子对基于内在根基的“仁”是最看重的，也可以说是其“仁”观的最高境界，即孔子评价颜回的“其心三月不违仁”（《论语·雍也》）。可见，人心不朴，所以要“有为”。在“仁”这个问题上的“有为”即仁心之修炼。老子之“无为而无不为”的“上仁”如果要真正被践履，也是需要这样的过程的，否则不仅无法避免“仁”之伪，而且无法达到天地之“大仁”的境界。这大概是老子提出“小国寡民”的原因，只有将社会限制在简单、纯净的环境下，素朴之性才不会被异化，“仁”也就真的能在“无为”的情况下自然而然地达成。可惜这样的社会是不现实的，儒家朝向“仁”之工夫的修养过程，是老子“仁”观所需要的重要补充。

我们通过对老子“仁”观的辨析，可以看到在“仁”的问题上以老子为代表的道家确实需要儒家来补充，这样才能从一个点去理解中华文化为什么儒道并行。这种文化上的互补不仅在古代需要，在今天同样如此。如何通过儒家式的修养保证道家的天然之“仁”，或者说，如何将道家的“大仁”转化到人与人的生活实际中又不失真切，这是当代文化建构中的重要问题。

第三十八讲 “甘美安乐”的幸福生活

《老子》第八十章讲“小国寡民”，被很多人误读为历史的倒退。其实“小国寡民”并不意味着落后，而是代表一种“有而不用”的管理模式和“甘美安乐”的幸福生活。有武器、技术、物资等都是为了预防，而非战争、侵略。让百姓在衣食住行、风俗习惯上做到甘、美、安、乐，这是治国的目标。“甘美安乐”的幸福生活在今天也并没有完全实现，也还是我们所向往的理想生活。如何在大国实现小国的“无为而治”的模式，如何在经济发展的同时实现幸福指数的提高，在今天尤其值得借鉴与反思。

“小国寡民”也可以把它当作一个观念，也可以放在“朴”的思想下来理解，因为“小国寡民”是老子提出来的一个非常重要的社会模式。对这种社会模式，其实在今天，人们并不多都简单地认为它是一个理想的状况，甚至有人认为它是历史的退步，所以我们要好好地去分析它。

> 小国寡民，使有什伯之器而不用，使民重死而不远徙。虽有舟舆，无所乘之；虽有甲兵，无所陈之；使人复结绳而用之。甘其食，美其服，安其居，乐其俗。邻国相望，鸡犬之声相闻，民至老死不相往来。（第八十章）

陈，是“陈列”的意思，也有学者认为同“阵”，摆兵布阵的意思。“小国寡民”，首先说的是规模小、人口少的国家，相当于一个村落。这章没有提到侯王做了什么，这是“无为”的最好例子。大国尤其需要“无为”，因为一旦某个措施错了，就容易积重难返，殃及全国。所以，大国更经不起折腾。像韩国等是小国模式，尽管问题很多，但小国治理起来比大国要容易，任何一个大国在政策上不停波动都会带来恶果。

我们之前也讲过，小国这些武器、技术都是为了防御，是“有而不用”的思维的体现，什伯之器、甲兵、舟舆等我有，但我的目的不是去征战其他的国家，去侵略其他的国家，而是为了保护我自己的国民。所以，不是“小国寡民”的社会不发达，而是它们有自己的武器装备，有很好的生产力，但目的不是去征战别的国家，而是为了让自己的国家有防御能力，百姓能安心生活。

其次，小国里的“甘其食，美其服，安其居，乐其俗”的幸福生活是值得向往的，老子当然希望大国中的老百姓同样能活得这么美好。这四个短句即使在今天也没有完全实现，我们虽然不能说这就是道家的全部理想，但它至少是我们反思当下的一面镜子。

“甘美安乐”的幸福生活其实不是一个容易达到的状态。我们可以做到抵御外来侵略了，但在生活质量上，幸福指数并不高。所以当人们批判老子这个思想是退步的时候，是认为这样的“鸡犬之声相闻，民至老死不相往来”（第八十章）的村落式生活很封闭。但是，这样的生活是自给自足并且安乐的，没有必要与其他国家有太多的来往。在自给自足的农业社会中，人们安居乐业，民风淳朴。今天全世界成了联系紧密、谁也离不开谁的地球村。但我们需要从衣食住行、节日等很多具体的方面来复兴我们的传统文化，尤其是包括道家在内的所有对人有益的精神与思维方法，这不是读读《三字经》《弟子规》就可以重新培养起来的。我们最需要培养对自己文化的自信，需要从读经典到生活实践一步步去做，需要家庭、学校、社会的共同教育与相关政策上的支持。这样我们才能真正确立文化自信，真正在国际关系中打出我们自己的一张独特的文化牌。也只有这样，我们的文化才不会被更强势的西方文化所吞没，更不会从信仰上被西方文化吞噬。

今天，全球化的语境增强了各国之间的协同发展与深度合作，一荣俱荣，但也一损俱损。这个全球化的链条，缺哪个环节都会是致命的危险，就像生产一辆高档的汽车，零件来自各个国家，缺任何一个零件，车都生产不出来。如果每一件事、每一个东西都需要通过国际合作协同完成，这似乎是强大的集体力量的表现，但同时也无比脆弱，可以更好，也可能随时崩盘。

“小国寡民”对我们今天的启发，是去思考我们如何在大国中实现小国中的“甘美安乐”的生活状态，如何能在工业急速发展的今天保护好自然，如何能避免人的异化，如何能保持自己民族的文化的独特性又不走民粹化路线，如何能在物质繁华的盛世实现精神的丰满与心灵的安放，如何克服资本的异化与内卷带来的全民焦虑……诸多问题我们都可以从《老子》中得到启发。

我们当然不需要把国家变小，你的生活状态是否安乐幸福，与一个国家的大小没有必然的关系。为什么现代人的焦虑感那么强？我们今天社会经济发展得越好，你赚的钱越多，反而越焦虑越没有安全感，可能因为人们穷得只剩下钱了。你生活的意义被压榨没了，疲于奔命，过着赚钱、花钱、再赚钱、再花钱的流水作业线一样的生活，这是没有生机的，这不是活生生的人的生活，而是阿伦·瓦兹说的“局部的自杀，他自身的一部分已经死掉了”（[美] 阿伦·瓦兹著，李沁云译：《心之道》）。我们在心中丢失了生活。我们在对“未来将会更好”的期望中，为了未来的快乐而牺牲了现在的生活，丢失了本已的时间，丢失了当下的快乐。

在2006年发布的全球快乐国度排行榜中，名列世界第八、亚洲第一的是不丹这个小国家。大家了解不丹可能是因为有明星到那去举行婚礼。不丹这个国家经济相对落后，但是它的幸福指数是特别高的，它是小国，但有自己的宗教信仰，邻里都很和睦，小孩也很单纯，他们过着简单的生活，不太受外界的影响，这像现代的“小国寡民”。它带给我们的思考同样是：今天人如何存在，如何生活，如何安顿自己，如何在大国中建立小国的生存模式，保证幸福指数与经济同步提升。

“小国寡民”的另一个意义在于，它唤醒了我们的当代乡愁。人们越来越深深怀念农村生活了。诺贝尔文学奖得主莫言先生的小说《生死疲劳》在2022年初再次出版，小说通过一个冤死的地主经过六道轮回变成驴、牛、猪、猴的故事，讲述了1950年到2000年的中国农村这50年的发展变化，我读了，被其中农村的生活深深地吸引，一边看一边回忆起自己小时候在农村的生活，而现在我们村已经不存在了，所有房子拆了，河塘填了，树木砍了，土地承包出去统一耕种了……几代人的生活痕迹完全消失了，自然的农业生活方式就此画上了句号。莫言这本通俗易懂又充满魔幻感的小说再版时，在B站做了直播，再次引起了读者热烈的讨论，大家的弹幕中不仅有对情节的讨论，更多是对80年代甚至更早的农村生活的怀念。莫言在序言中分析书中的单干户的原型时说：

> 他过得并不比加入集体的人好，甚至更差，但是他没有放弃他的坚持……随着农村改革的成功与深入，我对这个极其另类的农民的评价与认识，有了新的高度。这个农民依恋土地、热爱土地与土地血肉相连的关系和之死靡它的感情，成为我理解他并解释他的一条路径。（莫言：《生死疲劳》）

我相信作者也是一样依恋土地的，土地带给我们的不只是粮食，还有脚踏实地顺着大地走的自然生活方式，还有淳朴的乡音、憨实的农民。儒家思想的根基是农业社会的伦理生活，今天中国人的家庭变成小家庭模式，几代人同堂生活的情况已经很少。儒家的很多伦理感情我们今天体会不到，奠基于农耕文化与血统关系上的很多品德也随之变淡，甚至无从谈起，这是我们今天复兴国学面临的困境。复兴传统文化，首先需要思考的是如何给传统文化以存活之根？独身、不婚、丁克或普遍的三口之家如何去理解传统的复杂的伦理关系？没有兄弟，如何去理解兄弟姐妹之间的血浓于水？又如何能推己及人？费孝通先生说：

> 中国乡土社会的基层结构是一种“差序格局”，是一个由一根根私人联系所构成的网络。这种格局和现代西洋的“团体格局”是不同的。在“团体格局”里个人间的联系靠着一个共同的架子。……在“差序格局”中并没有一个超乎私人关系的道德观念，这种超己的观念必须在“团体格局”中才能发生。孝、悌、忠、信都是私人关系中的道德要素。（费孝通：《乡土中国》）

在今天这样的法制社会中，显然不能再用血缘基础上的伦理关系为基础来处理问题了。但乡土社会的逐渐瓦解，催生出了利益至上的社会，人情如何安放？心灵的故乡何在？这是我们重新思考“小国寡民”时需要面对的问题。《老子》时代的生活方式已成过往，但它提出的“道”“自然”“朴”是我们今天在城市生活获得意义、建立情感关系、重新过上诗意生活的精神资源。

第三十九讲　真我的回归

今天崇尚科技的力量、知识的力量、资本的力量，力量是一种“权力”（power），属于我们之前讲的“白昼”或“阳”的一面。老子则主张“知其白，守其黑”的“黑”或“阴”的一面，更重视无、柔、弱、下、不争这些反面所带来的能量。老子看到“上善若水”（第八章）、“柔弱胜刚强”（第三十六章）这些“无为”的能量。看起来没有做什么，不强势，其实是一种绵柔的渗透之力。“有为”只能显示出表面的强大、一时的强大，“无为”才能长久，才是真正强大，因为它符合“道”，符合“自然”。“无为”的人秉持着自己的真性，保持着赤子之心，能真正地获得快乐与幸福，获得心灵的安宁与和谐，这些是科技、知识、资本无法带来的。

老子“复归于朴”的思想曾引起西方哲人海德格尔的注意。海德格尔也认为回到本真的状态，才是“此在”的绽开方式。他在1965年5月29日致恩斯特·荣格尔的一封信中引用了《老子》第四十七章全文：“不出户，知天下；不窥牖，见天道。其出弥远，其知弥少。是以圣人不行而知，不见而名，不为而成。”他认为“我们无须为了获取更多的知识、做出更好的业绩而汲汲于外面的世界”。“在海德格尔看来，从前遥远的地方现在变得前所未有地易于企及，这必然是一种非本真的现象。他担心这种现象会引起混淆与异化，以至于人们不能够专注于并维护真正属于自己的东西。”（马琳：《海德格尔论东西方对话》）海德格尔在德国黑森林的托特瑙山上盖了一个小房子，在那安静地写作，本身就是对自然的皈依，对真性的守护。

我2009年去他的托特瑙小屋参观，那儿自然风景很美，很宁静，人稀少，似乎都能听到对面山上的登山者大声说话的声音，只有伐木工人和牛羊。他几乎住在山的最高的地方，下雪天他滑着雪橇就下来了，去买菜，然后再上去，过着特别简朴的农业社会的生活。山上游人很少，所以见到的牛都很好奇地看着我。几乎每家的门前都有一棵开满了鲜花的树，阳台上摆着茶桌，有人在悠闲地晒太阳、看报纸。当然他们的社会福利很好，使他们能比较安心地过简单的生活，少了很多工业社会的匆忙。木柴一堆一堆地摆在门口，你能感受到那种殷实与温暖。坟地建在山上，逝者的灵魂和现在的儿孙在山上共居，这是一种特别有代际感、有时间感的生活境域。

我们今天为什么喜欢去农家院度假？一到那整个人就放松下来了，青山绿水，你吃着主人炖的家养的鸡，看着满眼绿色，呼吸着新鲜的空气，听鸡犬之声，整个人就回到了朴素简单的状态。我们今天喜欢讲“诗和远方”，“诗和远方”并不是用文字去构筑的一个浪漫的世界。诗意和远方意味着你回到最质朴的生活中去，两脚踏在大地上，过着一个有人间烟火的、充满人情味的生活。海德格尔从老子的思想中感受到了和他思想相契合的部分。这个部分就是人的“真性”在时间中的绽开，这不是科技性的、知识性的和资本性的。当然他们并不是反科技本身，而是为发展科技的人提供一个伦理的思考角度。海德格尔答《明镜》记者问时说，科技像十个太阳一样照射着我们，可以把我们“连根拔起”，这是他担忧的事情。所以科技也需要科技的伦理来指导与规范。海德格尔在二战后尤其深入地思考了这个问题。马琳指出：

> 西方哲学传统向来所寻求的是一种不恰当的光明。这表现在以为思想的基本原则应当清晰明白、不含任何歧义与暧昧这种观点，对海德格尔而言，这种光明不是澄明，而是单一的、没有复杂性的明亮。我们应当避开这种简单化的光明，去寻求与黑暗相伴的光明。真正的光明隐藏在

那既是思想基本原则的起源，又是这些原则被思索之场所之中。与此相仿，真正的黑暗亦非毫无光明的纯粹黑暗，它蕴含着真正的光明。（马琳：《海德格尔论东西方对话》）

海德格尔对西方传统形上学的反拨，对“黑暗之光”的推崇，是一种新的哲学思考方法，是返回到人类思想的源头处，回到古希腊的源头处思考“真理”的绽开方式。与老子的说不清道不明的“道”一样，留有这样的“黑暗”地带，不是语言的局限，不是“道”的神秘，而是一种“知其白，守其黑”，透过“阳”去理解“阴”、保护“阴”的需要。二战后，海德格尔真切看到了人类文明被摧毁的残酷性与荒诞性，看到科技思维带来的能量是爆炸性的，如果使用不当，必是毁灭性的。我们之前讲过，老子是坚决反战的，有“战胜，以丧礼处之”（第三十一章）的高贵的同情心与清醒的思考。老子的思想在这一点上也是与海德格尔相通的。与海德格尔合译《老子》的萧师毅先生回忆说：

我于1946年春天，在弗莱堡的木材集市广场与海德格尔的相会之中，得悉他对翻译老子《道德经》感到兴趣。……他建议我们在该年夏天一同在他位于托特瑙堡的小屋里，协力把《道德经》译成德文。我深信老子的思想，将有助于灾难性的世界大战之后的德国人（事实上，是整个西方世界）的反思，于是我欣然地答允了。不幸的是我们没有完成这一计划，但我深深感受到这项工作在海德格尔身上产生了重大的影响。（萧师毅：《海德格尔与我们〈道德经〉的翻译》）

可惜他们只译了几章就因为观点不合停止了这项工作。他反思工业的发展、技术的发展、科技的发展带来的是什么，为什么没有带来人性的善，反而让人性更恶了呢？为什么会有一战和二战？这也是值得我们不断思考的，战争随时可能爆发。科技、经济在迅猛发展，我们或许将来真的能移民其他星球，或许人类能成为宇宙之主宰，但是，这一切都没有给现代人带来根本的快乐与幸福，人性也没有因此而更加进步，恶依旧存在，并且每天都发生在身边。我们肯定它带来的伟大的成就，但是也要反思我们的精神将去往何处。否则，科技可能只会被恶利用。

现代社会尽管物质条件与科技都取得了惊人的进步，但同时它们也带来了前所未有的对心灵生态的破坏、人的异化等现代性问题，造成了各种现代病。反思现代性的哲学家有很多，不同角度、不同专业、不同国家，如德国的海德格尔、以色列的赫拉利、印度的克里希那穆提、韩裔的德国哲学家韩炳哲、日本的山下英子等。

尤瓦尔·赫拉利在《未来简史》中深刻地分析了这种现代性的问题，他说我们从一出生就被迫签订了现代性契约，“现代性继续高举增长的旗帜作为其最高价值，要求我们为此要冒一切危险、做出一切牺牲。就整体而言，现代社会鼓励政府、企业和组织以实现增长作为成功的标准……就个人而言，现代性要求我们不断提高收入和生活水平，就算目前的生活已经令自己相当满意，我们还是应该努力争取更多。”（[以] 赫拉利著，林俊宏译：《未来简史：从智人到神人》）而要说服个人“想要更多”并非难事，因为人类很容易贪婪。归根到底，出问题的是信仰的倒塌与本心的失落。

印度哲人克里希那穆提是 20 世纪最伟大的灵性导师。他深谙“中观”与“禅”，被印度及当代佛家学者认为是现代龙树再来及当代的涅槃阿罗汉，被《时代周刊》评为“20 世纪最有影响的五大人物之一”。他一生有 80 多本著作，他的哲学是美国两百多所大学的选修课程，也是英国、法国与德国博士论文的研究主题。他发出了一个触及灵魂的提问：“我们为什么把生活弄成问题？工作、性、赚钱、思考、感觉？”（[印] 克里希那穆提著，罗若蘋译：《爱与寂寞》）因为我们的心灵出了问题，心灵充斥了太多的东西，不清静，不自然，不干净，既无法生动感知，也无法理性思考。由此而产生的必然是爱无能，是无止境的焦虑，甚至是因为争夺而带来的暴力犯罪。

日本的作家山下英子也受了道家的影响，她提出了“断舍离”的生活方式。断，就是不买、不收取不需要的东西；舍，就是处理掉堆放在家里没用的东西；离，就是舍弃对物质的迷恋，从而让自己处于宽敞舒适，自由自在的空间。这些都让我们看到，最好的生命样态正是老子说的“归根曰静”，每个人的个性、天性都得到完整的保护与发挥，我们时时反省，时时回来，时时在家。《老子》提出的“小国寡民”的模式才是长生久视之道，能长久地给我们带来生活的安定与心灵的安宁。

到这里，道家最重要的五个观念就讲完了。“道”是为我们的生活奠定一个最高根据，“自然”是“道”的属性，“无为”是对“自然”的原则的实施，“德”是“道”在每一个人身上的具体的表现。“朴”是老子的人性理想，是通过一个“天道”的保证、天性的回归，来让人继承下去的一种品质。“仁”是老子的道德理想，这个是需要儒家来补充的。整体上这五个观念它导向的是什么？是希望建立一个“甘其食，美其服，安其居，乐其俗”这样一个充足的、安心的、幸福的生活世界。

《老子》讲“根深固柢，长生久视之道”（第五十九章），人要能像水一样，“处众人之所恶”（第八章），接近“道”的境界，才能长久。在今天体现为谦逊内敛、低调沉静、乐于施人，不纠结，不恐惧，内心明澈的品性。这样的人才能最终得到他想要的，走到他想到的地方。治理国家则要“无为”，尊重人的自然天性，并让人回归质朴。虽然今天中国是大国，也要智慧地运用小国的模式，不能太过“有为”，既要重外也要重内，要重视人心人性的自然教化，这样才能实现全民的“甘美安乐”的生活。如果我们把老子讲的都做到的话，我们确实能够在漂泊的时代找到精神的家园，走上返回故乡的道路。虽然农业社会在消失，农村在远去，那种原始朴素的生活方式离我们越来越远，但是我们要学会在钢筋水泥的世界中，建构一套仍然质朴的、自然的、符合天道的、更高级的生存方式和生活境界。这是本书讲解《老子》这本古代经典的意义。

第四十讲　庄子的回响

本书最后一讲，我们必须要说到庄子，因为庄子是对老子思想继承与发挥得最好的一位哲学家，也是道家的另一位奠基者、代表人物，他让我们对老子的思想有更生动、更感性的了解。庄子可以说是老子思想在战国中晚期的一个回响，他继承了老子，又有自己独创的表达方式和生命触角。《史记》说庄子“其学无所不窥，然其要本归于老子之言”，庄子把老子的“道”放在了社会人生的不同层面，生动地、有血有肉地展现给我们看，可以说，庄子让老子的思想大开其境。庄子将老子的宇宙论之“道”转换为人生的“道境”，以“大”的物象、意象，代替了抽象的“道”，让我们感受到超越的人生境界，也教给我们不断超越的方法，启发我们突破一切有限格局的智慧。

老子尽管提出了宇宙本源之“道”，但并没有将其实体化成某个物，它是非对象化的，这给庄子留下了进一步发挥的空间。庄子对宇宙论问题的思考主要体现在《齐物论》中。《齐物论》开篇提出何为“天籁”的问题，却将笔墨放在何为“地籁”“人籁”上。对于始发者“天籁”，庄子采取了遮蔽式的言说，他借助南郭子綦这个人物形象说：“夫吹万不同，而使其自己也。咸其自取，怒者其谁邪?”庄子只说“天籁”是让万物如此的原始发动者，没有具体说它是什么。既然能“吹”，能“使”，能“怒”，它就必然存在，但人们能看到的只是事物各自的样子，而看不到发动者本身。所以，尽管我们可以推测“天籁”说的就是“道”，但庄子不直接说这原始发动者是“道”，有意将宇宙论的问题悬搁起来。庄子不认为追究这个问题有多大的意义。在庄子看来，宇宙论问题本身就有问题。《齐物论》曰：

> 有始也者，有未始有始也者，有未始有夫未始有始也者；有有也者，有无也者，有未始有无也者，有未始有夫未始有无也者。俄而有无矣，而未知有无之果孰有孰无也。今我则已有谓矣，而未知吾所谓之其果有谓乎？其果无谓乎？

如果我们说宇宙有始点，从逻辑上说，在始点之前一定还有一个使其始者。说“有”的时候，就有“无有”的时候；说“无”的时候，就有“无无”的时候。以此类推，没有穷尽。庄子提醒我们，宇宙本源不管叫什么都是人称谓出来的，不能执着于称谓，而应反思我们所使用的名称到底有何意义。这一思考与老子一脉相承，不同的是庄子更强调“谓”，即语言命名这件事的意味，把对“道”的讨论引向了对“言”的讨论。《齐物论》曰：

> 天地与我并生，而万物与我为一。既已为一矣，且得有言乎？既已谓之一矣，且得无言乎？一与言为二，二与一为三，自此以往，巧历不能得，而况其凡乎？故自无适有，以至于三，而况自有适有乎？无适焉，因是已！

这一段中的“一”“二”“三”在《老子》第四十二章出现过，我们虽然无法断定这一段就是对第四十二章的回应，但是从王弼注《老子》第四十二章援引了庄子这一段来看，庄子完全有可能是在回应老子的宇宙论问题。

《老子》第四十二章曰：“道生一，一生二，二生三，三生万物。万物负阴而抱阳，冲气以为和。”新儒家的代表牟宗三先生结合了庄子的诠释，将这一章提出了新的诠释。他指出，老子是“通过道的双重性（有性、无性）来说明天地万物”，而不是用气说明天地万物。道可以说是“超越的所以然”，气化背后的“超越的根据”（牟宗三：《牟宗三先生讲演录（三）》）。这根据不是独立于万物的，而是要经过“一”“二”“三”的过程。朱熹讲的“太极”是超越的理，决定万物的变化，是“实现原理”，“老子的道也是这个层次”。对老庄的不同，他说：

> 庄子这个态度是最后的态度……所以，庄子这个境界是另一个境界了，这是主观的修道的境界。而老子所表示的是道与天地万物的关系，这是客观的。最后，主观的这个经过与客观的进程这两个 process identify，在道家，这二者最后合一了。

牟宗三先生认为，庄子的境界更高，庄子不需要继续数下去，创生下去，而就安住在“无适”中，“永远处在‘一’的境界”，这就是“天地与我并生，而万物与我齐一”的没有二分、三分的境界。从“无”看，天地万物是没有区分的，一旦能用语言去命名，就是主客对待的关系，即对偶性（duality）。“三”指的应是“玄”。“玄”是“众妙之门”，也就是“道”的本性，“道”逐层展开而成为具体真实的。“三”是“一”“二”综合起来，“代表谐和，也代表法则”。因此，牟宗三先生强调此境界并非客观的，亦非主观的，而是超出了主客对立的体系，是“大客观”之境。他的“大客观”之境是物我两冥、主客双遣的至高境界。这在《庄子》中就是“大”的境界。

“大”在《老子》中首先是“道”的代名词，用来描述“道”的特点。其次，“大”代表“大音”“大象”等一切超越具体属性的存在。“大”虽然也有动词性的含义，但还没有与主体联系起来成为明确的境界论。从宇宙论向境界论的转换是庄子完成的。《说文解字》曰：“大，天大，地大，人亦大焉。象人形。”段玉裁注：“大文则首手足皆具，而可以参天地。”“大”的字形字意都显示了其与人的相关性，人无限扩展其心胸，才能参赞天地。老子认为人有能力通过法地，法天，最终法“道”，所以取与人相关的“大”字作为其别称，因此，这一句的“大”既有表示“道”的名词性含义，又有表示“扩展”的动词性含义。

在老子这里，“大”旨在说明本源之“道”的特点与运行方式，那么在庄子这里，“大”则转变为一种心灵的境界，这可以通过庄子中大量关于“大”的意象看出。这些意象有具体的、有抽象的。这里所说的“具体的意象”是指虽然大而无形，但可以根据字面想象其形象的物与人，如《逍遥游》中的“鲲”“鹏”“大椿”“大瓠”“樗”“牦牛”，《齐物论》中的“大块”、《人间世》中的“栎社树”，《德充符》中的“大人”，《大宗师》里的“大冶”，《天地》中的“大壑”，《秋水》中的“秋水”等；“抽象的意象”是指无法根据字面去想象，但可以领会的物与人，如《逍遥游》中的“大知”“大年”，《大宗师》中的“大情”，《在宥》中的“大物”“大同”，《天道》中的“大本”“大宗”，《知北游》中的“大得”，《徐无鬼》中的“大一”“大阴”“大目”“大均”“大方”“大信”“大定”，《天下》中的“大体”“大道”等。这一系列“大”的意象之间相互关联，它们都是超越常规思维的视野，走向逍遥境界的表征。

要达到“大”的境界，气功是传统的工夫论方法。《庄子》有气功方面的描述，也有对老聃、列子、南郭子綦、藐姑射神人等真实或虚构的人物的练功的描述。气功可以静心，对“体道”的作用当然不能否定。刘笑敢先生就曾指出：“庄子的心斋、坐忘、外物等修养方法与气功类锻炼方法也有明显关系，庄子很可能是借用当时的气功式健身术的修炼方法来发展自己的逍遥游理论的，他的逍遥游的境界很可能与气功‘入静’以后的自我体验有相通之处。”（刘笑敢：《庄子哲学及其演变》）但庄子没有描写过气功修炼的具体步骤、动作要领或口诀，这说明庄子并不看重气功，他自身可能也不练气功。庄子将宇宙论之“道”转化为人生境界之“大”的关键不在气功，而在“以道观”的思维方式。

“以道观”这几个字出现在两处，一是《天地》篇，一是《秋水》篇，但“以道观”的思想是贯穿于内七篇中的。《天地》曰：“以道观言而天下之君正，以道观分而君臣之义明，以道观能而天下之官治，以道泛观而万物之应备。”这里的“观”并非简单的观看之意。“观”是审慎地看。它是说从“道”的角度察看名号，从而使君王正位；从“道”的角度察看职分，从而使各尽其责；从“道”的角度查看能力，从而使百官尽责；从“道”的角度来观察一切，则万物之需无所不备。可见，这里的

“道”不再担当“覆载万物”（《天地》）的宇宙创生者的角色，而是充当一只看世界的眼睛，意味着从整体来看事物。跳开“君”的视角来看“君”，跳开“臣”来看“臣”，跳开“百官”来看“百官”，跳开“万物”来看“万物”，超越具体事物自身的角度，从整体思考问题，实现更周全的公平公正，使万物和顺。

《秋水》则是通过河伯与北海若的对话，逐层推出更宽广的视野。其中提出了层次不同的“六观”，分别为：

> 以道观之，物无贵贱；以物观之，自贵而相贱；以俗观之，贵贱不在己。以差观之，因其其所大而大之，则万物莫不大；因其所小而小之，则万物莫不小。……以功观之，因其所有而有之，则万物莫不有；因其所无而无之，则万物莫不无。……以趣观之，因其所然而然之，则万物莫不然；因其所非而非之，则万物莫不非。

此“六观”中，“以道观之”显然是最高的观照方式。在这一观照方式下，我们看到的万物无贵贱之分，也即达到了“齐一”的境界。“齐一”也即“齐万物”。“以道观”的哲理根据其实在《齐物论》中。庄子不是单就价值层面而言超越贵贱，而是从思维层面说明要超越二元论的思维。这样，不仅无贵贱之分，亦无是非之分。超越的方法是“以明”，即《齐物论》说的“以是其所非而非其所是，欲是其所非而非其所是，则莫若以明”。

“以明”可以理解为“反复相明”，王先谦认为也可以理解为“以本然之明照之”（[清] 王先谦撰：《庄子集解》）。“以明”乃“以之明”的省略，“本然之明”即“道”。《齐物论》中“以明”出现在三处，其他一处为“彼是莫得其偶，谓之道枢。枢始得其环中，以应无穷。是亦一无穷，非亦一无穷。故曰：莫若以明”；一处为“为是不用而寓诸庸，此之谓‘以明’”。庄子自己对“以明”是有定义的，但是什么是“为是不用而寓诸庸”呢？《齐物论》曰：

> 其分也，成也；其成也，毁也。凡物无成与毁，复通为一。唯达者知通为一，为是不用而寓诸庸。庸也者，用也；用也者，通也；通也者，得也。适得而几矣。因是已，已而不知其然谓之道。

庄子提出不从“成”与“毁”这种二元对立的模式去看问题，因为这样就失去了“大道”之整全一体性。他主张在“用”之中达到“通透”，从而有所“得”。这种自然而然有所“得”的状态就是“道”。所以，我们可以把“为是不用而寓诸庸”看作是一种超越二元对立的思维方式。王先谦的理解是符合庄子的。曹础基认为，“以明”之“明”即《老子》“复命曰常，知常曰明”的“明”，“懂得追溯到根本的虚无之道那里去，就什么是非、真伪都解决了。因为在那里一切都是齐同的。”（曹础基：《庄子浅注》）此亦符合庄子之意。人如果不站在是与非的立场上，应该站在哪里观万事万物呢？此即“得其环中，以应无穷”。

“得其环中”的“中”是指“道枢”。“道枢”是“空”的，因此没有任何对立面。“中”不是平面意义上的“中间”之意，而是“中空”之意，即站在两相对立的立场之外，没有任何成见地全面观照两边。“中”是从思维上说的，“空”是从工夫上说。工夫与气功不同，目的不在养身，而在养德。不带有任何成见，以“空”照“有”，让事物按其本来的面目呈现，才能“明”，才能“通”，才能“得”。这种“中空”的思维我们在讲老子的否定性言说时讨论过。《齐物论》曰：

> 彼出于是，是亦因彼。彼是方生之说也。虽然，方生方死，方死方生；方可方不可，方不可方可；因是因非，因非因是。是以圣人不由而照之于天，亦因是也。是亦彼也，彼亦是也。

庄子认为，彼与是并非对立，而是相互造就、相互转换的关系。在特定的时机下，彼即是，是即彼。然后举生死的例子来说，提出“方生方死”的独特观点。成玄英疏：“方将也”，“方”有“同时”之意。生同时也是死，死同时也是生，生与死是对同一个生命过程的不同描述而已。曹础基释之为“生的同时就出现死”（曹础基：《庄子浅注》），也是符合庄子原意的。因此，圣人不采取彼是二元对立的方式来处理事情，而是“照之于天”。“照之于天”也就是上文说的“以道观之”，从天的角度看事情，而不是从人的角度看事情。这种超越彼是对立的思维，即上文所说的“中空”思维，因为处“中”而能两边看全，因为心“空”而能灵活变通，心“空”意味着没有成见。这一思维在《逍遥游》中也有体现。“以道观之”是用大鹏的眼睛观世界，“以物观之”是用蜩与学鸠的眼睛观世界；“以道观之”是因为带着“鹏之心”，“以物观之”是因为带着“蓬蒿之心”。只有“乘天地之正”，看到了世界的整体面目而去除成见，才能“御六气之辩”。

“以道观”的思维方式是逍遥的关键，大鹏的飞翔象征着心灵的自由，心灵的自由并不取决于身体的修炼，而取决于我们在人世间如何思考问题。“以道观”并不是抽象的逻辑思维，而是抓住时机，反复训练所能达到的思辨能力与实践能力。“中”意味着站离是非对立的两面，从高处看问题；“空”意味着放下世俗常规的标准，从远处看问题。这种思辨性与实践性在《人间世》篇阐发得尤为清楚。《人间世》开头托仲尼与颜回所展开的问答过程，正是一个人破除“成心”的影响而“空”下自己的过程。《人间世》曰：“若一志，无听之以耳而听之以心，无听之以心而听之以气！听止于耳，心止于符。气也者，虚而待物者也。唯道集虚，虚者，心斋也。”

庄子并没有说要通过练功打坐或素食来达到这种思维能力，

而是通过“耳”“心”“气”“道”四个阶段的逐层超越。“耳”连接的是外物，不以耳听，意味着不为外物所扰；“心”是对外物的反思，反思的主体是自我，自我意味着有“成见”；“气”则意味着连反思都没有了，任“气”而行，“气”是至柔至虚的状态，把人心灵中的成见都过滤掉，达到志气专一的状态；“道”就驻扎在万物自然显现之中，所谓“唯道集虚”。“心斋”即“斋心”，让“心”斋戒，即让“心”空下来。钟泰先生从《周易》的视角来寻求对庄子思想的印证，他说：“《易·艮卦》曰：‘艮其背，不获其身。行其庭，不见其人。’不获其身，无我也。不见其人，无物也。无我无物，所谓虚也。”（钟泰：《庄子发微》）

“心斋”的要求是无物、无我，唯此可以知天，知“道”。钟泰认为，此与上文“道不欲杂”相应，而与下文“未始有回”相合。“未始有回”，恰是“无我”的意思。因此，“心斋”不是类似《逍遥游》中藐姑射神人“不食五谷杂粮”的辟谷功夫，而是超越外物、去除成心、没有偏见，从而以“道”观照万物的方式。在这种方式下，人就知道如何适应时机而“为”了。所以，孔子批评的不是颜回想去救卫国的善心，而是批评他没有“先存诸己”。“诸”指“道”，颜回还不具备“道”的视野，对自己与对卫国都没有整体的了解，此时不是去救的好时机。因此，“为道”的关键不是身体上的“斋”，而是心灵上的

“斋”，做到“心斋”了，也就能抓住时机行事，而不会招致祸患了。

综上所述，庄子通过对老子之“道”的别名——“大”的创造性发挥，将宇宙本源之“道”境界化，使老子之“道”大开其境，这是道家思想史上最精彩的诠释案例，也是老子在这个世界最好的回响。

附录 《老子》王弼本全文

第一章

道可道，非常道；名可名，非常名。无名天地之始，有名万物之母。故常无欲，以观其妙；常有欲，以观其徼。此两者同出而异名，同谓之玄，玄之又玄，众妙之门。

第二章

天下皆知美之为美，斯恶已；皆知善之为善，斯不善已。故有无相生，难易相成，长短相较，高下相倾，音声相和，前后相随。是以圣人处无为之事，行不言之教，万物作焉而不辞，生而不有，为而不恃，功成而弗居。夫唯弗居，是以不去。

第三章

不尚贤，使民不争；不贵难得之货，使民不为盗；不见可欲，使民心不乱。是以圣人之治，虚其心，实其腹；弱其志，强其骨。常使民无知无欲，使夫智者不敢为也。为无为，则无不治。

第四章

道冲而用之或不盈，渊兮似万物之宗。挫其锐，解其纷，和其光，同其尘。湛兮似或存，吾不知谁之子，象帝之先。

第五章

天地不仁，以万物为刍狗；圣人不仁，以百姓为刍狗。天地之间，其犹橐籥乎？虚而不屈，动而愈出。多言数穷，不如守中。

第六章

谷神不死，是谓玄牝，玄牝之门，是谓天地根。绵绵若存，用之不勤。

第七章

天长地久。天地所以能长且久者，以其不自生，故能长生。是以圣人后其身而身先，外其身而身存。非以其无私邪？故能成其私。

第八章

上善若水。水善利万物而不争，处众人之所恶（wù），故几（jī）于道。居善地，心善渊，与善仁，言善信，正善治，事善能，动善时。夫唯不争，故无尤。

第九章

持而盈之，不如其已。揣而棁之，不可长保。金玉满堂，莫之能守。富贵而骄，自遗其咎。功遂身退，天之道。

第十章

载营魄抱一，能无离乎？专气致柔，能婴儿乎？涤除玄览，能无疵乎？爱民治国，能无知乎？天门开阖，能无雌乎？明白四达，能无为乎？生之、畜之，生而不有，为而不恃，长而不宰，是谓玄德。

第十一章

三十辐共一毂，当其无，有车之用。埏埴以为器，当其无，有器之用。凿户牖以为室，当其无，有室之用。故有之以为利，无之以为用。

第十二章

五色令人目盲，五音令人耳聋，五味令人口爽，驰骋畋猎令人心发狂，难得之货令人行妨。是以圣人为腹不为目，故去彼取此。

第十三章

宠辱若惊，贵大患若身。何谓宠辱若惊？宠，为下得之若惊，失之若惊，是谓宠辱若惊。何谓贵大患若身？吾所以有大患者，为吾有身，及吾无身，吾有何患！故贵以身为天下，若可寄天下；爱以身为天下，若可托天下。

第十四章

视之不见名曰夷，听之不闻名曰希，搏之不得名曰微。此三者不可致诘，故混而为一。其上不皦，其下不昧，绳绳不可名，复归于无物，是谓无状之状，无物之象。是谓惚恍。迎之不见其首，随之不见其后。执古之道，以御今之有，能知古始，是谓道纪。

第十五章

古之善为士者，微妙玄通，深不可识。夫唯不可识，故强为之容。豫焉若冬涉川，犹兮若畏四邻，俨兮其若容，涣兮若冰之将释，敦兮其若朴，旷兮其若谷，混兮其若浊。孰能浊以静之徐清？孰能安以久动之徐生？保此道者不欲盈，夫唯不盈，故能蔽不新成。

第十六章

致虚极，守静笃，万物并作，吾以观复。夫物芸芸，各复归其根。归根曰静，是谓复命。复命曰常，知常曰明，不知常，妄作，凶。知常容，容乃公，公乃王，王乃天，天乃道，道乃久。没身不殆。

第十七章

太上，下知有之。其次，亲而誉之。其次，畏之。其次，侮之。信不足，焉有不信焉。悠兮其贵言。功成事遂，百姓皆谓我自然。

第十八章

大道废，有仁义；慧智出，有大伪；六亲不和，有孝慈；国家昏乱，有忠臣。

第十九章

绝圣弃智，民利百倍；绝仁弃义，民复孝慈；绝巧弃利，盗贼无有。此三者，以为文不足，故令有所属，见素抱朴，少私寡欲。

第二十章

绝学无忧。唯之与阿，相去几何？善之与恶，相去若何？人之所畏，不可不畏。荒兮其未央哉！众人熙熙，如享太牢，如春登台。我独泊兮其未兆，如婴儿之未孩。儽儽兮若无所归。众人皆有余，而我独若遗。我愚人之心也哉！沌沌兮！俗人昭昭，我独昏昏；俗人察察，我独闷闷。澹兮其若海，飂兮若无止。众人皆有以，而我独顽似鄙。我独异于人，而贵食母。

第二十一章

孔德之容，惟道是从。道之为物，惟恍惟惚。惚兮恍兮，其中有象；恍兮惚兮，其中有物。窈兮冥兮，其中有精；其精甚真，其中有信。自古及今，其名不去，以阅众甫。吾何以知众甫之状哉？以此。

第二十二章

曲则全，枉则直，洼则盈，敝则新，少则得，多则惑。是以圣人抱一，为天下式。不自见故明，不自是故彰，不自伐故有功，不自矜故长。夫唯不争，故天下莫能与之争。古之所谓曲则全者，岂虚言哉！诚全而归之。

第二十三章

希言自然。故飘风不终朝，骤雨不终日。孰为此者？天地。天地尚不能久，而况于人乎？故从事于道者，道者同于道，德者同于德，失者同于失。同于道者，道亦乐得之；同于德者，德亦乐得之；同于失者，失亦乐得之。信不足，焉有不信焉。

第二十四章

企者不立，跨者不行，自见者不明，自是者不彰，自伐者无功，自矜者不长。其在道也，曰余食赘行。物或恶之，故有道者不处。

第二十五章

有物混成，先天地生，寂兮寥兮，独立不改，周行而不殆，可以为天下母。吾不知其名，字之曰道，强为之名曰大。大曰逝，逝曰远，远曰反。故道大，天大，地大，王亦大。域中有四大，而王居其一焉。人法地，地法天，天法道，道法自然。

第二十六章

重为轻根，静为躁君，是以圣人终日行不离辎重。虽有荣观，燕处超然，奈何万乘之主，而以身轻天下？轻则失本，躁则失君。

第二十七章

善行无辙迹，善言无瑕谪，善数不用筹策，善闭无关楗而不可开，善结无绳约而不可解。是以圣人常善救人，故无弃人；常善救物，故无弃物，是谓袭明。故善人者，不善人之师；不善人者，善人之资。不贵其师，不爱其资，虽智大迷，是谓要妙。

第二十八章

知其雄，守其雌，为天下溪。为天下溪，常德不离，复归于婴儿。知其白，守其黑，为天下式。为天下式，常德不忒，复归于无极。知其荣，守其辱，为天下谷。为天下谷，常德乃足，复归于朴。朴散则为器，圣人用之则为官长。故大制不割。

第二十九章

将欲取天下而为之，吾见其不得已。天下神器，不可为也。为者败之，执者失之。故物或行或随，或歔或吹，或强或羸，或挫或隳。是以圣人去甚，去奢，去泰。

第三十章

以道佐人主者，不以兵强天下，其事好还。师之所处，荆棘生焉。大军之后，必有凶年。善有果而已，不敢以取强。果而勿矜，果而勿伐，果而勿骄，果而不得已，果而勿强。物壮则老，是谓不道，不道早已。

第三十一章

夫佳兵者，不祥之器。物或恶之，故有道者不处。君子居则贵左，用兵则贵右。兵者，不祥之器，非君子之器。不得已而用之，恬淡为上，胜而不美。而美之者，是乐杀人。夫乐杀人者，则不可以得志于天下矣。吉事尚左，凶事尚右。偏将军居左，上将军居右，言以丧礼处之。杀人之众，以哀悲泣之。战胜，以丧礼处之。

第三十二章

道常无名，朴虽小，天下莫能臣也。侯王若能守之，万物将自宾。天地相合以降甘露，民莫之令而自均。始制有名，名亦既有，夫亦将知止。知止可以不殆。譬道之在天下，犹川谷之于江海。

第三十三章

知人者智，自知者明。胜人者有力，自胜者强。知足者富，强行者有志，不失其所者久，死而不亡者寿。

第三十四章

大道泛兮，其可左右。万物恃之而生而不辞，功成不名有，衣养万物而不为主。常无欲，可名于小；万物归焉而不为主，可名为大。以其终不自为大，故能成其大。

第三十五章

执大象，天下往；往而不害，安平太。乐与饵，过客止。道之出口，淡乎其无味，视之不足见，听之不足闻，用之不足既。

第三十六章

将欲歙之，必固张之；将欲弱之，必固强之；将欲废之，必固兴之；将欲夺之，必固与之，是谓微明。柔弱胜刚强。鱼不可脱于渊，国之利器不可以示人。

第三十七章

道常无为而无不为，侯王若能守之，万物将自化。化而欲作，吾将镇之以无名之朴。无名之朴，夫亦将无欲。不欲以静，天下将自定。

第三十八章

上德不德，是以有德；下德不失德，是以无德。上德无为而无以为，下德为之而有以为。上仁为之而无以为，上义为之而有以为，上礼为之而莫之应，则攘臂而扔之。故失道而后德，失德而后仁，失仁而后义，失义而后礼。夫礼者，忠信之薄而乱之首。前识者，道之华而愚之始。是以大丈夫处其厚，不居其薄；处其实，不居其华。故去彼取此。

第三十九章

昔之得一者，天得一以清，地得一以宁，神得一以灵，谷得一以盈，万物得一以生，侯王得一以为天下贞。其致之。天无以清将恐裂，地无以宁将恐发，神无以灵将恐歇，谷无以盈将恐竭，万物无以生将恐灭，侯王无以贵高将恐蹶。故贵以贱为本，高以下为基。是以侯王自谓孤寡不谷。此非以贱为本邪？非乎？故致数舆无舆。不欲琭琭如玉，珞珞如石。

第四十章

反者，道之动；弱者，道之用。天下万物生于有，有生于无。

第四十一章

上士闻道，勤而行之；中士闻道，若存若亡；下士闻道，大笑之，不笑不足以为道。故建言有之：明道若昧，进道若退，夷道若纇。上德若谷，大白若辱，广德若不足，建德若偷，质真若渝。大方无隅，大器晚成，大音希声，大象无形。道隐无名，夫唯道善贷且成。

第四十二章

道生一，一生二，二生三，三生万物。万物负阴而抱阳，冲气以为和。人之所恶，唯孤寡不谷，而王公以为称。故物，或损之而益，或益之而损。人之所教，我亦教之。强梁者不得其死，吾将以为教父。

第四十三章

天下之至柔，驰骋天下之至坚，无有入无间，吾是以知无为之有益。不言之教，无为之益，天下希及之。

第四十四章

名与身孰亲？身与货孰多？得与亡孰病？是故甚爱必大费，多藏必厚亡。知足不辱，知止不殆，可以长久。

第四十五章

大成若缺，其用不弊：大盈若冲，其用不穷。大直若屈，大巧若拙，大辩若讷。躁胜寒，静胜热，清静为天下正。

第四十六章

天下有道，却走马以粪；天下无道，戎马生于郊。祸莫大于不知足，咎莫大于欲得，故知足之足，常足矣。

第四十七章

不出户，知天下；不窥牖，见天道。其出弥远，其知弥少。是以圣人不行而知，不见而名，不为而成。

第四十八章

为学日益，为道日损。损之又损，以至于无为，无为而无不为。取天下常以无事，及其有事，不足以取天下。

第四十九章

圣人无常心，以百姓心为心。善者，吾善之；不善者，吾亦善之，德善。信者，吾信之；不信者，吾亦信之，德信。圣人在天下歙歙，为天下浑其心。圣人皆孩之。

第五十章

出生入死。生之徒十有三，死之徒十有三。人之生动之死地，亦十有三。夫何故？以其生生之厚。盖闻善摄生者，陆行不遇兕虎，入军不被甲兵，兕无所投其角，虎无所措其爪，兵无所容其刃。夫何故？以其无死地。

第五十一章

道生之，德畜之，物形之，势成之。是以万物莫不尊道而贵德。道之尊，德之贵，夫莫之命而常自然。故道生之，德畜之：长之、育之、亭之、毒之、养之、覆之。生而不有，为而不恃，长而不宰，是谓玄德。

第五十二章

天下有始，以为天下母。既得其母，以知其子；既知其子，复守其母，没身不殆。塞其兑，闭其门，终身不勤。开其兑，济其事，终身不救。见小曰明，守柔曰强。用其光，复归其明，无遗身殃，是为习常。

第五十三章

使我介然有知，行于大道，唯施是畏。大道甚夷，而民好径。朝甚除，田甚芜，仓甚虚。服文綵，带利剑，厌饮食，财货有余，是为盗夸。非道也哉!

第五十四章

善建者不拔，善抱者不脱，子孙以祭祀不辍。修之于身，其德乃真；修之于家，其德乃余；修之于乡，其德乃长；修之于国，其德乃丰；修之于天下，其德乃普。故以身观身，以家观家，以乡观乡，以国观国，以天下观天下。吾何以知天下然哉？以此。

第五十五章

含德之厚，比于赤子。蜂虿虺蛇不螫，猛兽不据，攫鸟不搏。骨弱筋柔而握固，未知牝牡之合而全作，精之至也。终日号而不嗄，和之至也。知和曰常，知常曰明，益生曰祥，心使气曰强。物壮则老，谓之不道，不道早已。

第五十六章

知者不言，言者不知。塞其兑，闭其门，挫其锐；解其分，和其光，同其尘，是谓玄同。故不可得而亲，不可得而疏；不可得而利，不可得而害；不可得而贵，不可得而贱，故为天下贵。

第五十七章

以正治国，以奇用兵，以无事取天下。吾何以知其然哉？以此。天下多忌讳，而民弥贫；民多利器，国家滋昏；人多伎巧，奇物滋起；法令滋彰，盗贼多有。故圣人云，我无为而民自化，我好静而民自正，我无事而民自富，我无欲而民自朴。

第五十八章

其政闷闷，其民淳淳；其政察察，其民缺缺。祸兮福之所倚，福兮祸之所伏。孰知其极？其无正？正复为奇，善复为妖，人之迷，其日固久。是以圣人方而不割，廉而不刿，直而不肆，光而不耀。

第五十九章

治人事天莫若啬。夫唯啬，是谓早服。早服谓之重积德，重积德则无不克，无不克则莫知其极，莫知其极，可以有国。有国之母，可以长久。是谓深根固柢，长生久视之道。

第六十章

治大国若烹小鲜。以道莅天下，其鬼不神。非其鬼不神，其神不伤人；非其神不伤人，圣人亦不伤人。夫两不相伤，故德交归焉。

第六十一章

大国者下流。天下之交，天下之牝。牝常以静胜牡，以静为下。故大国以下小国，则取小国；小国以下大国，则取大国。故或下以取，或下而取。大国不过欲兼畜人，小国不过欲入事人，夫两者各得其所欲，大者宜为下。

第六十二章

道者万物之奥，善人之宝，不善人之所保。美言可以市，尊行可以加人。人之不善，何弃之有！故立天子，置三公，虽有拱璧以先驷马，不如坐进此道。古之所以贵此道者何？不曰以求得，有罪以免邪？故为天下贵。

第六十三章

为无为，事无事，味无味。大小多少，报怨以德。图难于其易，为大于其细。天下难事必作于易，天下大事必作于细，是以圣人终不为大，故能成其大。夫轻诺必寡信，多易必多难，是以圣人犹难之。故终无难矣。

第六十四章

其安易持，其未兆易谋，其脆易泮，其微易散。为之于未有，治之于未乱。合抱之木，生于毫末；九层之台，起于累土；

千里之行，始于足下。为者败之，执者失之。是以圣人无为，故无败；无执，故无失。民之从事，常于几成而败之。慎终如始，则无败事。是以圣人欲不欲，不贵难得之货。学不学，复众人之所过。以辅万物之自然，而不敢为。

第六十五章

古之善为道者，非以明民，将以愚之。民之难治，以其智多。故以智治国，国之贼；不以智治国，国之福。知此两者，亦稽式。常知稽式，是谓玄德。玄德深矣，远矣，与物反矣，然后乃至大顺。

第六十六章

江海所以能为百谷王者，以其善下之，故能为百谷王。是以欲上民，必以言下之；欲先民，必以身后之。是以圣人处上而民不重，处前而民不害，是以天下乐推而不厌。以其不争，故天下莫能与之争。

第六十七章

天下皆谓我道大，似不肖。夫唯大，故似不肖。若肖，久矣其细也夫。我有三宝，持而保之。一曰慈，二曰俭，三曰不敢为天下先。慈，故能勇；俭，故能广；不敢为天下先，故能成器长。今舍慈且勇，舍俭且广，舍后且先，死矣！夫慈，以战则胜，以守则固，天将救之，以慈卫之。

第六十八章

善为士者不武，善战者不怒，善胜敌者不与，善用人者为之下。是谓不争之德，是谓用人之力，是谓配天古之极。

第六十九章

用兵有言，吾不敢为主而为客，不敢进寸而退尺。是谓行无行，攘无臂，扔无敌，执无兵。祸莫大于轻敌，轻敌几丧吾宝。故抗兵相加，哀者胜矣。

第七十章

吾言甚易知，甚易行，天下莫能知，莫能行。言有宗，事有君。夫唯无知，是以不我知。知我者希，则我者贵，是以圣人被褐怀玉。

第七十一章

知不知，上；不知知，病。夫唯病病，是以不病。圣人不病，以其病病，是以不病。

第七十二章

民不畏威，则大威至。无狎其所居，无厌其所生。夫唯不厌，是以不厌。是以圣人自知，不自见；自爱，不自贵。故去彼取此。

第七十三章

勇于敢则杀，勇于不敢则活。此两者，或利或害。天之所恶，孰知其故？是以圣人犹难之。天之道，不争而善胜，不言而善应，不召而自来，繟然而善谋。天网恢恢，疏而不失。

第七十四章

民不畏死，奈何以死惧之！若使民常畏死，而为奇者吾得执而杀之，孰敢？常有司杀者杀，夫代司杀者杀，是谓代大匠斫。夫代大匠斫者，希有不伤其手矣。

第七十五章

民之饥，以其上食税之多，是以饥。民之难治，以其上之有为，是以难治。民之轻死，以其求生之厚，是以轻死。夫唯无以生为者，是贤于贵生。

第七十六章

人之生也柔弱，其死也坚强。万物草木之生也柔脆，其死也枯槁。故坚强者死之徒，柔弱者生之徒。是以兵强则不胜，木强则兵。强大处下，柔弱处上。

第七十七章

天之道，其犹张弓与！高者抑之，下者举之；有余者损之，不足者补之。天之道，损有余而补不足。人之道则不然，损不足以奉有余。孰能有余以奉天下？唯有道者。是以圣人为而不恃，功成而不处，其不欲见贤。

第七十八章

天下莫柔弱于水，而攻坚强者莫之能胜，其无以易之。弱之胜强，柔之胜刚，天下莫不知，莫能行。是以圣人云，受国之垢，是谓社稷主；受国不祥，是为天下王。正言若反。

第七十九章

和大怨，必有余怨，安可以为善？是以圣人执左契，而不责于人。有德司契，无德司彻。天道无亲，常与善人。

第八十章

小国寡民，使有什伯之器而不用，使民重死而不远徙。虽有舟舆，无所乘之；虽有甲兵，无所陈之；使人复结绳而用之。

甘其食，美其服，安其居，乐其俗。邻国相望，鸡犬之声相闻，民至老死不相往来。

第八十一章

信言不美，美言不信；善者不辩，辩者不善；知者不博，博者不知。圣人不积，既以为人，己愈有；既以与人，己愈多。天之道，利而不害。圣人之道，为而不争。

参考文献

古代典籍

李山、轩新丽译注：《管子》（上下），北京：中华书局，2019。

［战国］韩非著，陈奇猷校注：《韩非子新校注》，上海：上海古籍出版社，2000。

孟子著，杨伯峻译注：《孟子译注》，北京：中华书局，2010。

林家骊译注：《楚辞》，北京：中华书局，2015。

［汉］班固：《汉书》，北京：中华书局，2007。

王卡点校：《老子道德经河上公章句》，北京：中华书局，2009。

何宁：《淮南子集释》，北京：中华书局，1998。

［汉］司马迁撰，［宋］裴骃集解，［唐］司马贞索隐，［唐］张守节正义：《史记》（全十册），北京：中华书局，1982。

［汉］许慎撰，［清］段玉裁注：《说文解字注》（经韵楼藏版），上海：上海古籍出版社，1981。

［汉］严遵著，王德有译注：《老子指归译注》，北京：商务印书馆，2004。

［三国·魏］嵇康撰，戴明扬校注：《嵇康集校注》，北京：中华书局，2015。

［魏］王弼注，楼宇烈校释：《老子道德经注校释》，北京：中华书局，2008。

［晋］陈寿撰，［宋］裴松之注：《三国志》，北京：中华书局，1982。

［晋］郭象注，［唐］成玄英疏：《南华真经注疏》，北京：中华书局，1998。

［晋］皇甫谧：《帝王世纪》，北京：中华书局，1985。

［晋］陶渊明撰，［清］陶澍集注，龚斌点校：《陶渊明全集》，上海：上海古籍出版社，2015。

莫砺锋、童强：《杜甫诗选》，北京：商务印书馆，2021。

［唐］孟浩然著，李景白校注：《孟浩然诗集校注》，北京：中华书局，2018。

［唐］王维：《王维诗集》，济南：山东城市出版传媒集

团，2018。

［唐］吴兢编著，王贵标点：《贞观政要》，长沙：岳麓书社，2002。

［宋］陈景元：《老子注》，见蒙文通：《道书辑校十种》，成都：巴蜀书社，2001。

［宋］范应元：《老子道德经古本集注》，上海：华东师范大学出版社，2010。

［宋］林希逸撰，黄曙辉点校：《老子鬳斋口义》，上海：华东师范大学出版社，2009。

［宋］罗大经撰，孙雪霄校点：《鹤林玉露》，上海：上海古籍出版社，2019。

［宋］苏轼：《苏东坡全集》（全6卷），北京：燕山出版社，2009。

［宋］苏辙撰，黄曙辉点校：《道德真经注》，上海：华东师范大学出版社，2010。

［宋］王安石撰，罗家湘辑校：《王安石老子注辑佚会钞》，上海：华东师范大学出版社，2013。

［宋］辛弃疾：《辛弃疾诗词集》，南京：江苏凤凰文艺出版社，2000。

［宋］朱熹：《四书章句集注》，北京：中华书局，2012。

［元］吴澄：《道德真经吴澄注》，上海：华东师范大学出版

社，2010。

［明］焦竑撰，黄曙辉点校：《老子翼》，上海：华东师范大学出版社，2009。

［明］释德清撰，黄曙辉点校：《道德经解》，上海：华东师范大学出版社，2009。

［明］王阳明撰，陆永胜译：《传习录》，北京：中华书局，2021。

［清］曹雪芹著，脂砚斋评：《脂砚斋批评本〈红楼梦〉》，长沙：岳麓书社，2015。

［清］阮元校刻：《十三经注疏》，北京：中华书局1980年影印世界书局阮刻缩印本。

［清］王先谦撰，沈啸寰、王星贤点校：《荀子集解》，北京：中华书局，2010。

［清］王先谦：《庄子集解》，北京：中华书局，2010。

［清］朱谦之：《老子校释》，北京：中华书局，2006。

北京大学出土文献研究所编：《北京大学藏西汉竹书（贰）》，上海：上海世纪出版股份有限公司、上海古籍出版社，2012。

现代著作

曹础基：《庄子浅注》，北京：中华书局，2007。

陈鼓应：《老子注译及评介》（修订增补本），北京：中华书局，2009。

丁原植：《郭店竹简老子释析与研究》，台北：万卷楼图书有限公司，1998。

费孝通：《乡土中国》，北京：天地出版社，2020。

冯友兰：《新原人》，北京：三联书店，2007。

冯友兰：《中国哲学史》，台北：台湾商务印书馆，2007。

冯振撰，刘桂秋点校：《老子通证》，上海：华东师范大学出版社，2010。

高明：《帛书老子校注》，北京：中华书局，2004。

胡兰成：《今生今世》，北京：中国长安出版社，2013。

黄克剑：《老子疏解》，北京：中华书局，2017。

黄朴民、林光华：《老子解读》，北京：中国人民大学出版社，2011。

蒋锡昌：《老子校诂》，北京：商务印书馆，1937。

林光华：《放下心中的尺子：〈庄子〉哲学50讲》，北京：中国人民大学出版社，2019。

林光华：《老子之道及其当代诠释》，北京：中国人民大学出版社，2015。

刘笑敢：《老子古今：五种对勘与析评引论》，北京：中国社会科学出版社，2006。

刘笑敢：《庄子哲学及其演变》（修订版），北京：中国人民大学出版社，2010。

刘瑜：《民主的细节》，上海：上海三联出版社，2021。

陆建华：《先秦诸子礼学研究》，北京：人民出版社，2008。

马琳：《海德格尔论东西方对话》，北京：中国人民大学出版社，2010。

莫言：《生死疲劳》，杭州：浙江文艺出版社，2022。

牟宗三著，卢雪崑整理，杨祖汉校订：《牟宗三先生演讲录（三）》，新北：东方人文基金会，2019。

牟宗三：《智的直觉与中国哲学》，台北：台湾印书馆，2006。

牟宗三：《中国哲学十九讲》，台北：台湾学生书局，2002。

木心：《木心诗选》，桂林：广西师范大学出版社，2015。

孙向晨：《面对他者：莱维纳斯哲学思想研究》，上海：三联出版社，2008。

童书业：《春秋史》，上海：上海人民出版社，2019。

王博：《〈老子〉思想的史官特色》，台北：文津出版社，1993。

王启兴、张虹：《贺知章、包融、张旭、张若虚诗注》，上海：上海古籍出版社，1986。

西川编：《海子诗全集》，北京：作家出版社，2009。

严灵峰：《老子宋注丛残》，台北：台湾学生书局，1979。

严灵峰：《老子达解》，台北：华正书局，2008。

张祥龙：《海德格尔思想与中国天道：终极视域的开启与交融》，北京：三联书店，1997。

钟泰：《庄子发微》，上海：上海古籍出版社，2012。

钟振宇：《道家与海德格》，台北：文津出版社，2010。

周大兴：《自然·名教·因果：东晋玄学论集》，台北：台湾“中央”研究院文哲所，2004。

外国著作

［奥］奥西格蒙德·弗洛伊德著，涂家瑜、李诗曼、李佼娇译：《自我与本我》，北京：台海出版社，2016。

［德］韩炳哲著，关玉红译：《美的救赎》，北京：中信出版集团，2019。

［德］韩炳哲著，王一力译：《倦怠社会》，北京：中信出版集团，2019。

［德］马丁·海德格尔著，陈嘉映、王庆节译：《存在与时间》（修订本），北京：三联书店，2000。

［德］马丁·海德格尔著，孙周兴译：《演讲与论文集》，北京：商务印书馆，2020。

［德］马丁·海德格尔著，孙周兴译：《在通向语言的途

中》，北京：商务印书馆，2004。

［法］古斯塔夫·勒庞著，高山译：《乌合之众：大众心理研究》，北京：新世界出版，2015。

［法］罗兰·巴特著，汪耀进、武佩荣译：《恋人絮语》，上海：上海人民出版社，2020。

［法］莫里斯·布朗肖著，汪海译：《死刑判决》，南京：南京大学出版社，2020。

［古希腊］柏拉图著，郭斌和、张竹明译：《理想国》，北京：商务印书馆，1986。

［美］阿伦·瓦兹著，李沁云译：《心之道：致焦虑的年代》，桂林：广西师范大学出版社，2020。

［美］艾里希·弗洛姆著，向恩译：《人心：善恶天性》，北京：世界图书出版社，2018。

［美］赫伯特·马尔库塞著，刘继译：《单向度的人》，上海：上海译文出版社，2008。

［美］梅琳达·盖茨著，齐彦婧译：《女性的时刻》，北京：联合出版社，2020。

［美］尼尔·波兹曼著，章艳、吴燕莛译：《娱乐至死》，桂林：广西师范大学出版社，2009。

［日］山下英子著，王珊译：《断舍离》，桂林：广西科技出版社，2014。

［以］尤瓦尔·赫拉利著，林俊宏译：《未来简史：从智人到神人》，北京：中信出版社，2017。

［印］克里希那穆提著，李赫楠译：《唤醒能量》，北京：九州出版社，2011。

［印］克里希那穆提著，罗若蘋译：《爱与寂寞》，北京：九州出版社，2010。

［英］达尔文著，苗德岁译：《物种起源》，南京：译林出版社，2016。

论文

［德］马丁·海德格尔：《思想的基本原则：1957 年弗莱堡演讲》，载《海德格尔全集第 79 卷：布来梅与弗莱堡演讲集》，转引自马琳：《海德格尔论东西方对话》，第 193 页。

牟宗三：《红楼梦悲剧之演成》，载牟宗三：《牟宗三先生全集》（第 26 卷），台北：联经出版事业有限公司，2003。

萧师毅著，池耀兴译，张祥龙校：《海德格尔与我们〈道德经〉的翻译》（Heidegger and Our translation of the *Tao Te Ching*），《世界哲学》2004 年第 2 期，第 98—102 页；原载于 *Heidegger and Asian thought*，ed. By G. Parkes，Honolulu：University of Hawaii Press，1987，pp. 93－103。

叶维廉：《我们今天为什么讲道家精神》，载杨乃乔、伍晓明主编：《比较文学与世界文学——乐黛云教授七十五华诞特辑》，北京：北京大学出版社，2005，第503—511页。

其他参考论文

林光华：《本体与境界：冯友兰的〈老子〉诠释及其推进》，《人文杂志》2021年5月第8期，第28—37页。

林光华：《道在物中：再论〈老子〉的道物关系》，《杭州师范大学学报》2015年5月第3期，第28—35页。

林光华：《非此非彼，亦此亦彼——〈老子〉的否定式言说与守中思维》，《国学学刊》2016年第二期，第33—41页。

林光华：《非对象化的时中思维——老、庄“言意之辩”的哲学诠释》，《国学学刊》2021年6月第二期，第124—132页。

林光华：《非对象化之道：再读〈老子〉第一章》，《哲学研究》2015年第6期，第46—54页。

林光华：《恒久与变动：论老子之道的特性及其诠释》，《中国哲学与文化（第五辑）》2009年，第299—316页。

林光华：《〈老子〉第四十二章解读及方法论初探》，《中国哲学史》2012年第1期，第38—47页。

林光华：《老子仁观的四个层面及其反思》，《中原文化研究》2013年6月第3期，第45—52页。

林光华：《〈老子〉中的道人关系及其当代反思》，《杭州师范大学学报》2017 年第 2 期，第 52—60 页。

林光华：《论牟宗三先生对老子之道的诠释》，《哲学与文化》2010 年第 5 期，第 129—146 页。

林光华：《论张祥龙对老子之道的诠释》，《哲学与文化》2013 年第 8 期，第 159—180 页。

林光华：《无待自然与有待自然——〈老子〉之“自然”及其当代意义》，《人文杂志》2017 年第七期，第 1—7 页。

林光华：《以道化欲，以朴化名——再论〈老子〉之“自然”及其对恶的克服》，《人文杂志》2018 年第三期，第 1—7 页。

林光华：《由道而大：庄子对老子之道的创造性回应》，《诸子学刊（第十二辑）》2015 年，第 259—270 页。

后　　记

在写这本书的三年时间里，对我来说有两件重要的事发生：一是全球性的新型冠状病毒肺炎疫情；二是我生了第二个宝宝。疫情让人看到了生命的脆弱与无常，自然环境的破坏、中医的困境、人的体质的下降以及科技无法解决的诸多问题，令人深思。在疫情期间，人与人之间隔了口罩，不小于一米的距离，隔离……让人体会到了看不见的恐惧与生活上的不自由。科技如此发达的今天，暴露出诸多的无可奈何。2020 年，每天看着死亡数字的增加，生命的无常那样直白地横亘在每个人面前，而我们幸运地活着。2021 年，一个新生命的诞生，又让我看到活生生的生命力，从软绵绵碰都不敢碰的小婴儿，到会抓东西、会翻身、会坐、会站、牙牙学语……每一天都能感受到生命的成长，一天一个样子，生命的奇妙与生命力的强大同样直白地呈现在眼前。人生就是这样在无常与喜悦中动荡，无论新生，还是死亡，都提醒我们懂得珍惜。

在这个资本主宰的时代，很多人情感匮乏而迷茫，拥有物质而不幸福，追逐外物而认不清自己，表面合群而内心孤独，人们普遍地焦虑，外表光鲜而内心不安，这个问题愈加严重。距离上一本《放下心中的尺子：〈庄子〉哲学 50 讲》的出版已经三年，我能感受到的人们的心灵生态没有更好，而是更糟，内卷、躺平……背后都是无力感与焦虑感，我们从事人文工作的学者无法停止思考：贫乏的时代，诗人何为？古代经典如何应对当下？与心灵碰撞过的那些珍贵的思想，如何能走进更多人的内心？

美国的梅琳达·盖茨在新书《女性的时刻》中一开篇便讲女性要飞起来，我想不只是女性，所有人都要飞起来，有钱的没钱的，有权的没权的，生活有压力的没压力的，做哲学的不做哲学的，我们面临共同的问题，如同梅琳达说的，“只有联合起来，才能解决”。内卷、躺平，其实都是伪概念或消极被动人格的产物。庄子一无所有，也可以与天地精神往来。今天人不能只低头为物质，还要仰头看天。

当今社会“众人”太多，“真我”太少。今天人的“装”已经成了通病，假装快乐，假装有钱，假装幸福，假装博学，假装成功，假装关心，假装恩爱，假装努力，假装想念，假装快乐，假装超脱……眼看着这个时代越装越深，人们渐渐忘了真实的自己是什么样子。真人越来越少了，人情就越来越淡了，意义就越来越稀薄了，独立、自由、创造也就无从谈起。假装是个普遍的社会现象，也是个复杂的心理现象。假装的背后有对内卷的恐惧与攀比的虚荣，也有不真诚、不自省的自大，有故意假装的无奈与戏谑，对缺乏安全感的掩饰，甚至还有一种人性所致的必然。只要我们生活在某种框架里，生活在别人的目光中，就很难不"装"。当人们卸下面具，是千疮百孔的内心与默默无声的崩溃。当一个社会陷入一种集体无意识的"装"，真实的自我将何去何从？人又如何能在这个时代找到正确的价值观？

我想无论是老庄式的工夫，还是存在主义式的启蒙，在今天这个资本至上、消费主义的时代都显得非常无力，就像庄子说的"梦中又占梦"，我们今天梦得太深了，一下两下子也出不来。"大觉而后知其大梦"，"觉"若不是一种高度自觉的追求，又如何可能？即便在百年不遇的疫情面前，每个人都在切实地与无常过招，并且还将长期战斗下去，也未必能为此而放下一点装，多一点真实，所以我们需要把经典讲下去。

感谢我的导师刘笑敢先生拨冗写序，感谢刘教授对我一直以来的鼓励和对这项工作的支持；感谢陈鼓应先生提出的宝贵修改意见，包括书名、目录以及“小国寡民”部分；感谢编辑凌金良博士，他是我的第一读者，改一点，他看一点，及时反馈他的感想与意见，给了我很多力量。本书的书名还征求了刘笑敢先生、梁宝珊老师、郑泽绵老师、许大成老师、冯维川先生、王健女士和方文倩同学的意见，在此一并感谢。

感谢中国人民大学出版社的杨宗元老师对我一直以来的信任，责编王宇老师对本书所做的辛苦的编辑，崔毅老师的用心策划；感谢方文倩同学帮忙校对了大部分上课录音稿；感谢中国人民大学历史学院的杜雅雯同学帮忙核对文献；感谢我的父母协助我带孩子。

最后，感谢“十点读书”，感谢所有读者，成就了这本书的意义。

林光华

2022 年 3 月 4 日

图书在版编目（CIP）数据

无为的能量：《老子》哲学 40 讲/林光华著. --北京：中国人民大学出版社，2022.7
ISBN 978-7-300-30787-9

Ⅰ.①无… Ⅱ.①林… Ⅲ.①道家②《道德经》-研究 Ⅳ.①B223.15

中国版本图书馆 CIP 数据核字（2022）第 113961 号

无为的能量
——《老子》哲学 40 讲
林光华　著
Wuwei de Nengliang

出版发行	中国人民大学出版社		
社　址	北京中关村大街 31 号	**邮政编码**	100080
电　话	010－62511242（总编室）		010－62511770（质管部）
	010－82501766（邮购部）		010－62514148（门市部）
	010－62515195（发行公司）		010－62515275（盗版举报）
网　址	http://www.crup.com.cn		
经　销	新华书店		
印　刷	北京联兴盛业印刷股份有限公司		
开　本	890 mm×1240 mm　1/32	**版　次**	2022 年 7 月第 1 版
印　张	13.25 插页 4	**印　次**	2024 年 4 月第 3 次印刷
字　数	235 000	**定　价**	68.00 元